イカ天とバンドブーム論

人間椅子から『けいおん！』『ぼっち・ざ・ろっく！』まで

tosa ariake
土佐有明

はじめに　バンドブームとあの頃の話

本書は、１９８９年（平成元年）２月11日から１９９０年12月29日に放映されたテレビ番組『平成名物ＴＶ　三宅裕司のいかすバンド天国』（以下、イカ天）の功績をあらためて検証し、同番組が加速させたバンドブームの内奥に迫った本である。

と同時に、90年代から音楽ライターとして幾多のバンドを取材してきた筆者の経験を踏まえ、自分の人生を変えてくれたイカ天について振り返り、「バンド」というものについて徹底的に考えてみた本でもある。

イカ天はアマチュアバンドのコンテスト番組。ＴＢＳの深夜帯（土曜の24時30分から27時まで）に放映され、計846組のバンドが登場した。重要なのはイカ天がもたらしたスピリットである。イカ天は「あれなら自分でもできそうだ」「ああいう恰好をしてみたい」という衝動を、視聴者たちに植え付けた。

それは、3コードと8ビートさえ弾ければステージに立てたパンクロックや、ターンテーブルとマイクさえあればゲーム感覚で作品がつくれたヒップホップと、まったくおなじ構図だった。パンクなら素肌に革ジャン、ヒップホップならアディダスのジャージにスニーカー――。それまでなら白眼視されていた奇矯なファッションも、新しいもの好きの若者にはヒップに感じられた。

かくして、家に引きこもって深夜番組のイカ天を観ていた、何かをやりたくてウズウズしていた少年少女たちの逆襲が始まる。

受動から能動、いや、行動へ。のちの『けいおん！』や『ぼっち・ざ・ろっく！』が誘発したのと同質の現象――そう、バンドブーム全盛期の到来である。

バンドブームとはバンドを「聴く」ブームではなく、バンドを「やる」ブームだったのだ。

本書では、まずイカ天をリアルタイムで観ていなかった読者にも番組の魅力が伝わるよう、審査員の顔ぶれから出演バンドの紹介までを筆者なりの基準で収めている。なお、イカ天の詳細なデータについては、後述の『イカ天年鑑 平成元年編』という書籍が番組終了後すぐに刊行されている。これ以上のデータ本はないであろう。また、当時の放送を録画した映像もYouTubeなどで観ることができる。

そして、イカ天から浮上した、番組を代表すると筆者が考える3組のバンド――たま、人間椅子、リトル・クリーチャーズ――については、文化資本や海外進出といったエピソードも交えつつ、今日的な視点からあらためて考察した。

また、イカ天に類するコンテストやオーディションの歴史、数多くのバンドが演奏したホコ天（＝歩行者天国）の興隆、ブームを支えた雑誌「宝島」の誌面の変遷、ビートパンクの定義などにも触れた。

バンドを扱ったコンテンツとして、『けいおん！』『ぼっち・ざ・ろっく！』をはじめとするアニメや漫画、映画や文学におけるバンド表現についても踏み込んだ。バンドがサヴァイヴする道として、アイドルや演劇との接近にも言及している。韓国におけるバンドブームやボーカロイド出身のバンドなどを掘り下げることで、バンドの未来像も素描したつもりだ。

そして、6名のインタビューを通じ、イカ天放映時の時代の状況／情況を現在の観点から切り取ることを狙った。イカ天審査員長だった音楽評論家・萩原健太の生々しい証言や、イカ天がインディーのナゴムレコードを終わらせたと語るKERA／ケラリーノ・サンドロヴィッチ、〝ニッポンの音楽史〟のなかにイカ天を位置づける佐々木敦らの証言は、バンドブームに対する新たな解釈ももたらしている。前衛家の吉田アミや、イカ天キングにも輝いた宮尾すすむと日本の社長メンバーによる語りも、当時の空気を鮮明に伝えてくれるだろう。また、高校の軽音部をフィールドワークしてきた成松哲には、ティーンのリアルなバンド事情を語ってもらった。巻末には、イカ天出身バンドの多様性がわかるよう、ディスクガイドを加えている。

番組放送時も今も、イカ天を批判する言説には、軽佻浮薄でバブリーなバラエティ番組だった、といったものが散見される。こうした言説に反旗を翻したかった、というのも本書執筆の動機のひとつである。

放映期間こそ約1年半だが、イカ天が光を当てた隠れた才能は数知れない。イカ天がなかったらここまで日の目を見なかったかもしれないバンドは、あまた存在するだろう。

機材の発達などによりひとりで音楽を完結させることが容易になり、ボカロP出身のミュージシャンやアイドルグループがチャート上位を賑わす昨今において、今、なぜ〝バンド〟なのか？――その答えが本書で見つかれば幸いだ。それでは、時計の針を1989年2月11日に巻き戻そう。

目次

2章　個性的すぎるバンドが大量発生！

3章　イカ天とホコ天に象徴される空前のバンドブーム

1章

イカ天とは何だったのか？

深夜放送の時代

イカ天は、1989年2月11日[*1]に始まり、1990年12月29日にその幕を閉じた。TBSの深夜帯に放映され、計846組のバンドが登場。だが、今となっては番組が社会現象にまでなったことを知る人は少ないかもしれない。

イカ天は深夜帯としては異例の高視聴率を記録。深夜で3％とれば御の字のところ、平均5・5％を打ち出し、裏番組の『オールナイトフジ[*2]』を抜きさる勢いだった。3代目グランドイカ天キング[*3]となった「たま」の3週目（1989年11月25日）には、瞬間最高7・9％（午前1時23分頃）という視聴率も記録した。まさに怪物番組である。

出演するバンドは、イロモノやキワモノから実力派、前衛系まで玉石混交だったが、結果的に、紅白に出場したたまのような才能を、いくつもフックアップした。たとえばフライング・キッズ、ブランキー・ジェット・シティ、リトル・クリーチャーズ、BEGIN、マルコシアス・バンプ、等々の才能を輩出している。

ところで、イカ天人気の背景はどのようなものだったのか。1989年当時は、

＊1　平成元年。昭和64年が1月7日までで、1989年1月8日から平成が始まった。

＊2　『オールナイトフジ』　フジテレビで1983年から91年まで放送された長時間生バラエティ番組。女性若手芸能人がメインMCを務め、片岡鶴太郎やとんねるずなどがレギュラーとして出演した。現役女子大生を毎週土曜日の深夜に登場させ、女子大生ブームも巻き起こした番組でもある。

＊3　グランドイカ天キング　5週連続でイカ天キングの座についたバンドは、グランドイカ天キングとなり、注目を集めることで、結果的にメジャーデビューを果たすことになった。また、48チャンネルのスタジオを借り切って録音ができ、番組でPVを制作し

テレビ局各社が、深夜ならば規制も緩く、視聴率もあまり気にしなくてよいと考え、マニアックな番組を次々と投入していた。

イカ天が企画/放映されたのはそんな裏事情もあったのだろう。当時活況を呈していた深夜番組では、エロネタが目立ったニュースワイドショー『11PM』[*4]、各フィールドから未知の才能を発掘した『冗談画報』や『カノッサの屈辱』、『カルトQ』[*5]などが放映されている。フジテレビ系列の『オールナイトフジ』はとりわけ人気を集め、平均視聴率は3・5%を記録した。そうした追い風もあってイカ天人気は急上昇したと思われる。

番組の司会は、三宅裕司と相原勇。劇団スーパーエキセントリックシアターを率い、ラジオパーソナリティーとして人気だった三宅が選ばれたのは順当だが、当初は大槻ケンヂを推す声もあったという。80~90年代のバンドブームを象徴する雑誌『バンドやろうぜ』[*6]（JICC出版局）編集長の新井浩志によれば、TBSのスタッフが編集部へやってきて「『バンドやろうぜ』みたいな番組をやりたい」と相談され、大槻を推薦したというのだ。[*7]

一方、相原勇は、なかなか芽の出ないグラビアアイドルであり、イカ天出演を最てもらえる、というのが当初の条件でもあった。

＊4『11PM』
1965年~90年にかけて放送された深夜番組。メインパーソナリティーは大橋巨泉、藤本義一で、ジャズやギャンブルの他、お色気ネタも多数もりこんだため、PTAから抗議が殺到したという。一方、寺山修司や井上ひさしなど、同番組を絶賛する者もいた。印象的な音楽は三保敬太郎によるもの。久里洋二や田名網敬一らの実験アニメーションの発表の場でもあった。

＊5『カルトQ』
特定のジャンルに徹底的に特化したマニアックな問題を出すクイズ番組として、1991年10月22日から93年3月28日まで放映。クイズ番組としては珍しく深夜に流された。

後に実家の広島に戻るはずだった。それが番組に抜擢されるやいなや、一気に人気者となり、念願だったミュージカル『ピーターパン』への出演を果たした。一躍スターダムにのし上っていった彼女の来歴は、いわゆるシンデレラストーリーを体現したのである。

なお、関西地方など、イカ天が放映されない地域もあったことには留意すべきだろう。当時、関西では、イカ天効果によるインディーズバンドの青田買いはおこなわれなかった。彼の地でアンダーグラウンドなシーンが温存されたのはそのためだと思われる。イカ天に触発されて結成されたバンドたちも、もっぱら東京都心のライヴハウスで活動していた印象だ。都心の現場を中心に番組が盛り上がりを見せたのは否めない。そうした地域による温度差は、もちろん本書読者にもあって仕方ないものだと思う。

また先に補足しておくと、イカ天のみがバンドブームを誘発したわけではない。80年代前半にはインディーズブームがあり（この辺りの事情は188ページのKERA／ケラリーノ・サンドロヴィッチ[*8]のインタビューを参照してほしい）、メジャーでも、JUN SKY WALKER(S)[*9]、レベッカ、バービーボーイズ、ユニコーン、プリンセ

第1回のお題は「ブラックミュージック」で、その後もニッチなテーマが頻出した。なお、当時電気グルーヴのメンバーだったまりんこと砂原良徳はYMOがテーマの回で優勝している。

＊6 『バンドやろうぜ』
JICC出版局（のちの宝島社）から刊行された音楽雑誌。1988年から04年まで発行されていた。バンドを組む人／組んでいる人を読者対象とし、リスナーではなく演奏者側の視点からの記事作りが特徴。楽譜の掲載も売りだった。87年に雑誌『宝島』増刊としてスタート。その後、『BANDやろうぜ』、『BAND YAROUZE』など誌名を変えているが、本書では創刊当時の『バンドやろうぜ』で表記を統一している。04年休刊。

スプリンセス、レッド・ウォーリアーズ、ザ・ブルーハーツ（以下、ブルーハーツ）、ZIGGY、UP-BEAT、BUCK-TICK、米米ＣＬＵＢ、LÄ-PPISCH、爆風スランプなどがすでにデビューしていた。

そのような土壌の上にイカ天が成立したことは付言しておくべきだろう。80年代前半から中盤にかけて数々のバンドが活躍したところにイカ天が登場し、その流れに拍車をかけ、最終的にはトドメを刺した。イカ天はバンドブームを急激に押し進め、その末期を飾ることとなったのだ。もちろん、イカ天の影響はその後のさまざまな音楽やカルチャーに引き継がれていくわけで、その遺伝子が途絶えたわけでは決してない[*10]。ただ、イカ天によってバンドブームの狂騒がひと区切りされたという感覚は、多くの人が抱いているのではないだろうか。

玉石混交の面白さ

イカ天では、毎回10〜12組のバンドの演奏シーンが流れ、審査員のジャッジによってその回のイカ天キング（チャンピオン）が決まる。5週勝ち抜くとグランドイカ天キングとなり、バンドの知名度は爆発的に高まった。それを足がかりにメジ

＊7
出典：「介護ポストセブン」「大槻ケンヂと『イカ天』の意外な接点　１９６０〜70年代生まれを直撃する番組『X年後の関係者たち』」https://kaigo-postseven.com/112576

＊8　KERA／ケラリーノ・サンドロヴィッチ
１９６３年生まれ。音楽家、劇作家、映画監督。80年代初頭より、ＫＥＲＡ名義で有頂天、空手バカボンなどのバンド活動をおこなう傍ら、インディーレーベル「ナゴムレコード」を運営。一方で劇団健康、

ヤーデビューを果たしたバンドは数知れず、いわゆる登竜門的な番組として認知されてゆく。

ただし、完全な新人発掘プロジェクトなのかというと、ちょっと違っていた。というのも、グランドイカ天キングに輝いたバンドの中には、すでにライヴハウスやインディーズシーンではよく知られた者もいたからだ。

マルコシアス・バンプ*11は「インディーズ界最後の大物」と呼ばれており、まさに満を持しての出演だったし、すでにナゴムからＬＰをリリースしていたたまも動員を増やすために迷いに迷った末に出演を決めている。

だが、一方で、イカ天を最後にあっさり消えていった泡沫バンドも数多く存在した。本書はそんなバンドたちにもあらためて光をあてたい。イカ天にはそうしたバンドをも包摂する、刹那的だからこその煌めきがあったと思うからだ。

実際、出演したのは、メジャーデビューを目指すバンドばかりではなかった。明らかに目立とう精神で応募してきただろうバンドも多く登場した。だが、これらのバンドにも価値と存在意義はあった、というのが筆者の基本姿勢である。

というのも、イカ天ブームは衝動や情熱に任せて突っ走った若者たちの暴走の記録でもあったと思うからだ。

ナイロン１００℃を主宰し、99年に第43回岸田國士戯曲賞を受賞。03年の『１９８０』を皮切りに映画監督としても活躍。18年には脚本家・演出家として紫綬褒章を受章。

＊9　JUN SKY WALKER(S)
自由学園の学生により結成。ストレートな歌詞とシンプルなビートロック的サウンドを特徴とする。ホコ天（歩行者天国）でライヴをおこなって人気を集めた。１９９７年に解散したが07年に再結成している。ベースの寺岡呼人はゆずや植村花菜などのプロデュースで名をあげた。代表曲に「ひとつ抱きしめて」「歩いていこう」「START」など。

＊10
たとえば、１９９０〜99年まで、ＮＨＫ主導によるアマチュアバンドコンテスト『ＢＳヤン

そんなお祭りの象徴といえるのが、１９９０年の元旦に日本武道館でおこなわれた『輝く！日本イカ天大賞』[12]だろう。前日に放映された日本レコード大賞のセットをそのまま使って開催された同番組は、本編の延長線上にありながら、終わらない学園祭のような様相を呈していた。

こうした大騒ぎを否定的に捉える言説があるのも承知している。コンセプトやアイデア先行でテクニックや楽曲の完成度は二の次、というバンドも多かったのは事実だからだ。

たとえば、スイマーズ。短パンにマント、スイムキャップと水中メガネを装着し、ステージ上を所狭しと動き回る。ドライアイスをプールに見立てて泳ぐというのがそのコンセプトだった。ある審査員に「史上最低だけどオモシロイ」と評された通り、あまたあるバンドの中でもインパクトの強さでは一頭地を抜いていた[13]。

あるいは、歌舞伎の連獅子の恰好をしたヴォーカリスト、氏神一番率いるカブキロックス[14]。糸井重里が作詞した沢田研二の「TOKIO」を、歌詞を変えて演奏した[15]。ステージで蜘蛛の糸や紙吹雪をまき散らすなど、ケレン味たっぷりの演出も含め、イカ天のイロモノ系バンドのシンボル的存在だった。そのコンセプトは〝元禄3年結成。３００年の時を超えて江戸時代からやってきた〟というもので、ホコ天時代

グバトル』(正式名称は『NHK全国勝ち抜きロック選手権BSヤングバトル』)が開催されている。

＊11　マルコシアス・バンプ
1985年結成。T-REXなどのグラムロックに影響を受けた音楽性、卓越した演奏力、妖しげなヴィジュアルなど、イカ天内でも異彩を放っていた4人組バンド。ビクターからメジャーデビューしたが、96年に活動停止。ヴォーカルの秋間経夫はAKIMA&NEOSを経ていくつかのユニットで活動。ベースの佐藤研二はローリー寺西(現・ローリー)や奥田民生とバンドを組んでいたことも。

＊12　『輝く！日本イカ天大賞』
1989年末に日本武道館でおこなわれたイカ天のイベン

には山本リンダの「どうにもとまらない」や西城秀樹の「薔薇の鎖」をグラムロック風にアレンジしていたという。[*16] なお、メジャーデビュー時の契約金は1億3千万円だったというから驚きだ。

梅毒ジェラシーもなかなかにヒドかった。頭に赤いパンツを被って足に黒い柄のストッキングをはいた男性ヴォーカルのヴィジュアルからして相当悪趣味だし、迷曲「週刊秩父伝説」は今でもファンの間では語り草となっている。さらに審査員の顰蹙《ひんしゅく》を買ったのが、バンド名を「梅ジェラ」に変えて数か月後に再び登場したこと。ノリのよさとバカバカしさはパワーアップ（?）していた。

憧れのミュージシャンへの忠誠を誓うようなバンドもいた。アース・ウィンド・アンド・ファイターズは、文字通り、アース・ウィンド・アンド・ファイアー[*17]の完璧すぎるコピーバンド。当然ディスコミュージックの旨味を凝縮したサウンドで、演奏技術の高さは審査員のお墨付き。いわば本格派である。メンバー全員が黒塗りの化粧をするなど、ヴィジュアル面でも徹底してホンモノに近づこうとしていた。

VINTAGEは、勝ち抜きエレキ合戦に出場した経験もある中年男性4人組。都内の銀行に勤めるメンバーから成り、ザ・ベンチャーズ[*18]への敬意が滲むテケテケサウンドを披露。出場時には白いスーツでキメていた。「ドライヴィング・ギター」

ト。部門別に複数のバンドが候補にあがり、それぞれ1〜2バンドに賞が与えられた。そして全てのバンドのうちたった1バンドのみが「イカ天大賞」を受賞できる。ベストスピリット賞にTHE NEWSやC-BA、ベストパフォーマンス賞にカブキロックス、ベストコンセプト賞にマサ子さん、ベストソング賞にフライング・キッズなどが選出され、第1回イカ天大賞にたまが輝いた。

＊13
スイマーズは、マシュマロ・ウェーブという劇団の一員でもあった。ベースのキースは「バンド以外の仕事が増えました。ラジカセの宣伝やプールのCM、『ビートたけしのお笑いウルトラクイズ』に、芸人枠で出演したこともあります。番組のスタッフさんに「ごめんなさい、芸人さんじゃなか

という曲名の通り、ハードドライヴィングなグルーヴに懐かしさを覚えた年長者もいたかもしれない。

女性バンドの躍進も目覚ましかった。3人全員がヴォーカルを取り、骨太でいなたい演奏を聴かせるTHE NEWS。キャッチーなメロディを武器にメジャーデビューを果たし、「P.S. I LOVE YOU」がスマッシュヒットとなったPINK SAPPHIRE。ドラムのみ男性ながら、ファンキーで卓越した演奏力を誇るNORMA JEANも忘れ難いバンドである。

極めつきは、KERA主宰のナゴムレコード[*19]からも音源をリリースしていた女子高校生バンドのマサ子さん。エキセントリック極まりないその佇まいには、多くの視聴者が驚いたことだろう。朴訥な不思議ちゃんといった雰囲気のヴォーカルには、筆者もいい意味での違和感と異物感を覚えたものだ。イカ天出演時には、なぜか大正琴を含む編成で、バート・バカラックの「雨にぬれても」を日本語でカヴァー。『輝く！日本イカ天大賞』でのライヴでは「ベストコンセプト賞」を受賞した。

男女雇用機会均等法が成立したのが1989年。プリンセス プリンセスやSHOW-YA[*20]、sakanaのpocopenこと冨田綾子が在籍していたGO-BANG'Sといった女性バンドや、バービーボーイズ、レベッカ、リンドバーグら男女混成バンドが

ったんですね」って言われました（笑）。メンバー全員、音楽で食っていこうとはまったく思ってなかった。バンドとして一石を投じたいというか、何か現象を起こしたい、という感じでしたね」と語っている。
出典：「Smart FLASH」「伝説の〝イカ天バンド〟に会いたい！」https://smart-flash.jp/entame/231347/1/1/

＊14　カブキロックス
「東洋グラム・ロック」「和洋折衷の歌謡ロック」をコンセプトとするバンドで、ヴォーカル・氏神一番（本名は有村孝弘）のステージングには、歌舞伎特有の所作が盛り込まれている。現在、氏神一番は俳優業やバラエティ番組への出演などもこなしている。

＊15
バックには、かつてイカ天に

活躍した時代である。87年にはSHOW-YAの寺田恵子が、ＮＡＯＮのＹＡＯＮ（ナオンのヤオン）を立ちあげる。これは、THE ALFEEが東京のベイエリアで観客10万人規模のコンサートを開催すると聞いた寺田が、「悔しくて、負けたくない」「うち等《ママ》で、女性だけでコンサートをやりたい」と言ったのがきっかけで始まったイベント。第1回は日比谷野外音楽堂で開催され、出演者のみならず制作スタッフまで女性限定で揃えるこだわりようだった。以降、１９９１年まで毎年秋におこなわれるのが通例となった。

大人としての審査員

イカ天の番組構成はこうだ。演奏シーンはＶＴＲだが、バンドがスタジオに出てきて審査されるシーンは生放送。審査員席には、赤と青のランプがあり、これ以上観たくないと思った時には赤ランプのスイッチを押す。赤ランプが２つ点灯すると、「ワイプ」といって、演奏中の画面が段々小さくなってゆく。３分間ワイプを受けずにいられたら完奏。登場時にふざけすぎて審査員を怒らせ、演奏シーンの前に赤ランプが点いてしまうバンド（九州ＡＳＨ）も。第１回の放送では、あるバンドの

登場したバンド、ヒステリックグラマーのメンバーを従えて（というのはナイショにして）出場した。

＊16
出典：「Smart FLASH」「伝説の〝イカ天バンド〟に会いたい！」 https://smart-flash.jp/entame/231175/1/1/#goog_rewarded

＊17 アース・ウィンド・アンド・ファイアー
1969年結成。アフリカ系アメリカ人による9人組で、ディスコ、ソウル、ファンク、R&Bなどを織り交ぜたサウンドが特徴。70～80年代のディスコブームのアイコンのようなバンドとして記憶されている。きらびやかなホーンセクションとツインヴォーカルがウリで、00年にはロックの殿堂入りを果たした。

女性が下半身を露出するという放送事故もあった。

ただ、ワイプになってももう少し観たいと思った時には青ランプのスイッチを押す。すると演奏中の画面が再び大きく戻るが、完奏扱いにはならない。番組初期には審査員の赤ランプよりも権限が強い三宅用の青ランプが存在したが、これで復活できるのは5秒だけだった。またワイプをかわすため、わざと短い曲を作って挑むチャレンジャーもいた。[*21]

本格派からイロモノまで多様なバンドが出演したイカ天だが、彼ら／彼女らを評価するクセのある審査員のコメントも見ものだった。

審査員長は名うての音楽評論家で、米米ＣＬＵＢのプロデュースなども手掛ける萩原健太（当時33歳）。彼の審査におけるスタンスは、本書掲載のインタビュー（28ページ）でも語られている。

美形の男性好きを公言するオペラ歌手の中島啓江は、荒くれもののパンクバンドがでてきても「正しい発声をするように」と冷静にコメントするのが面白かった。彼女は、この番組がきっかけでゲスト審査員だった村上〝ポンタ〟秀一[*22]とレコーディングすることになる。[*23]

一方、辛口コメントでいえば、ベーシスト／アレンジャー／プロデューサーの吉

＊18　ザ・ベンチャーズ
1959年結成。エレキギターによるインストゥルメンタルバンドの先駆け。その曲調はテケテケサウンドなどと呼ばれた。「パイプライン」、「ダイアモンド・ヘッド」、「十番街の殺人」が大ヒットとなり、日本におけるエレキブームの先導役となった。メンバーチェンジを繰り返しながらも、日本では頻繁にツアーをおこなっている。

＊19　ナゴムレコード
当時20歳のＫＥＲＡが主宰した自主制作レーベル。1983年5月にリリース開始、89年10月の閉社宣言まで約6年間活動。ハードコアパンク全盛の時代に、ニューウェイヴやテクノポップの影響を感じさせるコミカルで異端のバンドを多く輩出した。代表アーティ

田建が思い浮かぶ。冷徹かつ冷酷な口調で、「やってればいいんじゃないですか、勝手に。僕は聴きたくない」「何でこんなバンド、予選通すの?」などとコメントした。カブキロックス「お江戸」の演奏後には、「糸井さん（「TOKIO」の作詞者）や沢田研二さんが観ているといいですね。コメントはありません」と一喝。彼らが仮イカ天キングになると「お前らみたいのが売れたら、真面目にやっているバンドが報われないよね」、と一刀両断した。高校生バンドのTHE 呼吸困難には、「お前らヘタだよ、ドラムなんて今まで最低」と話し、バンドメンバーが「うるせぇ、バーカ」と応戦。すかさず相原勇が「声がふるえてるよ」と突っ込む場面もあった。だが、実は彼はツンデレであった。さんざん罵倒を述べた日に「今日は厳しいことを言いすぎて、すみませんでした」と謝ったり、マルコシアス・バンプの演奏VTRに対して満面の笑みで「もう、最高!」と親指を立てたりと、くだけた一面も見せるのだ。

そんなツンデレキャラがウケたのか、イカ天放映当時、女性週刊誌の好きな男性ランキングに（下位とはいえ）名を連ねるなんて快挙も成し遂げている。音楽家としては、ベーシストとして若かりし日の坂本龍一とツアーをまわったり、氷室京介の初ソロ作のプロデュースを手掛けたりするなど、総合的に音楽の成り立ちを概観

ストに、有頂天、電気グルーヴの前身である人生（ZIN-SÄY!）、筋肉少女帯、ミンカパノピカ、カーネーション、たま、など。ナゴムギャルと呼ばれる奇抜なファッションの女性ファンも有名だった。97年12月と13年に一時復活している。

＊20 SHOW-YA
1985年に東芝EMIからメジャーデビューした、女性のみから成るバンド。バンド名は「ショーをあなたに魅せる」という意味（YAはYOUの口語表現）。活動歴は長く今も現役で、21年に全曲英語詞のアルバム『SHOWDOWN』を発表。22年にはフルオーケストラと共演した『BATTLE ORCHESTRA 2022』をリリースするなど、野心的なスタンスを保持し続けている。

できる理論派であり、サウンド面への言及は的確であった。

そんな吉田と対で語られることが多かったのが、ギタリスト／プロデューサー／作曲家の伊藤銀次。1976年に大瀧詠一、山下達郎と『NIAGARA TRIANGLE Vol.1』[*24]を発表。デビュー当時の佐野元春のプロデュースも担当した。また、ウルフルズ「ガッツだぜ!!」「バンザイ～好きでよかった～」のプロデュースでも名を馳せている。[*25]

萩原や吉田がサウンド面に言及しがちだったため、伊藤はバランスをとって歌詞について触れることが多かった。するといつしか、怪しい和製英語の詩を歌うバンドが登場する度、司会の三宅裕司が伊藤にコメントをふるように。そうやって、詩に関して辛辣な審査員＝伊藤銀次というイメージが醸成されていったのである。

バンドへの評価については吉田建と意見が分かれることが幾度となくあり、ちょっとした喧嘩のように映るシーンもあったが、これは今でいうBL[*26]的な人気につながったと推測される。

たとえば、こんなやりとりがあった。

ちょっと瀟洒《しょうしゃ》なバンドのサウンドについて、伊藤が「〝ソフィスティケイト〟されているね」と口にすると、いきなり横から吉田が、「お前、こういうのをソフィ

＊21　1989年6月17日に1分30秒で完奏したバンド近親憎悪がそうである。ちなみにキングはワイプの対象にならないというルールだ。

＊22　村上〝ポンタ〟秀一　日本を代表するセッションドラマー。70年代には山下達郎に気に入られ、レコーディングなどに起用されることが多かった。1986年には渡辺香津美の全米ツアーに帯同。大貫妙子、沢田研二、椎名林檎、ピンク・レディー、福山雅治、井上陽水らの作品に参加している。

＊23　村上〝ポンタ〟秀一『WELCOME TO MY LIFE』（98年）収録の「MAMBO NO.5」に中島が参加。

スティケイトっていうわけ？」と、だしぬけにツッコんできた。カチンときた伊藤は、とっさに「俺がしゃべってんだから、黙ってろ」とリアクションしたのだ。銀次&建の険悪なムードに焦った人もいたかもしれないが、実は元々ふたりはレコーディングをともにしたこともある盟友であり、それゆえに軽口を叩いていた、というのが実際のところだった。ふたりは70年代に「私は泣いています」がヒットした女性ヴォーカリスト、りりィのバックバンド=バイ・バイ・セッション・バンドのメンバーだった仲。その後、伊藤が１９７６年に大瀧詠一と山下達郎とのユニット『NIAGARA TRIANGLE Vol.1』に参加した際には、「幸せにさよなら」で吉田がベースを弾いている。

また、80年代に入ってからは、伊藤が編曲を手掛けた沢田研二のバンドに吉田が在籍していたこともあった。だが、視聴者も番組制作サイドも、こうした事態を楽しんでいたのが実情で、スタッフからは「いやぁ、サイコーサイコー！　もっとやってください！」との声が飛んだという。*27

他には、タクティシャン（=戦術家）を名乗るグーフィ森がいた。舞台の演出や音楽プロデュースなどを手掛ける彼はフグの調理師免許を持っており、それをネタに三宅にいじられることも多々あった。１９９３〜２００８年まで福山雅治のプロ

＊24　『NIAGARA TRIANGLE Vol.1』
１９７６年リリースの、ナイアガラ・トライアングル（大瀧詠一、山下達郎、伊藤銀次）のファーストアルバム。プロデュースを山下達郎が4曲、伊藤銀次が4曲、大瀧詠一が3曲おこなっている。大瀧自身のレーベル、ナイアガラからリリースされた実験色の強い一枚。

＊25
『笑っていいとも！』『笑っていいとも！特大号』（両番組ともフジテレビ系列）のテーマソング「ウキウキWatching」も伊藤銀次の作品である。

＊26　BL
ボーイズラブの略。少年同士／男性同士の同性愛を題材にした漫画や小説のジャンルを指す。オリジナル作品のパロディであり、「薄い本」などとも呼ばれる。これらの作品を

デューサーを務めてもいる。

村上〝ポンタ〟秀一は2021年に逝去した凄腕ドラマー。泉谷しげるのコンサートバンドであるLOSERで吉田建とリズム隊を組んでいた。また、沢田研二のコンサートバンドでも活躍しており、このあたりの人脈から審査員に誘われたものと思われる。

ラッシャー木村はプロレスラー。元国際プロレスのエースで、独自のマイクパフォーマンスを得意とした。バンドに檄を飛ばす際「耐えて、燃えろ!」という決め言葉を多用しており、番組内で流行語となる。他の審査員がスタンドマイクであったのに対し、彼だけはハンドマイクを使用していた。

ハードボイルド作家・内藤陳[*28]もコメントの面白さに定評があった。「音楽のことはよくわからないんだよね」という発言通り、音楽関連の専門的知識を持たない彼だったが、それを逆手にとって、「そこの、ア、アルペジオ?がさ……」「もうちょっとギターのオブ、リ、ガード?を」など、専門用語をあえて使ってコメントし、爆笑を誘っていた。「ソウルがある」と言いたいがために「なかなか韓国だ」なんてダジャレをカマす一幕も忘れられない。

ちなみに、90年代後半から国民的ロックバンドになっていくGLAYもイカ天

愛好する女性は、「腐女子」などとも呼ばれることがある。

＊27 出典:「Re:minder」「吉田建&伊藤銀次! 出演バンドに勝るとも劣らない「イカ天」審査員辛口コンビ」https://reminder.top/751518593/

＊28 内藤陳 俳優、コメディアン、書評家で「日本冒険小説協会」会長。父はプロレタリア文学作家の内藤辰雄。1963年お笑いトリオのトリオ・ザ・パンチを結成、「ハードボイルドだど」のギャグで人気を集める。イカ天では「ハードボイルド作家」と紹介されていた。11年に逝去。

に出場しているが、完奏すらならず。「パッと見た感じ結構毒ありそうなのに、なんにもなくてガッカリしちゃったね」「ずっとAメロを聴いているみたい」と審査員の斉藤ノヴらに酷評され、うつむいて会場をあとにした。

審査員の変化

1990年4月からは、元ARBのリーダーでギタリストの田中一郎[*29]、パーカッション奏者の斎藤ノヴ、当時カシオペアのベーシストだった鳴瀬喜博、頭脳警察などを率いたPANTA[*30]、鍵盤奏者の難波弘之、売れっ子作詞家の森雪之丞らが審査員を務めた。要するに、音楽シーンの突端で活躍するプロフェッショナルが選ばれていたのだ。

そのぶん、第一期のラッシャー木村や内藤陳のような、ユニークで虚を突くコメントを発する審査員はぐっと減った印象がある。審査員のコメントは思いのほか影響力があったようで、酷評されることで結果的に活動を停止してしまったバンドもいたようだ。

音楽番組じゃなくてバラエティ番組、と揶揄されることも多かったイカ天だが、

＊29 田中一郎
ARB、甲斐バンドのメンバーとして活動したギタリスト。イカ天の審査員としては、演奏中止になったバンドにもフラットにコメントを述べる心優しきスタンスで人気を集めた。その容姿から「アンパンマン一郎」などといわれたりもした。

＊30 PANTA
頭脳警察のヴォーカリストとしてデビュー。ソロやPANTA & HALなどでも活動し、荻野目洋子、チェッカーズ、沢田研二、制服向上委員会などに楽曲提供やプロデュースで関わる。桑田佳祐監督の映画『稲村ジェーン』には俳優として出演。イカ天ではかなり厳しめのコメントで知られた。

確かに、審査員の存在にそうした側面があったのは否めない。特に第一期の審査員については、その傾向が顕著だった。だが、それが良かったのだ、と筆者は思っている。

第二期になって審査コメントは著しく生真面目になり、音楽の専門的な部分にフォーカスしたコメントが急増。突飛なバンドたちのヴィジュアルへの言及や、司会のふたりや審査員とバンドメンバーのおちゃらけたやりとりなどが減じたのは、やや寂しくもあった。

そもそも、ビートルズやパンクロックを引き合いに出すまでもなく、音楽ファンはバンドメンバーのファッションやインタビューでの受け答えなども含めて、ひとつの文化としてまるごと消費してきたはずだ。その意味では、第一期のほうがよりロックというカルチャーのありうべき姿を体現していたように思う。

イカ天とホコ天に象徴される空前のバンドブームは、1989年がピークだったといえる。インディーズ出身の大物バンドが出演尽くしたことや、番組の構成のマンネリ化など、人気が減衰していった原因は多数考えられる。個人的には、たまとマルコシアス・バンプが屈指の名勝負を繰り広げた1989年11月あたりが頂点だったのではないか、と思う。

1989年には番組のディレクターが麻薬所持のかどで逮捕。1990年3月にも番組の構成作家が大麻所持で逮捕される。同年4月、審査員が交代してからは視聴率が急落し、同年8～9月の頃には視聴率が2～3％まで降下。1990年12月29日に番組は終了した。新聞報道や番組内の説明ではあくまでも年内休止、かつ充電期間だと発表。TBSの番組宣伝部は「充電期間を置いて、バンドのパワーやブームが回復するのを待ちたい」として、1991年以降も出演バンドの募集は続け、1991年からはビデオ版で再開とされていた。だが、結果的にはイカ天復活はなされなかった。[*31]

誰でもできそう、ということ

何かをやりたいけど、何をやっていいかわからない。イカ天やバンドブームはそんな人の受け皿になった。音楽が好きでバンドを始めたというよりは、何かを表現したくて、それがたまたまバンドだった、とでも言うべきか。

音楽評論家の小野島大はバンドブームについて「それは言うまでもなくパンクが

＊31
『三宅裕司のえびぞり巨匠天国』というイカ天の後釜番組があるにはあった。毎回10人のアマチュア監督が出場し、彼らの手による短編の自主制作映像を6人の審査員が評価。番組終盤で銀、銅の各メダルと副賞が授与された。通称「エビ天」。ただ、イカ天のような盛り上がりを見せることはなかった。1991年1月12日から同年9月28日まで放映。

もたらしたものと本質的には同じである」と述べている。[*32] 小野島はこうも書いている。

　その昔、運動能力に優れた男の子がみな野球をやりたがったように、クリエイティヴな才能や関心を持つ子の眼がロックに向けられた時期だったと言えるかもしれない。少なくともあの番組が見る者に一種の勇気を与えたことは確かだ。ロックもバンドも、別に特別な人間がやっているわけじゃない、自分たちと同じなんだ、あれならオレにもできるかも、と。（中略）イカ天などの既存のシステムやプロの価値基準に安直にのっかっていこうという姿勢は、パンク／オルタナティヴの精神からは程遠いが、一種の民衆運動としてバンドブームは価値があったのである。その意味は決して小さくない。

小野島が指摘しているように、イカ天主導のバンドブームとは、パンクやヒップホップの草創期に状況が似ている。60年代には楽器が安く手に入るようになり、ガレージバンドが増えた。パンクであれば、とりあえず3コードと8ビートができれば、すぐにバンドを始めることができた。初期衝動さえあれば、歌が音痴でも、

＊32
出典：MUSIC MAGAZINE 11月増刊号『NU SENSATIONS 日本のオルタナティヴ・ロック1978-1998』監修小野島大（株式会社ミュージック・マガジン）

楽器が下手でも、曲が単調でも、とりあえずライヴはやれる。ステージに立てる。それが、どれだけのミュージシャン予備軍を勇気づけたことか。

ここから導出できるのは、バンドブームがバンドの演奏を聴くブームであると同時に、自分たちでもバンドを「やる」ブームだった、という事実である。換言すれば、バンドブームは「リスナー」ではなく「プレイヤー」が主導したムーヴメントだったのだ。成松哲氏へのインタビュー（212ページ）でも言及されているように、バンドを始めるのに音楽的知識はほとんどいらなかった、というか、そこは本質ではなかったと思う。

もうひとつ、イカ天及びバンドブームについての肯定的な言説を引こう。桃山学院大学准教授*33の木島由晶は、バンドブームを特徴づけていたのは「青春の商品化である」としたうえで、こう述べている。

バンドブームが画期的だったことのひとつは、いわゆる「青春のかがやき」を身近に感じさせてくれた点にある。たとえば『イカ天』に出演したバンド群は、演奏技術の未熟さから「学芸会」と揶揄されたりしたものの、反面、だれでもバンドが組めること、なんでも音楽になりうることを、身をもって体現し

＊33
本文執筆時は大阪大学助教。

＊34
出典：『別冊宝島 音楽誌が書かないJポップ批評56 JUN SKY WALKER(S)と青春ロック80'Sの大逆襲』（宝島社）

ていた。音楽にかかわることは、一部の限られた「プロ」じゃなくても構わないし、また60年代のフォークシンガーがそうであったように、高邁な理想や社会的メッセージを内に秘めていなければならないわけでもない。もっと青臭いままで、青臭いものを表現してよい。そんな「若気の至り」を許容する風潮が、未熟で多彩な青年文化を盛りたてていたはずだ。[*34]

もちろん、未熟なままでは音楽的に立ちいかなくなるのは目に見えていた。事実、英米のパンクバンドは単調な音楽性ゆえに壁にぶちあたり、結果、レゲエ／ダブやフリージャズ、ワールドミュージック[*35]など、より多様な音楽を摂取。サウンド面での充実とアップグレードを図った。[*36]

イカ天でも、シンプルで勢いに任せたビートバンドやロックンロールバンドの占める比率が高いものの、その音楽的出自は意外にヴァラエティに富んでいる。

ブルースと沖縄音楽に根ざしたBEGIN、スカのリズムに立脚したJITTERIN' JINN、サイバーパンクの意匠を纏ったサイバーニュウニュウ[*37]、華やかなグラムロックを核とするマルコシアス・バンプ、ロカビリーとロックンロールを翻案したブランキー・ジェット・シティ、ファンクのなんたるかを知り尽くしたフライング・

＊35　ワールドミュージック
80年代には非西欧圏の音楽が注目され、ラテンアメリカ、アフリカ、アジア、バルカン半島、ケルト、ロマなど世界各地の音楽が日本でも積極的に紹介された。代表的ミュージシャンに、セネガルのユッスー・ンドゥール、マリのサリフ・ケイタ、ナイジェリアのフェラ・クティやキング・サニー・アデなど。特に『ミュージック・マガジン』創刊者のひとりである中村とうようがこれらの音楽を紹介した。ただし、西欧圏のリスナーやプロデューサーが途上国の文化を食い散らかしているのではないか?という批判も寄せられた。

＊36
セックス・ピストルズのジョン・ライドンが率いるPIL(パブリック・イメージ・リミテッド)、ポップ・グループ、

キッズ、ニューウェイヴ[38]やネオアコースティックからソウルまでを呑み込んだリトル・クリーチャーズなど、その背景には多様な領域の音楽が横たわっていた。

他方、コミックバンドは軽視されがちで、審査員からの評価は辛かった。だが、筆者は彼らの演奏にもおおいに惹きつけられた。みうらじゅん[39]や漫画家の喜国雅彦らによるバンド大島渚は、「カリフォルニアの青いバカ」という曲名はもちろん、歌詞もかなりおちゃらけていた。ブラボーは、白いタイツで乳首を青塗りにした出で立ちで「ハイになりましょう」とハイテンションに連呼。既述だが、スイマーズの気合い一発の闇雲なエナジーには呆れを通り越して笑うしかなかった。

吉田建を怒らせたカブキロックスはそのさらに上を行く。歌舞伎の隈取や衣装でキメた彼らのヴィジュアルは、出オチといってもいい。だが、あのコスプレのために一体どれだけの時間と労力がかかるか考えてみてほしい。それは、KISSや聖飢魔Ⅱの比ではないだろう。一生懸命バカをやる彼ら／彼女らは、漫画家の赤塚不二夫的に言うなら、「まじめにふざける」大人たちの姿を見せてくれた。「ああ、なんでもアリじゃないか」と。

リップ・リグ&パニックなどが代表格。クラッシュのアルバム『サンディニスタ！』もレゲエ／ダブに接近している。

＊37　サイバーニュウニュウ
1989年結成、サイバーロックを標榜した異様なファッションとパフォーマンスで、カブキロックスと色モノ対決と煽られた3人組バンド。92年にメンバーの事故で活動停止。15年復活。サザエさんとバカボンのパパを合成したパロディキャラ「サザエボン」は、90年代中期に関西で無許可お土産品として流行し問題になったが、もともとこのバンドのマスコットである。

＊38　ニューウェイヴ
音楽、マンガ、映画、お笑いなど、ジャンル問わず様々な場面で使われる言葉だが、70年代後半から80年代にかけて使

イカ天への反発

もう少し、イカ天ブームやバンドブームへのネガティヴな意見を見てみよう。

たとえば、日本におけるパンクロックが商業主義にまみれていくなかで、その流れにイカ天がトドメを刺したという論がある。出演したがるバンドは多かったが、簡単に消費されてしまった、という声も聞く。それらは、審査員も『イカ天年間平成元年編』（イカ天公式本、株式会社ワニブックス）[*40]で指摘しているところだ。

大槻ケンヂの発言を『NU SENSATIONS 日本のオルタナティヴ・ロック 1978-1998』から引くと、「こんなブームが続くはずがない、バンドブームは嘘だな」とブーム最盛期に思ったという。

大槻がヴォーカルを務める筋肉少女帯は、大ホールツアーを各地でおこなったが、東京と大阪では満員になるものの、地方は全然ダメだったと述懐する。そして大槻は「あっ、これは東京では盛り上がっているが全国レヴェルじゃないなと思った」という。また彼は、イカ天やバンドブームの狂騒の背後に、バブル経済があったのではないかとも指摘している。バブル経済の勃興とイカ天及びバンドブームが、ほぼ同時に萎んでいったという説はその通りだろう。バンドブームはバブル期の軽佻

われる場合は、新鮮さを重視し、前世代との接続よりも切断を強調した表現全般を指す。

＊39　みうらじゅん　1958年生まれ。イラストレーター、漫画家、エッセイスト、ミュージシャン、コメンテーターなど幅広く活動するマルチタレント。造語「マイブーム」「ゆるキャラ」の生みの親であり、人々が見向きもしないキッチュな物事に名前をつけることで新たな価値観を提案する、日本のサブカルの大家。大のボブ・ディラン好きとしても知られる。

＊40　『イカ天年鑑 平成元年編』　大判で150頁を超えるイカ天公式ブック。第1回から第43回までに出場したすべてのバンドの写真とメンバーの名前、プロフィールが収録されている他、「イカ天全スタッグ

浮薄な雰囲気と同期していたといえる。また、小野島大は先出のムックでこうも述べている。

イカ天の影響で、一部のライヴハウスのブッキングはレコード会社や事務所主導のラインナップへと変化して、それまで少ない動員で地道にやってきたバンドが閉め出されたりする弊害を生んだ。具体的にはバンドブーム以降東京周辺のライヴハウスがチケット・ノルマを導入し、大規模な動員を第一義としないミュージシャンたちの演奏場所が限定されるという悪影響が見られるようになるのである。

イカ天が放映された1989〜1990年には、メジャーのレコード会社がバンドの青田買いに走ったが、その多くが着実な育成をなされることなく、すぐに契約を切られるなど短命に終わっている。ゆえに、英米におけるパンクの勃興に比べて、日本のバンドブームがミーハーなものだったという指摘は、確かにその通りだろう。だが、既述のようにパンクもイカ天も発火点は同じである。先述した「あれなら自分でもできそうだ」「ああいう恰好をしてみたい」という衝動こそが、若者をライ

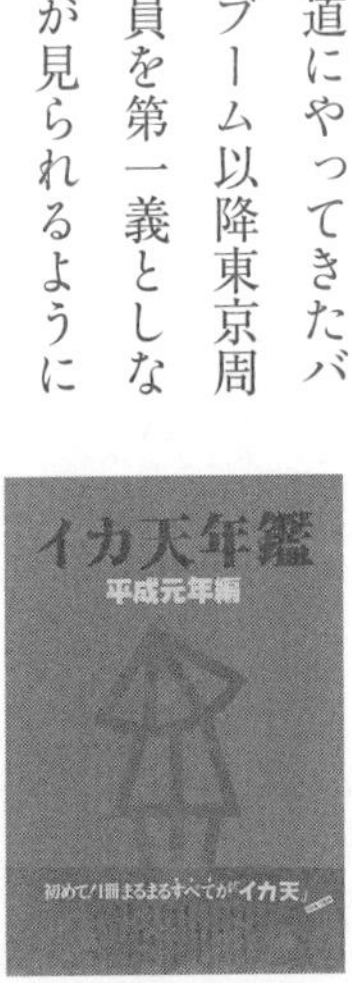

カタログ」、審査員たちへのインタビューなどが掲載されている。カラーページも多く写真も多数使われており、資料的価値の高さという意味で、これに勝るイカ天本はないだろう。

ヴハウスや楽器屋に赴かせたのだから。たとえそれが一時的なものであっても、多くの若者を刺激／鼓舞したのは間違いない。

バンドブームを「子供騙しの市場」と書いている論者もいるが、ザ・ブルーハーツ時代にバンドブーム／インディーズブームを牽引した甲本ヒロトは「よく、あの、ガキンチョばっか、騙してるんじゃねえよ、とか、友達には言われるんですけどね。だけど、ガキンチョを騙すのがロックだと思う。だって俺、中一んとき騙されたもん。ラッキー」という名言を残している。[*41] イカ天を観た多感なティーンたちは、この狂騒に乗っかり、はしゃぎにはしゃいだ。

イカ天公式本では当時のイカ天バブル（?）について、審査員が多少釘を刺しているところもあるものの、比較的好意的な意見が多い。審査員長を務めた萩原健太は、イカ天本で「コンテストがあると、地区予選大会で落っこちちゃうようなバンドの中に、なんだコイツら！　でもすげぇオモシロイじゃない、って思うようなバンドが多い」と述べている。

イカ天公式本では「番組に出たらプロになれると思うのは違っている」という審査員もいた。それはある程度正しいと思う。確かに、アマチュアバンドが最初から

＊41　1992年、NHK『音楽達人倶楽部』にザ・ブルーハーツが出演した際に、甲本ヒロトが言った言葉。

プロを目指して、イカ天をそのためのスプリングボードと思っていた節はあったかもしれない。先の審査員の発言も、そうした風潮への違和感から発せられたものではないだろうか。ぽっと出のボンボンがなんの努力も反骨精神もなく、手っ取り早くデビューできてしまうのはいかがなものか？　という意見もあった。

だが、チャンスを与えられたことによって脚光を浴びたり、勝ち抜くなかで音楽的に急速にステップアップしていったバンドがいたのも確かである。それに、筆者がそうだったように、この番組を観てバンドをやろうと思い立ち、楽器を手にした者がいたのならば、それはそれでおおいに「功」として語られるべきではないか。

入口はなんでもいい、結果的にバンドやろうぜ、という気概を煽ったのだから。イカ天を観て今実験的な音楽をやっている人だって実際にいる。インタビューを掲載した吉田アミもそのひとりだ。また、当時、日本においてロックは歌謡曲に対するオルタナティヴな存在でもあった。イカ天に反骨精神がなかった、という意見は明らかな誤謬だろう。

氏神

さまざまな音楽シーンの存在を世に知らしめた深夜番組。その作り手の個性と審査員の音楽性

音楽評論家・**萩原健太**インタビュー

個性派ぞろいのイカ天審査員の中でも、全体のまとめ役として審査員長を務めたのが萩原健太である。現在は音楽評論家として既に大御所といった感のある萩原だが、審査員長を務めたのは33歳の時。それにしては落ち着いた口調で音楽面で的確なコメントを繰り出していたのをよく覚えている。そんな彼は当時、どんな思いでヴァラエティに富むバンドたちを観ていたのだろう？　テレビには映らなかったさまざまな事情も含めて、当時の話を訊いた。

萩原健太（はぎわら・けんた）
1956年、埼玉県生まれ。音楽評論家、ラジオパーソナリティ。89年2月11日から90年3月25日まで『三宅裕司のいかすバンド天国』に審査員として出演。音楽プロデューサーとして米米クラブ、ユースケ・サンタマリア、山崎まさよし、田原俊彦、憂歌団などの諸作を手掛ける。フリーの電子書籍版音楽雑誌『エリス』編集長。著書に『はっぴいえんど伝説』『ポップス・イン・ジャパン』『ボブ・ディランは何を歌ってきたのか』『80年代 日本のポップス・クロニクル』など。

審査員になったいきさつ

——まず、イカ天の審査員を引き受けることになったいきさつから教えてください。

萩原　あの番組って1989年の2月から始まるんですけど、当初は、4月までの穴埋めだと思っていたんですよ。前の番組、早く終わっちゃったんで。で、こういう番組だから出てくれって番組のディレクターに言われたんですけど、土曜の夜中の生放送なんて、引き受けたいわけないじゃないですか（笑）。電話やFAXの参加、在宅審査*1でもいいという人もいるって聞いたんで、そっちで協力しますよって、最初はずっと渋っていたんです。けど、もう今週から始まっちゃうのでなんとかって粘られたんで……。だから、きっと4月までやったら終わるんだろうなって、軽く引き受けたんですよ。

——審査員長に落ち着いた経緯というのは？

萩原　落ち着いたという意識はないんですよ、僕の中には。特に審査員長をやってくれって言われたわけでもなくて、あれは単に座っている位置が隅っこで、最後にコメントすることが多かったので、なし崩し的に審査員長的な役回りをさせられていたっていうだけで。

——イカ天の前に、音楽系のオーディションとかコンテストの審査をした経験もあったんじゃないでしょうか。

萩原　単発で参加したことはありましたね。ただ当時は、今みたいにYouTube

*1　在宅審査
自宅でイカ天の生放送を観た在宅審査員がFAX等で良かったバンドに投票するというシステムがあり、北中正和、小倉エージといった高名な音楽評論家から作家の林真理子などが名を連ねていた。票数が最も多かったバンドに在宅審査員賞が贈られた。

とかもあるわけじゃないし、面白いアマチュアの新人バンドに出会いたいと思ったら、自分の足で稼ぐしかなくて。ライヴハウスをいっぱい回ってみないと、シーンを摑みにくいところがあったんじゃないですかね。それが、毎週10組ずつ新しい個性を観ることができるのは面白いなとも思いました。だから、その立場を楽しませてもらおうっていうのが、審査員としての僕の取り組み方だったんです。

イカ天の面白さっていうのは、いろんなコンテストだったら普通は落ちちゃうようなやつが出てくる。少なくとも赤ランプが押されるまでは、そいつは目一杯のパフォーマンスを全国放送――関西では放映されてなかったですけど――にのせる機会があるっていうね。実はコンテストって、地区大会で最終的に落ちちゃったやつのほうが面白かったりするっていうのが、よくある悩みだったんですが、そうした才能をテレビで観ることができるっていう。なかなか貴重な機会だったと思いますね。

――発表の場としてのイカ天の存在感も大きかったでしょうね。

萩原　今と状況が違うからちょっとわかりづらいかもしれないけど、確かに、当時ってまず作品を発表する場があまりなかったですね。YouTubeもないですし。今だったら誰でもＣＤ－Ｒを自分でも焼けるし、宅録もできる時代だけど、その当時なかなかそうはいかない。ＣＤみたいなものをつくりたいと思ったら、インディーズであろうがメジャーであろうが、とにかくレコード会社のお世話にならないといけない時代だった。映像メディアに出ることも難しかったわけだし。そういう時代だからこそ盛り上がったものですよね、イカ天っていうのは。

アマチュアバンドがCDをつくりたいと思ったら、カセットぐらいまでは自分でつくれるにしても、レコーディング用のスタジオは用意しなくちゃいけない。でも、その費用もばかにならないから、そこをなんとかしようと思ったら、誰かの助けを借りなくちゃいけなかった。そういう時代に、勝ち抜いたらスタジオでCDをつくれますよっていうことをひとつのご褒美としたコンテスト番組が成立していた。やっぱり、その時代ならではのものだったと思いますよね。

――演奏は収録で審査部分のみ生放送、という構成でしたよね。

萩原　多分、生で演奏させようと思うと、2時間の枠には収まらなかったでしょうね。楽器のセッティングとかも含めてね。ただ、あれ、僕だけ事前に全バンドを観ているんですよ。

――え、生収録の前に？

萩原　そう。その日に生で放送される演奏のVTRがありますよね。それを事前に僕だけ全部観ていたんです。他の審査員の人はその場で観て判断するんですけど、あれ一応3分の枠があって、このバンド駄目だと思ったら審査員が赤ランプを押す。赤ランプがふたつになっちゃうと演奏画面が消えておしまいで、完奏できない。青ランプをひとつ押すと、小さくなった画面がまた元に戻るっていうシステムだったんですよね。

ただ、最後まで全部観たら実はすごいっていうバンドもいるじゃないですか。最初のほうは駄目なんだけど、最後がずば抜けて面白いバンドを救うための手段として、僕だけ先に全部観ていた。だからそういうバンドが途中で小さくなっていった時、僕が青ランプで救うみたいなね。これは当時は公表されていなかったんですけど、審査のうえでも多少はそういう配慮もあったということですね。

――審査の際の基準っていろいろあると思うんですけど、特に萩原さんとしては、どういう点を重視して審査されましたか？

萩原　当時フルハウス（現・ハウフルス）[*2]っていう制作会社があって、菅原正豊[*3]さんっていう方がイカ天の責任者だったんですけど、彼が僕に言ってくれたんですよ。「健太さんたちはとにかく音楽的なことだけで選んでくれ。その他のテレビ的に面白いかどうかっていうことはこっちで全部やるから」と。そういうふうに言われていましたから、そのとおりにしていました。

――観ている側としては、音楽的な部分は萩原さん、伊藤銀次さん、吉田建さん、グーフィ森さん辺りが担い、他の方はちょっとコメントに洒落を入れる、そのバランスがすごく良かったなって思っていました。

ちなみに、世間的にイカ天が思いも寄

＊2　フルハウス
1973年に開設されたフルハウステレビプロデュース（フルハウスTVP）が91年に「株式会社ハウフルス」に社名を変更。日本テレビ系列の『はじめてのおつかい』、BS日本テレビ系列の『眞鍋かをりのブログッズ』などの製作を担当。

＊3　菅原正豊（すがわら・まさとよ）
テレビプロデューサー、テレビディレクター。1973年に関口晃弘、原伸次とプロモーション代理店のフルハウスを開設。過去に担当した番組に『11PM』『タモリ倶楽部』『ミュージックステーション』『THE夜もヒッパレ』などがある。1992年8月の『24時間テレビ「愛は地球を救う（愛の歌声は地球を救う）」』の大胆なリニューアルにも深く関与した。

らぬ盛り上がり方をしたことについては、どのような心境で受け止めていましたか？

萩原　最初の放送で女の子がパンツを脱いじゃったっていうこともあって（笑）、変に話題になったこともあるけど、それも含めて番組が脚光を浴びていたのは間違いない。それも、予想していなかったかたちで広まったところもあると思うんですよ。

——あと、イカ天には健全なアマチュアリズム精神もあったと思うんです。

萩原　うん。結果的に、**金のかかる音楽のほうが売れるみたいな当時の風潮に対して、音楽ってそんなものじゃないよっ**ていうことを示せたかなと。徹底的にプロフェッショナルなものでなくても、音楽って実は面白いんだよっていうようなアンチテーゼを提示できた。そして、それがある程度のアピール力を持っていた時期だったと思うんです。そういうのって常に反動と揺り戻しじゃないですか。プロフェッショナルなものが売れると、今度はものすごくアマチュアっぽいものが出てきて、そのあとはやっぱりプロじゃなきゃ駄目だってなる。そういうバイオリズムの中で音楽シーンって動いてくるわけだけど、そこにうまくはまったっていうことだと思いますね。

それから、アマチュアとして表現することと、プロとして表現することは違う、っていうのは、バンド側も1年ちょっとしてわかってきたんじゃないかなと思います。とりあえず何かを表現したいんだっていう連中のパッションみたいなのが、番組という場で発散できていた気がするというか。ただ、それをプロの表現として続けられるかどうかってなると、今度はものすごく選ばれた者たちのやることになるので、難しいですよね。

――バンドとしては、プロになるためにイカ天を利用してやろう、という人たちもいたでしょうね。

萩原　でも逆にイカ天は利用されもしたんですよ。実はもうデビューが決まっているバンドが出てきて、それを知らずにキングにしちゃったりとか。なんだよ、もうデビュー決まってんじゃん！　という。だまし合いみたいなことも、レコード会社辺りとあったような気がしますけどね。

印象に残っているバンド

――キングにならなかったバンドでもいいんですけど、特に萩原さんの印象に残っているバンドを教えてほしいんですけど。

萩原　僕はやっぱり、キングに選んだバンドだとフライング・キッズとか大好きでした。でも、やっぱり、なんといっても衝撃的だったのはたまですよね。あれ以上のものはなかったんじゃないですかね。細かいことを言うと、The BOOTS[*4]ってバンドとか、イエロー太陽s[*5]とか。好きなバンドはいくつかあります。

――たまのことはイカ天以前から知っていましたか？

萩原　いや、知らなかったです、僕は。

＊4　The BOOTS
1990年2月17日に登場。ジャズやファンクの要素を採り入れたシャープでソリッドな演奏で審査員に賞賛された。17代目イカ天キングとなり4週勝ち抜くが、RAMBLE-FISHに敗れ、グランドイカ天キングにはなれず。メジャーデビューはしていないが、イカ天レーベルからEP『踊床郷』をリリースしている。

＊5　イエロー太陽s
1989年4月22日に登場。当時は青山学院大学の学生による5人組だった。仮キングのパニック・イン・ザ・ズゥを破って4代目イカ天キングになるが、2週目でRABBITに敗れる。1週目で披露した「赤いチョコレートの下で」はキャッチーでひねりの効いたポップソング。90年8月18日に再出場したがキングにはなれず。

でも、すごいバンドがいるんだなってことを知って、本当に衝撃を受けましたけどね。たまはとにかく、イカ天に出たすべてのバンドの中で、明らかにダントツでしたよ。ただ、フライング・キッズにしてもたまにしてもBEGINにしてもマルコシアス・バンプにしても、みんなそうなんですけど、イカ天がなくても絶対、彼らはどこかの段階で世に出てきていましたよ。そのきっかけがたまたまイカ天だったたっていうだけだと思う。

——竹中労さんをはじめ、たまについてはいろいろな方が熱く語っているわけですが、萩原さんにとってのたまの魅力ってどういうところでしたか？

萩原　音楽家として卓抜した才能を持ったバンドだと思います。どうしてもエキセントリックなところとかコンセプトに目が行きがちだけど、彼らのミュージシャンとしての質の高さって、とてつもないものだったと思いますよ。そういうバンドが世にばーんと出て行くきっかけとなったところに立ち会えたのは、とても幸せだったなと思います。僕、確か、2週目か3週目まで勝ち抜いているところで、「たまがこんなにみんなから愛されちゃおかしいんだ」ってことを言っているんですよ。それでファンからすごく非難されたことがあったんですけど（笑）。たまみたいな音楽が愛されるような世の中じゃいけないと思っていたので。ただ、彼らは社会現象になっていくようなパワーを持っていたわけで、それは僕にとってはとても面白かったですね。

イカ天が残したもの

——イカ天について回顧した文章を、ひととおり読んでみたんですけど、批判的な意見がけっこう多くて。子どもだましとか、珍奇な見世物、学園祭ノリ、ただのバラエティ番組とか。こういう意見ってリアルタイムでもあったんでしょうか？

萩原　もちろんありましたね。今でも批判的な意見があるのはすごいなと思うけど、当時から普通にいわれていましたよ。こんなのどこがいいのか？　ってね。まあ大体、ロックンロールだって、もともと異端の音楽として生まれたものですから。常に珍奇なものとして世に存在していたわけなんで、それをもとに批判されてもなっていうのはあります。さっきも言ったように、レコード会社とかのシステムに利用されたケースもあるので、そういうところでの反省はなくはないですけどね。

——あと、イカ天は後続に何も残さなかったっていう意見もけっこうあるんですが、萩原さんとしては後続に残したもの、あるいは、功罪の罪の部分を挙げるとすると？

萩原　どうなんですかね。でも、メジャーシーン以外にいろいろなところにいろいろな人がいるっていうことを、深夜ではありましたけど、世に知らしめることができたのは大きいと思います。その後のライヴハウスシーンの盛り上がりなんかも含めてね。まったく何も残していないとは思わないかな。ただ、徒花的な番組だったという気はします。何かうごめいているものがいっぱいあるんだってことを、メジャーなフィールドで知らせた。それは大きいような気がしますけどね。

——盛り上がりのピークポイントが、1990年1月1日に放映された『輝く！日本イカ天大賞』じゃないかと思うんですが。

萩原　そうですね。日本武道館でイカ天の特別なライヴイベントをやったんですけど、ちょうど昭和天皇が亡くなったので押さえられたんです。いつも元日は、ジャニーズのコンサートをやっていて、前日のTBSのレコード大賞から、翌日、元日のジャニーズのコンサートまでっていうのがひとつのパッケージだった。でも、昭和天皇が亡くなったことで、元日のジャニーズコンサートが飛んじゃったんで、その日が空いたと。どうする、空いちゃったよって言うんで、じゃあイカ天人気あるらしいからイカ天でいいんじゃないの？　って実現した。それぐらいおこぼれの武道館なんです（笑）。でも出演したバンドの連中も含めて、何か成し遂げた感があったんですよ。

僕はそこで挨拶してくれって言われたんですけど、終了後の打ち上げで「これは初夢みたいなものだから、夢だと思って今日のことは忘れて。また明日から普通に頑張ってやっていこうね」って話をしたんです。でもなんとなく、みんなが「何を言ってんのこの人？」って感じが、僕には伝わってきましたけどね（笑）。

これはもう相当浮ついているなって。でも、それも含めて僕はもう役割は果たしたかなと思ったので、そのあとで辞めたいんですけどって番組にお願いして、審査員を降ろさせてもらったんです。

――審査員を辞めたあとにイカ天をご覧になっていましたか?

萩原　若干は観ていたんですが審査員のほとんどがミュージシャンの方になってしまったから……。音楽家のほうが審査するとまた違う切り口になるじゃないですか。もちろん、音楽的な切り口も大事なんだけど、野球の解説でも元選手の解説よりも、ずっと野球を観ていたビートたけしさんの解説の方が面白かったりする。そういうのと一緒で、音楽をやる側じゃなくて受ける側としての感性みたいなものが、審査の中からなくなってしまった感じがして。ちょっと違う方向に行っちゃっているなとは思っていましたよね。それも含めて最後の方は迷走していたのかなという気がします。

あとはやっぱりイカ天が始まって勇気づけられた人たちが、別にイカ天じゃなくてもいろいろなところに発表の場があるぞってなってきたのかもしれない。だから僕の役割はあの1年ぐらいでスピーディーにすべて果たせたんじゃないですか。好意的に解釈すれば。

誤解から新しい音楽が生まれる

――ちなみに、今の日本のバンドを見て、イカ天に出ていたバンドと違うのはどんなところでしょうか?

萩原　今の面白いバンドを見ていると、器用というか、みんななんでもできるように見えるんですよ。当時のイカ天の面白さっていうのは、なんにもできなくても面白いものができるよっていうところであって。それで思い出したのが、マサ子さん。あのバンド、大好きだったんですけどね。ちゃんと演奏できてないけど、それでもものすごい衝撃をこっちに届けてくれたのがよかった。今はその逆の、ここまでなんでもできる世の中で、新しい世代は何をやるんだろうっていうのに、ものすごく興味がありますよね。

――今は若い人たちの演奏技術が明らかに高くなっていますよね。

萩原　当時だったらいくら説明しても、どんな巧い人でもできなかったようなことが、今の若い人はすぐにできるじゃないですか。ただ、昔みたいな熱量が持てなくなっているのかもしれないから、そこら辺の案配も含めて、若い人たちがどういう音楽をこれからつくってくれるのかは興味を持って見ていますね。

――今はYouTubeの動画とかも含めてお手本が無限にあるので、その中から参照するなりしていく作り方も多いと思うんですけど、イカ天の頃はもう少しゼロから手探りでつくるっていう感じでしたよね。

萩原　よくわからない手探りの中で変なことが生まれていたってところ、あると思うんです。もっと昔の話で言うと、ビートルズなんかもそうだったわけですよね。新しい音楽に興味を持って、クラシックの要素を取り入れてみるんだけど、ちょっとおかしなことになったりとか。録音技術的にこんなことはできないだろうかっていろいろ工夫している中で、面白くなったりするじゃないですか。そして新しいものが生まれたりする。ジョン・レノンなんかコードの押さえ方が下手だったんで、間違って違うフレットに触れちゃっていた。でも、それを鳴らしたら、「それいいじゃん」みたいになっていた気がするんですよね。今はなかなかそういうことが起こりづらいなって。

その意味では、さっきも言ったけど、イカ天ではマサ子さんが面白かった。最初どういう理由でこういうアレンジになっているんだろうと思いながらずっと聴いていたら、ベースが歌メロの最初の音と同じ音を取りあえず弾いて、それでいけるところまでいく。いけなくなったら次のメロディの最初の音でいけるところまで……っていう感じだった。そういうのもすごいじゃないですか。普通の理論ではあり得ないようなことなんですけど、その時代ならではの面白さっていうのが当時はいっぱいあったから。

——新しい表現は誤解とか曲解からしか生まれないっていう言い方もありますけど、まさにそういうノリですよね。

萩原　そうですね。最近は昔よりも、パクリみたいなことに対して狭量というか、忌み嫌う感じがあるじゃないですか。僕はパクリは大好物なので、パクリの中からしかなにも生まれないし、そこに勘違いが重なるとさらに面白いことになるって思っています。でも、これだけ材料というか、過去の音源がそろっていると、勘違いもしにくいっていう。さっきのご質問で言えば、誤解がなかなか生まれにくい時代になっている。だから、あの時代の面白さみたいなのを、懐かしく思い出すこともありますね。

――たまのメンバーはソロで活躍してますよね。人間椅子なんかも、むしろ今の方が勢いがある、世界的なバンドになってしまった。オズフェスト[*6]に出たり、YouTubeの動画の再生回数が1500万近くいったりとか。

萩原　2年前くらいだったかな。ラジオのゲストに人間椅子の和嶋（慎治）君が来てくれて。イカ天の時に会って以来、かなり久しぶりだったけど、再会してすぐに距離が縮まりましたよね。それだけ濃密な時をともにした感じがあるから。馬の骨[*7]っていうバンドに、今、俳優をやっている桐生コウジさんがいたんだけど、あの方が映画をつくられたんですよ。『馬の骨』って、それこそイカ天に出ていたバンドのその後を追った映画。たまの石川さんと僕も、本人役でちょっとだけ出たりしたんです。そのときも、桐生さんと一気に距離感が縮まったというか。

やっぱりあの濃密な約1年を共有した連中っていうのは、独特のものがある。ロマンチックな言い方になっちゃうかもしれないけど、そんなことを思ったりはしますね。

――それと、イカ天の公式本（『イカ天年鑑 平成元年編』）を読んで印象的だっ

＊6　オズフェスト
米国の大型フェスであるロラパルーザへの参加を拒否されたのを契機に、オジー・オズボーンが、妻でありマネージャーのシャロン・オズボーンと始めたフェス。イギリスやイスラエルなどでも開催されている。2013年にはももいろクローバーZが出演したが、これには賛否両論が巻き起こり、ファンがアイドルの応援に使うサイリウムの持ち込みが禁止された。

＊7　馬の骨
ヴォーカルの桐生コウジ率いるバンドで、イカ天では老婆がステージにあがるという演出で審査員特別賞を受賞。2018年には『馬の骨』という桐生監督の映画も公開された。これはイカ天出演から30年を経た桐生の現在を追ったフィクション作品である。

た萩原さんの発言があります。「うまい下手じゃなくてね。今あんまりプロになさすぎるもの…『音楽のやり方はわかんない、でもとりあえずやりたい』っていう気持ち、パワーを見た方がオモシロイでしょ？　だからボクとしてはもっと若い世代のバンドが見たいなぁって思っていたんだけど、いまでも週に1〜2バンドはそういうバンドに接することができるから、いいんじゃないですか」と。

萩原　そうですね。イカ天でわざわざメジャーっぽいことやってどうするのって、当時はよく思っていたんですよね。オーディション番組という意味で『スター誕生！』[*8]みたいなもんだ、という言われ方もよくされていたけど、そうでもないだろうって。キングになったらご褒美にCDつくれて嬉しいとか、そういう軽い感じでしたよね。

――あとは、ありきたりな言葉ですけど、初期衝動を持ったバンドが多かったと思います。

萩原　僕には好きな音楽の傾向がふたつあって。ひとつは、ロックンロールの初期衝動やパッションみたいなものが表に出ているもの。それと、ものすごく金の匂いのするもの。どっちもあってほしいとは思うんですよね。時代によって、たとえばパンキッシュなものがいいってされているときに、あえて金の匂いのする音楽をやる方が逆にパンクだったりする。そこで主流にうつっちゃうと、なんかつまんなくなるっていうか。

＊8　『スター誕生！』
1971〜83年放映、日本テレビ系列、日曜昼の視聴者参加型オーディション番組。初代グランドチャンピオンは当時13歳の森昌子。以降、山口百恵、ピンク・レディー、中森明菜、小泉今日子など、数多くの歌手を輩出。番組後期にはのちザ・ブルーハーツの甲本ヒロトがバンド「ラウンド・アバウト」で出演。イカ天関連では「オルフェウス」というバンドのヴォーカル・東出明夫が小学5年生で出場して予選落ちしている。

今だったらこういうロックのほうがいいよねっていう、自分の嗅覚っていうかアンテナっていうか。それを持ったうえで音楽をやってくれると楽しいんだけどなって。そういうことは思いますね。

――先日、ハウリングヴォイス[*9]っていう前衛的な音楽をやられている吉田アミさんにインタビューをしたんです。その方のルーツが実はイカ天だったそうで。

彼女は中学生の時、不登校で引きこもりで。でも、イカ天審査員の大人たちの言葉にすごく励まされ、勇気づけられたそうです。自分たちを理解していて、やり過ぎたら止めてくれるのがイカ天の審査員たちだったという。大人が萎縮させずに優しくふんわり言ってくれる世界がすごくいいなって言っていました。

萩原　それは嬉しいですね。とにかくこれまでは当たり前じゃなかったものを観たい、というものが共通認識として、テレビサイドにも我々審査する側にもあったと思うんです。それが何かメッセージとして伝わっていれば嬉しいなと思いますね。

審査員についてはね、確かに。こちらも楽しみながらやらせてもらっていたんです。審査員同士とも番組スタッフとも信頼関係ができていましたね。プレイヤー的な視点からは伊藤銀次さんとか吉田建さんがきっちり判断しくれていたんで、最終的にどれにするかは、健太が決めといてって(笑)。信頼し合っていたからこそ、おまえが決めるんだったら、俺はそれに従うよってかたちでやれていたと

＊9　ハウリングヴォイス
感情の表出を極度に抑制した、無機的なフィードバックノイズのようなサウンドを、肉声を使って出すヴォイスパフォーマンス。吉田アミが第一人者である。

いう。中島啓江さんなんかも独自の視点を持っていらっしゃったので良かったですし。どういう経緯であの顔ぶれになったのか、僕はいまだにわからないんですけど、面白い人たちがそろっていたなと思いますね。

――吉田アミさんは、精神的に幼かった頃にそういう大人の言葉に触れたのが、すごく大きかったとも言っていました。

萩原　少年の心を持っているといい、みたいな考え方、あるじゃないですか。最近は時代が変わってきて、子どもでいることのほうが楽になってきているところがある。ちゃんと大人になることがどれだけ大変かっていう時代だと思うんですけど。イカ天の存在はちょうど、大人になるその手前ぐらいの人が集まるところだったんですよね。大人らしさと子どもらしさが入り乱れる挟間の時期に生まれる徒花みたいな感じがします。大人の視点もあり、その大人が未熟な若者を利用しようとしている部分もあった。一方、子ども側が大人たちのシステムを利用してやろうというヤマっ気もあったりとか。いろんなものが組んず解れつしていた感じがして、その間に僕らがいたような気がしなくもない。僕はそこは、否定的には捉えてないです。

――ところで、ずっと気になっていたんですけど、各回の放送で、出場する10組はどうやって選出をされていたんですか?

番組の作り手の個性と審査員の音楽性

萩原　その10組をセレクトしていたの

は、この前に亡くなってしまったジャクソン井口[*10]っていう人でね。彼がいろいろなところで活動しているバンドをピックアップしたり、応募者の中から選んでいました。彼の功績が実は一番大きいと思います。

——その話は初めて聞きました。

萩原　ジャクソンがすごくて、あと当時フルハウスだったところの菅原社長も。このふたりの個性がイカ天をつくっていたと思いますよ。その中で僕ら審査している人間は、少なくとも音楽的に今こういう音楽はあまり売れてないかもしれないけど、もっと日本にあるべきだと思うものを選ぶ。ふたりはそういう姿勢を明確に持っていらした。この辺が全部合体してイカ天っていう番組が成立していたのかなと思います。

——僕にとっては、あれなら俺にもできそうだとか、ああいう格好がしてみたいとかってイカ天を観て思えた。それがバンドを組むすごく大きなモチベーションだったんですよね。パンクでもヒップホップでも宅録でも、そういう精神がイカ天の中軸だったと思っているんです。

萩原　なるほどね。それ、すごく大事じゃないですか。俺でもできるかもっていうのはね。続けられるかどうかはまた別の話であって、とりあえず何か始めようっていうのはすごく大事なんです。「これなら俺でもできるかも」ってつくられたものから、何か面白いものが生まれてくることもあるでしょうし。それがイカ天の時期にはバンドだった気がしますね。

＊10　ジャクソン井口
スタジオ勤務などを経てアミューズに入社。イカ天はもちろん、1994年から97年までテレビ朝日系列で放映されたオーディション番組『えびす温泉』の仕掛け人ともされるプロデューサー。22年3月に死去。

――しかし、イカ天はあそこまで盛り上がったのに、なぜ短期間で終わってしまったんだと思われますか？

萩原　あれ以上、盛り上がりようがなかったからじゃないですかね。僕はそれもあって審査員を辞めちゃったので、辞めてからのことはなんとも言えないですけど。

　僕が辞める時も、もちろん音楽番組制作サイドの「音楽的にしっかりしているかどうかが実は一番重要」っていうのを、テレビ側もしっかり認識していたと思うんですよ。基本的にはバラエティ要素があったんですけど、やっぱり音楽性が充実しているかどうかってことで、成否が分かれるとわかってつくられていたと思いますね。

――これは僕の見立てなんですけど、1977年ぐらいにパンクがでてきて、あれなら俺たちでもできるって若者がバンドを始めるけど、やっぱり音楽的にはまだまだ未熟だから、それだけじゃ立ち行かなくなってしまう。そのあと、レゲエとかダブやワールドミュージックを取り入れたりして音楽性をアップデートした連中が、ニューウェイヴになっていく。その流れって、イカ天出身バンドのその後と僕の中では重なるんです。

萩原　まったく一緒だと思います。それはロックンロールもそうですし、シンガーソングライターといわれる人たちもそう。どんな人でも自分だけの1曲っていうのは必ずつくれる。ただ、その表現を継続して何十年も続けられるかどうかっていうのは、プロのクリエイターとしてどれだけの力量を持っているかにかかってくるんで。イカ天もそういう構造だった気がしますね。エネルギーがあれば、誰でも発散したいことをできた。番組としてもそういう作りだったわけで。ただ、あれを長年続けるとなったら絶対、違う視点が必要だったたし、出場者もプロとして、大人のバンドにならなければいけなかったと思うんですよね。だから、続けるっていうことだけが正しい選択じゃない。初期衝動で溢れていたあの番組自体がそういうものだった気がしますけど。

——放映中、ライヴハウスにそれまで縁がなかった女の子たちが来るようになって、「小学生でも入れますか？」とか、「学割は利きますか？」とかっていう問い合わせが来たりして、それに対して、音楽評論家の人とかは「場を荒らされた」みたいに書いていて。その辺、わりと批判的に書かれているんですよね。

萩原　番組に関わっていた人と、そうじゃない人との間で、かなり温度差はあったかもしれないですね。在宅審査員を設けて、ＦＡＸで投票をするようなシステムもあったんだけど、そういう人たちの意見がどうしても反映しづらいところがあって。生放送でバタバタだったから仕方ないとも思うんですけど、そういう不満もあったとは思います。

バンドブームの熱量はどこに

——今、鬱屈としているけど、やりたいことが見つかったら、なりふり構わずそれをやってやるんだ、みたいな人、たくさんいると思うんです。僕にとってはたまたまそれがバンドだったわけですけど、今だったらYouTuberとかなのかもしれないな、とちょっと思いました。

萩原　そうですよね。たぶん、場がそっちに行っていますね。あるいはお笑いですかね。いまだに「イカ天みたいなものないですかね?」ってよく聞かれるんですけど、メジャーどころが出ていないお笑いライヴなんていっぱいあるじゃないですか、今。街でもいっぱい客引きしていますし。あそこが当時と同じような熱量を持っている感じはしますよね。ルミネでやっている吉本系の人たちもいれば、小劇場系の人たちが単独でやっていたり。そういう中でダウ90000[*11]が出てきて。ダウの脚本を書いている蓮見（翔）さんみたいな、すごく才能のある作家が出てきている。僕の妻の能地（祐子）なんかは、蓮見さんを見ているとフリッパーズ・ギターを思い出すって言っていますよね。言ってみれば、あのバンドブームの中で、ぱっと横から現れたフリッパーズの小沢健二的なものが蓮見翔にもあるみたい。でも確かにそのとおりだなと思って。

――フリッパーズ的なものっていうのは?

萩原　当時メジャーにいる人たちに与しないところで、そいつらが恐れることをやってのけるような存在ですよね。今、蓮見翔をみんな恐れているじゃないですか。彼をどういうふうに評価していいか

＊11　ダウ90000
日大芸術学部の出身者らによって結成された8人組コントユニット。脚本・演出を手掛けるのは、1997年生まれの蓮見翔。若手が揃ったユニットであり、まさに「アンファンテリブル」という形容がしっくりくる。作家／ミュージシャンのいとうせいこうや、テレビプロデューサーの佐久間宣行が絶賛。21年の『旅館じゃないんだからさ』が第66回岸田國士戯曲賞の最終候補にノミネートされる。審査員の岩松了、ケラリーノ・サンドロヴィッチらから絶賛されたものの、受賞は叶わず。『また点滅に戻るだけ』でも第68回の同賞最終候補になるが、受賞には至らなかった。

分からない。たとえば、先輩はどういうふうに絡めばいいのかとか、彼らをどういう段階にある気が誉めればいいのかという段階にある気がしていて。それって、当時のバンドブームが盛り上がっている一方で、渋谷系って言われる人たちが出てきた時の、微妙なにらみ合いに近い。そういう勢力図のようなものが今、お笑いの世界にもあるような気がしますね。YouTubeなんかもよく観ていれば、きっと新しい動きがまたあるんだろうし。さすがにそこまでは追い掛けきれてないんですけど。

あと、これは別の番組か何かでも話したんですけど、バンドブームがなくなったのは、カラオケボックスができたからじゃないか、という説。昔は歌いたかったら友達をだましてでもバンドを組まないと歌えなかったんだけど、今、カラオケで歌えちゃうので。歌いたいという衝動を持ったやつが友達をだましてバンドをつくるみたいなストーリーが、生まれにくいじゃないですか。

――カラオケでずば抜けて巧い人がネットで歌い手とかになりますよね。そこからまたメジャーデビューする人もいる。

萩原　そうそう。だからもう特にバンドである必要、必然性がない。お笑いだと、誰かとコンビを組んでやらなきゃいけない場合もありますよね。そういう人間関係の縮図みたいなのを見せているのはむしろ、ああいう世界なのかなって。ひとりで全部完結できない世界で表現しようとしている人たちは、お笑いの世界とかにいるのかなって感じがありますね。

中学生の私にとって、イカ天に「いい」「悪い」の判断をしてくれる大人がいて良かった

前衛家・**吉田アミ**インタビュー

イカ天を観てなんらかの表現活動に走ったアーティストやミュージシャンは数多いが、今回インタビューを試みた吉田アミもそのひとりである。〝前衛家〟である彼女は、ハウリングヴォイスというパフォーマンスの第一人者であり、オーストリアで開催されているメディアアートの国際芸術祭で、デジタルミュージック部門のゴールデン・ニカ賞を受賞。同芸術祭では過去に刀根康尚、ピーター・ガブリエルも同賞を受賞している。吉田の活動は音楽の領域のみにとどまらず、小説を2冊上梓[*1]したり、昨今は演劇作品をつくったりと、活躍のフィールドを着実に広げつつある。学生時代は不登校の引きこもりで、リアルタイムでイカ天を観て育ったという彼女は、審査員の愛ある講評に勇気づけられたという。

吉田アミ（よしだ・あみ）
音楽家。1990年頃より音楽活動を開始。03年にソロアルバム『虎鶫』をリリース。同年、アルス・エレクトロニカ・デジタル・ミュージック部門のグランプリにあたるゴールデン・ニカ賞を受賞。文筆家、批評家としても活躍し、小説やレビュー、論考を発表。著書に『サマースプリング』（太田出版）、『雪ちゃんの言うことは、絶対。』（講談社）がある。近年、舞台芸術の分野へ活動を広げ、場所や演者の記憶から想起する物語を紡ぎだし、劇作家、演出家としても活躍。舞台美術、音、照明、発話に即興性を取り入れた舞台作品で注目を集めている。

審査員の評価に励まされた

――イカ天は中学生の時にリアルタイムで観ていたそうですね。

吉田　当時、不登校で、眠れなかった夜中にたまたまテレビのスウィッチを押したら、やっていたのがイカ天だった。引きこもりの子って深夜まで起きているからね。そこでわけがわからないバンドの演奏を観るんだけど、それを審査員が「いい」とか「悪い」と判断をしていること自体が新鮮だったんですよ。音楽に関して、そういう価値判断ができるものなんだって。「あれ、これ結構いいバンドじゃない？」と思ったものも消えていったりするし、その逆もあった。

――なんでこの人たちはイカ天キングとか言っているんだろう、勝ち抜きって何、とか？

吉田　ただ、今振り返ると、審査の基準って、新しいものや他にはないものを肯定してくれていた気がします。今までにない新しい価値観をいいと言ってくれた。未熟であってもいい。わかりにくくてもいい。見たことがないものだからこそ、いい、と。だったら、自分はこれですよっていうものを、やってもいいんじゃないか。それを深夜放送のテレビで教えてもらった。それが、音楽でも文筆でも演劇でも、今、自分のやっていることに影響していると思う。あと、萩原健太さんはじめ、審査員が海外のバンドにも詳しい人たちだったから、外国にはない、日本の音楽特有の面白さを評価していた気

＊1　『サマースプリング』（太田出版）、『雪ちゃんの言うことは、絶対。』（講談社）

がしますね。

——アミさんが最初に音楽をやり始めたのは、ハウリングヴォイスだったんですか？　楽器じゃなくて。

吉田　最初につくったのは宅録で、テープコラージュ[*2]ですね。大友良英[*3]さんの影響です（笑）。本当はサンプリングできるキーボードが欲しかったんだけど、YAMAHAのDX－7の格下のSDXなんちゃらっていうやつを親に買ってもらってね。で、『バンドやろうぜ』にメンバー募集を出したりしていましたね。

——好きだったミュージシャンは？

吉田　まずBOØWYとLÄ-PPISCH[*4]から入ったかな？　松任谷由実もめちゃめちゃ好きで、毎週、ラジオを聴いて、カセットテープに録音していましたね。イカ天を観るようになってからは、ランキングコーナーから色んなバンドを知っていき、有頂天、筋肉少女帯、平沢進、ゲルニカとか聴いていました。戸川純やKERAが『笑っていいとも！』に出演したり、イカ天に審査員として出たりしていたのも覚えている。

——前に、１９８９年当時の空気を、少女マンガから把握していると言っていましたけど、その辺はいかがですか？

吉田　あの頃ってチャイルディッシュなものが肯定的に見られた時代だった。未熟さを愛でる、みたいな。イカ天もそうで、普通だったら下手くそじゃんっていうものを、そう切り捨ててしまわずに、この先にもっと面白くなるかもしれないと言って評価したわけで……。評価され

＊2　テープコラージュ
なんらかの音が録音されたテープを切り貼りして別の音楽作品をつくる手法。テープコンポジションともいう。作業時間が非常にかかるため、現在はテープではなくサンプラーを使うのが主流。

＊3　大友良英
ターンテーブルやギターを駆使し、ノイズやフリージャズを演奏してきたミュージシャン。前衛畑のイメージが強かったが、２０１３年にNHK連続テレビ小説『あまちゃん』の音楽を手掛けるなど、昨今はより広範な活動を展開。映画やドラマの劇伴でも作曲家としての才能を発揮している。

＊4　LÄ-PPISCH
２００３年に結成40周年を迎えた日本のロックバンド。スカやパンクをいち早く取り入

るイコールいいものじゃなくて、評価されなくても今、残っているものがあるよねっていう。だから、大人たちが責任持たないでもいいから、1回「いいよね」って言ってあげるって、全然悪いことじゃないって思っちゃう。

――あと、アミさんはよくYouTubeなどの配信を観ていますよね？ 昔バンドやろうっていうふうに思った人は、今だったらYouTuberやろう、みたいになっているんですかね？

吉田 うーん、それもあるかもね。まあ、とにかくみんな好きなことをやればええやん、とは思う。そういう意味では、表現のハードルを低くしたい。YouTuberもそうだろうけど、年を経れば経るほど、これをやるぞっていう時のハードルが上がってきちゃうから。考え過ぎちゃって、こういうふうにやったほうがうまくいくだろうとか、先が見え過ぎちゃうのが大人の悪いところで。

――イカ天で個人的に好きだったバンドは？

吉田 やっぱり個性的だったから、たまとかナゴム系のバンドが好きだった。そんななかで、衝撃的だったのはマサ子さん。特に、中心人物のマユタンさん（Vo、現・まゆたん）がすごいと思った。名古屋の片田舎に住んでいたから、ちょっと変わった子は息苦しくて、生きていてはいけないのかな？ と思っていて。でも、大袈裟に言うと、イカ天の審査員も含め当時のカルチャーに関わっていた人たちが、そういう子たちを「そのままでいい

れたサウンドで、一部では日本のマッドネスともいわれた。トヨタのCMで使われた「パヤパヤ」やビクターのCDラジカセのCMソングになった「RINJIN」がヒット。現在のメンバーはMAGUMI、杉本恭一、tatsuの3人。

んだよ」って肯定してくれた気がする。学校では出せない自分がいてもいいんだって。

――僕が書いた言葉でいうと、バンドブーム時に感じた「ああいう格好がしてみたい」とか「あれなら自分にもできそうだ」っていうのは、パンクとかヒップホップのときと同じですよね。

吉田　自分でもできるって思わせるのと、やり過ぎたら止めてくれる大人がいるっていうのが、同時にあったのが良かったんじゃないかな。怒られるかもしれないって思いながら、思い切ってやるっていうのがやっぱ、反抗期ならではというか。

――あー反抗期！　確かにそうでしたね。未知のもの、わけのわからないものに対する免疫を獲得するみたいな効果もあったんですかね。イカ天がそういうものを受け入れる場をつくったというか。

吉田　それは、『宝島』の存在も大きいですね。私は『宝島』っ子だったんで。文化的なものを取り上げていたのはもちろん、ファッションへのこだわりもすごかった。流行のブランドものを着るだけではなくて、古着屋さんで服を探して独自にコーディネートしていこう、みたいなノリ。バブルにかまけて外見を着飾るよりも、映画に行ったり、音楽を聴いたり、自分の内面を大切にすること。文化的嗜好にお金や時間を割くことのほうが大事だと教えられたと思う。

――ファッションだったら初期の『オリーブ』[*5]とかもそうですよね。

吉田　『オリーブ』もそう。お金をかけ

＊5　『オリーブ』
『POPEYE』の別冊としてマガジンハウスから発行され、ファッションのみならず、ライフスタイル全般について独自の価値観を提示。愛読者はオリーブ少女と呼ばれた。2000年に惜しまれつつ休刊。01年にリニューアルして復刊するものの、かつてのような支持を得られず、03年に再び休刊した。メインターゲットは女性だが、男性読者も多く、特に小沢健二の連載を楽しみにしていた人も多かった。

なくてもスタイリングできるし、自分の審美眼を大切にしようっていう感覚が強かった。それはイカ天もそうだった。本当に。

――イカ天はあとに何も残さなかったたっていう言説もあるんですけど、それに対して反論はありますか？

吉田　何も残さないものなんて存在しないと思うよ。そういうことを言うのって、失礼だしカッコ悪いよ。反出生主義じゃないけど、子どもが生まれなきゃよかったのにっていうのと同じ。生まれたものに対して肯定したり否定したりできるのは、それが実在したからでしょ？　在り得なかったものに対しては否定だってできないわけだから。

――なるほど。

吉田　私は躊躇する未来よりも、躊躇しない未来がいいかなと思っている。今、コンプライアンスがどうとか、どうすればいいか足を止めてしまう若者もいるかもしれない。でも、それは、やってしまったあとに反省すればいい。まさに若気の至り。若気の至りって、すごくいい言葉だと思うんですよ。私はイカ天を観て、若気の至りという言葉がすごく胸に沁みて、失敗してももう1回やり直せる世界が大事だなと思った。だから、今後も、「ちょっとやり過ぎだよ」とか「こうしたほうがいいかも」って、大人が萎縮させずに優しくふんわり助言できる世界になったらいいかな。やっぱり、昔は現在より、ゆるくてもうちょっと優しかった。でも、明らかにダメなものはダメ、良いものは良いと、私もそういうことを言える大人でありたいと思います。

2章

個性的すぎるバンドが大量発生！

イカ天はあらゆるジャンルのバンドのショーケースだった。通常のライヴハウスの企画ではありえないようなバンドを一夜で一気に観ることができた。それはある意味、現在のフェスにも近いヴァリエーションの豊富さだった。もちろん、当時主流だったビートパンク勢が多かったことは否めないが。

本書の各論として、ここからはイカ天バンドの中でも特に番組を印象づけていた3組について論じる。

どのバンドを取り上げるかについては悩んだが、イカ天の象徴といえるたま、番組で最も浮いていたリトル・クリーチャーズ、キングにこそならなかったものの昨今活躍が目覚ましい人間椅子を選んだ。

単にその歩みや来歴を羅列するのではなく、その背景や文脈を踏まえた射程の広い論を展開したつもりである。

たまは解散したがメンバーは個々にソロやバンドで活躍しているし、クリーチャーズは寡作ながらメンバーは第一線で活躍中。人間椅子に至ってはイカ天放映時よりも今の方が知名度が高いくらいだ。

彼らの「イカ天以降」も追うことで、より立体的にその実像が見えてくるものと考えている。

たま論——バンドブーム期にたまたま登場した「たま」という〝突然変異バンド〟

お芝居を観ているみたいだった

イカ天を語るにあたって、グランドイカ天キングに輝き、番組史上最大の爪痕を残したバンド、「たま」の話は欠かせない。

イカ天初出演は1989年11月11日。登場時のアナウンスは、「また危ないのがやってきた、キャッチフレーズは、哀しい気持ちはとっても不安定。一度聴いたらしばらく忘れられない。哀しい気持ちで挑戦する」というもの。今振り返ると、案外彼らの音楽の本質を言い当てた警句とも思える。

珍奇な見た目をいじられるのは本人たちもある程度予想していただろうし、実際知久寿焼は「それ、かつら?」と三宅裕司に突っ込まれている。だが、「らんちう」

の演奏VTRが流れると、会場の空気は一変した。圧倒的な個性に審査員席がざわつき、震撼する――。

演奏終了後、辛口コメントで知られ、音楽的趣味からするとどう考えてもたまと相性の悪い吉田建は「オリジナリティがあって良かったですよね」とぼそっとひとこと。「演劇的な要素があるように思うが、どうか?」と司会の三宅が劇作家の鴻上尚史*1に話を振ると、鴻上は「パーカッションの動機のない盛り上がりがいいよね。どうしてあそこで盛り上がれるかわからない。でも歌詞はすごくよくて現代詩っぽい感じなのに、音を聴くとどうしてびっくりするんでしょうね」とコメント。「音程も安定していましたよね」と三宅がオペラ歌手の中島啓江にコメントを求めると、彼女は「能ある鷹は爪を隠すかもしれない。もしかしたらすごいものを持っているのかもしれない。私ね、好き。涙出てきちゃった。それと同時に笑いも出てきちゃった。ほんとお芝居観ているみたいだった」と感極まった声で話した。

〝お芝居を観ているみたいだった〟というのは的を射た指摘である。「らんちう」の後半で柳原幼一郎(現・柳原陽一郎)がセリフを言うシークエンスは確かにシアトリカルだし、後述するように、実際、たまの音楽と演劇の距離は近く、両者の親和性は極めて高い。グーフィ森が「変でしたよ。こういうの、わかるって言っちゃ

＊1　鴻上尚史(こうかみ・しょうじ)　劇作家／演出家、作家。早稲田大学在学中に劇団、第三舞台を旗揚げ。1994年『スナフキンの手紙』で岸田國士戯曲賞を受賞。エッセイやコラムも執筆する。08年と17年には『舞台版 ドラえもん のび太とアニマル惑星』の脚本・演出を担当した。

いけないんだよね。わからないけどなんか良かった」と言ったのも印象的だった。

つまり、既成の価値観から大きく逸脱した、新奇なものを見たという驚きと高揚感と困惑が、これらの発言からはありありと表出している。わからなかった、けれどいい、というのは素直な感想だろう。彼らのキャラクターや音楽性は突出しすぎており、ひとことふたことの審査コメントで、そのコアとなる部分を形容できるはずもないのだから。

1週目で披露されたのは、先述の通り「らんちう」。1週目にこれを持ってきたのは、強気、というか、攻めの姿勢だなと思う。土俗的で異界めいていて、子どもに後々までトラウマを植え付ける、「アヴァンギャルド童謡」とでも呼びたい曲。ヴォーカルは知久寿焼だ。桶や鍋やゴミ缶などを叩くパーカッションの石川浩司が絶唱を聴かせ、途中で柳原幼一郎による演劇的な語りが入る。今となってはお馴染みのスタイルだが、当時のインパクトは相当なものだっただろう。この曲を1週目にチョイスしたことについて、竹中労[*2]による『たまの本』(小学館)ではこのように語られている。

竹中　『イカ天』最初の演奏に「らんちう」を持ってきた狙いは、みごとに当

*2　竹中労(たけなか・ろう)　1928年〜91年。ルポライター。夕刊紙のストリップ記者などを経て芸能ルポライターに。晩年、たまを日本のビートルズとして高く評価した。著作『ルポライター事始』(ちくま文庫)で彼は「お上品な連中に糞まみれの怨念を、スキャンダルを投げつけることこそを愉快としなくてはならない」と書く。美空ひばりや大杉栄、ビートルズといった題材を取り上げ、縦横無尽に論じた。ビートルズ来日公演における、ものものしい警備が70年安保の予行演習だったという説を唱える『ザ・ビートルズレポート』(白夜書房)はルポルタージュの金字塔。

たったね。

知久　狙いとか計算とかじゃなくって。

石川　たまの根っこみたいなとこを、この曲で出そうと、パッパと決めちゃった。

竹中　なるほど、「さよなら人類」だと、メロディ・ラインだけが強調されて……

石川　誤解されますよね、それとぼくらが勝ち抜くなんて、考えてなかった。よくて異端児あつかい、特別賞かなって。

（中略）

柳原　「らんちう」は、四人ひとりびとりが個性を発揮できるから、つまりは自己顕示欲なんだけど。

最終審査では、5対2でたまがサイバーニュウニュウに勝利して、イカ天キングに輝いた。なお、「オリジナリティがあって良かったですよね」と言った吉田建はサイバーニュウニュウに票を投じている。その後披露された楽曲だが、2週目はのちに国民的ヒットソングとなる「さよなら人類」、その後は「オゾンのダンス」「ロシヤのパン」「まちあわせ」で5週連続で勝ち抜き、第3代グランドイカ天キングの座を射止めた。

本当に5週勝ち抜きたいなら、1週目は比較的キャッチーな「オゾンのダンス」か「さよなら人類」ではないのか？　というのは、筆者が凡俗な感性の持ち主であるからだろうか。たまというバンドの最もアングラ（という形容もまた凡俗ではあるが）な部分を煮詰めたのが、「らんちう」である、と思うのだが……。

マルコシアス・バンプとの対決となった5週目に披露した「まちあわせ」は、知久のみがアコースティックギターを持ち、4人はアカペラで合唱。石川だけランニングシャツで他はスーツ姿だが、歌詞の内容は「ハムカツを買って食べ歩きしていたら、口の周りに粉がついてた」というもの。

石川が著した『「たま」という船に乗っていた』（双葉社）によれば、本人たち曰く「どうせ最後なんだからおもいきり茶化すか」というノリで「負けにいった」のだそうだ。だが、結果は4対3でたまの勝利。先述したように辛いコメントを残していた吉田建も、彼らに軍配を上げたのだった。マルコシアス・バンプの秋間経夫は、審査前に自信のほどを聞かれ、たまについて「だってすごいんだもん」と真顔で答えている。

たま現象

今となっては個々にマイペースな活動を繰り広げている彼らだが、イカ天出演後の人気ぶりは大変なものがあった。

妖怪めいた風貌も含め、キャラクターとして急速に消費されていったことは想像に難くない。それくらい、ヴィジュアルの衝撃も大きかったのだ。

おかっぱ頭に下駄を履き、だぶだぶのズボンという知久寿焼。丸坊主にランニングシャツ、山下清を思わせる[*3]石川浩司。母性本能をくすぐるベレー帽の青年、柳原幼一郎。シブくて無表情の二枚目、滝本晃司。

なんでも、イカ天放送翌日、石川は電車の中でイカ天に出ていた方ですよね、と知らない人から続々と声をかけられたという。そして、女子高校生の集団が、「たまだ、たまがあそこにいるぞー」と押し寄せてきた。連絡先である知久の自宅には、毎日数百件の留守電が入っていたという。もちろん、セールスも一気に伸びた。1989年11月にLP『しおしお』がKERAの主宰するナゴムレコードから発売

＊3
石川浩司著『「たま」という船に乗っていた』(双葉社)によれば、本人は狙って山下清に似せたわけではなかったらしい。

されており、同作は通販で売れまくった。初回プレスは500枚だったが、その数十倍の追加プレスをおこない、最終的にその売り上げで数百万あったナゴムの借金が完済できたというのは有名な話である。*4

大企業のCM撮影やインタビューのオファーは引きも切らなかった。「さよなら人類」は、宝酒造「純アレフ」のCMソングに採用され、オリコン初登場1位、売上約60万枚を記録し、NHK紅白歌合戦への出場も果たす。バンドは「たま現象」と呼ばれるほどの人気を獲得し、この言葉は1990年の『現代用語の基礎知識』にも収録された。石川は当時をこう回顧する。

（前略）アイドルそのものだった。この俺がキャピキャピアイドル雑誌やオシャ〜レな女性雑誌に載ったりしている。写真集が出る。カレンダーが出る。テキ屋のオッチャンが無許可でこっそり作ったメンバーの人形や貯金箱、うちわなどもホールの外で売られている。ライヴにも知久君とすっかり同じ髪型、服装をしている女の子も多かった。今をときめく釈由美子さんが俺のランニング姿をして観に来た事もある。*5

*4
出典：平田順子著『ナゴムの話 トンガッチャッタ奴らへの宣戦布告』（太田出版）のKERAのインタビューを参照。

*5
出典：『「たま」という船に乗っていた』

ライヴにダフ屋が出現することもあった。「コンサートの評価は、闇切符のプレミアムで決まる」と竹中労は述べているが[*6]、たまの場合、2500円のチケットが3万円という驚異的価格で転売されていた。ライヴハウス「Be-1」でのライヴでのことである。そして、1990年5月5日には、日本クラウンからのメジャーデビューシングル「さよなら人類/らんちう」が発売される。同作は1日で売り切れ、「オリジナル・コンフィデンス」誌調べのヒットチャートでは1位に。誰も予想だにしなかった「たまの成功物語」が始まった――。

『輝く!日本イカ天大賞』の出演を断り続けたたま

たまのイカ天進出については印象的な逸話がある。メンバー間で、番組に出るべきか、出ないべきか、意見が真っぷたつに分かれたという[*7]。肯定派の言い分は、地方のツアーではまだまだ動員が少ないので、テレビの力でこの手の音楽が好きな人に広めたい、というもの。現状ではチラシでしか宣伝ができず、音楽のイメージを伝えづらいが、番組で実際の演奏を観てもらえばチラシよりもよっぽど音が直接的に伝わるのではないか、と。

*6 出典：竹中労著『「たま」の本』(小学館)

*7 出典：『「たま」という船に乗っていた』

否定派は、今流行りだからといってへーこら出るのは安易ではないか、地道にコツコツやればいいのでは、という意見。

結局、スタッフが勝手にデモテープを送ってしまったそうで、収録日が決まり出ることに。イカ天には在宅審査員というのも数十人いて、気に入ったバンドがあるとファックスで連絡があり、バンド名が書かれたホワイトボードに選挙のように赤いバラの花飾りがつく。果たして……十個以上のバラがついた。前代未聞だったという。

竹中労はたまを「ビートルズの再来」と称賛したが、竹中的に言うなら、「4人はアイドル」になってしまったのである。そして同時に、彼らを「どうせすぐ消えるインチキバンド」などと揶揄する手合いにも、筆者は強い抵抗があった。そもそも、実力がないバンドが即席でデビューしても、自然淘汰されてしまうのは自明の理だろう。

そんなことは誰よりも、たまのメンバーが知悉していたはずだ。後述するが、解散後の個々のメンバーのソロ活動の充実ぶりを見れば、彼らが類稀なる個性を備えた実力派バンドだったことはすでに証明済みである。彼らは決して、バンドブームの徒花などではなかった。これについては、漫画家のカラスヤサトシが『MUSIC

MAGAZINE増刊　THE GROOVY 90'S　90年代日本のロック／ポップ名盤ガイド』の『さんだる』のレビューでこのように書いている。

（前略）たまがバンドブームで出てきたバンドの代表、みたいな振り返り方を聞くと、違和感を感じる。時期的、出自的にはそうかも知れないが、〝たま〟の核にあるものと、バンドブームの核にあったものとは、本質的には違うものだと、思う。〝たま〟の歌は〝たま〟にしか演奏できない。してはならない。

石川は『「たま」という船に乗っていた』の中でやはり、自分たちはバンドやろうぜというノリではなかったので、バンドブームと言われても困惑したと書いている。

「ブームだからバンドをやっているのか、と思われるのは少なくとも俺としてはあまりいい気持ちがしなかったのが本音だったからだ」

「その頃メンバーと確認していたのは、『こんなことは一過性のものなんだから、流されずにちゃんと自分でいよう』ということであった」

「驕っていると思われるかもしれないが、本当に〝権威的なもの〟が基本的にメンバーは好きではなかったのだ」

紅白出場に関するくだりでは、「告白すると、自分達の出番が比較的早くて、エンディングまで特に出るシーンがなかったので、メンバーはこっそりNHKを抜け出して、ちょうど渋谷でやっていた知り合いの劇団[*8]の芝居公演を観に行っていたのだ」という。

日本武道館で『輝く！日本イカ天大賞』がおこなわれた際、4人は12月15日に出演を断っている。16日、TBSバンドストック事務局に再度出場辞退の電話を入れるが、「大人の話をしたらどう？」とあしらわれる。18日、最後の断りにゆくと、「今後、TBSには一切出入り禁止ということになるよ」うんぬんと言われたという。[*9]

武道館でのテレビ撮影に出たくないわけがないだろう、というテレビ局サイドの下卑な思考が垣間見えるエピソードだ。たまは、元々テレビがゴールだと思っているようなバンドではなかった（そういえば、竹中労もテレビ出演を頑なに断っていた人だった）。

＊8
引用者注：時々自動という劇団。

＊9
出典：『「たま」という船に乗っていた』

＊10　つげ義春（つげ・よしはる）
1937年生まれ。漫画家、エッセイスト。55年に貸本漫画でデビュー。水木しげるの

たまのバックグラウンド

たまの音楽的ルーツは何か？　これは筆者はもちろん、多くの人が頭をひねらせて、それでもなかなか出てこなかった答えだろう。この問いに対して、竹中労は『たまの本』で、数ある文学者や詩人らと比較してたまの偉大さを書き連ねる。萩原朔太郎、夢野久作、宮沢賢治、埴谷雄高、アルチュール・ランボー、李賀、ビートルズ、美空ひばり等々。特に、石川のバイブルだというつげ義春[*10]の漫画や、知久らが影響を受けた夢野久作の小説『ドグラ・マグラ』[*11]についてはこんな風に書いている。

「生きにくいというのは、世の中が変わらないから、自分を変えるしかないわけですよね」(つげ義春)。(中略)つげ義春は苦しみながら、『ねじ式』『紅い花』『峠の犬』『山椒魚』を描き、石川浩司は偉業への賛歌をうたう。人間の営みの根底で、重なり合っていないか？「たま」のうたを聴いて、きみたちは魂を暗い淵に誘われるような、恐怖を感じるだろう。そして同時に、言い知れぬ開放感をも……。

アシスタントを務める傍ら、67年から『ガロ』に発表した作品で注目を集め、とくにシュルレアリスム的な『ねじ式』は漫画の枠を超えて美術や文学方面でも評判を呼ぶ一種の現象となった。以後も旅や夢をテーマにした漫画の発表を断続的に続けたものの、不安神経症が悪化し87年に休筆。2024年に旭日中綬章を受章。

＊11　『ドグラ・マグラ』
作家・夢野久作の代表作とされる小説で、1935年に刊行された。小栗虫太郎『黒死館殺人事件』、中井英夫『虚無への供物』と並んで、日本探偵小説三大奇書と呼ばれている。かつては奇想の系譜に位置する難解な書との評価が多かったが、今読み返すと意外にリーダブルな作品ではないかと思う。松本俊夫監督によって88年に映画化されている。

またさらには、演劇であり映像でもある。夢野久作『ドグラ・マグラ』、この不思議な小説にヒントを与えたのは、第一次世界大戦後、ドイツで制作された、無声映画『カリガリ博士』。未見の読者は、レンタル・ヴィデオでご鑑賞あれ。柳原幼一郎くんは眠り男のツェザーレ、石川浩二くんは博士その人である。知久くん？　彼にはやはり久作、『犬神博士』の主人公・妖少年チイの面影がある。

「フォークにしては激しすぎる、ロックにいけばアコースティック楽器がほとんどなので、やはり違うと言われる。ポップであっても決して歌謡曲ではない。即興の要素もあるけどジャズとももちろん違う」――そんな風に石川はたまの音楽の形容しづらさについて、『「たま」という船に乗っていた』で述べている。

たまは、他のバンドブーム勢とは明らかに異なる音楽的なバックグラウンドを有していた。いや、音楽よりも文学や漫画や演劇からの影響を引用した方が話が早いだろう。実際、たまの音源ライヴ（いや、ショウというべきか）は、さまざまな領域のカルチャーを横断／貫通する、ハイブリッドの所産だったのである。

特に文学的な背景については、小説家の木村紅美[*12]が、自身の作品にたまからの影

＊12　木村紅美（きむら・くみ）明治学院大学卒。大学では映画を学んだ。２００６年『風化する女』で第１０２回文學界新人賞受賞。22年、『あなたに安全な人』で第32回Bunkamuraドゥマゴ文学賞受賞。芥川賞候補に2度挙がっている。たま以外にも音楽に造詣が深く、音楽ライターになりたいと思っていた時期もあったという。

響があることを認めている。

（前略）私の読書にどんな作家より多大な影響を与えたのは、たまです。「いかすバンド天国」で出てきたバンドで「さよなら人類」は国民的ヒットになりましたが、私は人気が落ち着いてからも聴きつづけ、ファンクラブにも入っていました。

メンバーたちがインタビューなどで好きだと名前を挙げていたのがきっかけで、萩原朔太郎や澁澤龍彥、稲垣足穂を読むようになりました。朔太郎の詩集は持ち歩いて暗誦していました。足穂との出会いも大きかった。なんてクールでいま読んでも新しいのだろうと。中3になると『一千一秒物語』を真似たつもりの小説を書いていました。題名に魅かれ『少年愛の美学』も熟読（笑）。

夢野久作が気になったのもたまの影響でしたが、あの作家にハマったら現世へ戻って来られないのでは、と怖くて。会社員になってから、ついに『ドグラ・マグラ』を読みました。通勤電車や、昼休みの公園のベンチで、あの得体の知れないおどろおどろしい世界へ逃げ込むように読むのがちょうどよかった。

類を見ないドラムセット

音楽的な影響について、石川の口から名前が挙がったミュージシャンやバンドは、突然段ボール、すきすきスウィッチ、コクシネル、ほぶらきん、ノン・バンド、サボテン、ザ・スターリン、チャクラなど。そもそもは、高校を出る直前につげ義春や三上寛[*13]に興味を持ち、アングラの道へ邁進したという石川。[*14]大学には籍だけおいて、ライヴハウスに出演する日々だったそうだ。

石川が始めた「ころばぬさきのつえ」というバンドでは、「客席とステージの間を全部新聞紙で覆って顔だけ出して歌うとか、生ゴミを頭から被りながら歌うとか、即興でそこらへんのものを叩いて画廊で演奏するとか、そういう感じだったんで」という。[*15]なお、東京に出てきて一番好きだったのが突然段ボール[*16]で、両者は、石川浩二+突然段ボール名義でアルバムを2枚残している。[*17]ただしパフォーマンスは相変わらずだった。少し長くなるが、『「たま」という船に乗っていた』から引こう。

シーツのカバーの中にチャックをしめて全員が入って、つまり客席から見たらメンバーの姿は一切見えず、ただの白い物体がモゴモゴと蠢きながら中から

＊13　三上寛（みかみ・かん）
1950年生まれ。フォークシンガー、俳優。69年のステージデビュー以降、個性的な詩世界と独特の歌唱表現で評判を呼ぶ。75年にメジャーデビューすると味が薄まり、80年代は活動が停滞。しかし89年に吉沢元治、灰野敬二とおこなったライヴが90年にPSFレコードからリリースされると、アンダーグラウンドシーンからの評価が高まり、以降は自主制作レーベルから作品を発表。25年に活動55周年。

＊14
出典：『「たま」という船に乗っていた』

＊15
出典：同右

＊16　突然段ボール
蔦木栄一（Vo）、俊二（g）の兄

「ニホンはしりとりに弱い！」とか歌ったり、俺が顔に白い布を被って、そこにスライドでいろんな「顔」を映しだしていろんな人になったり、ただ客の前で飯を食ったり、客席とステージの間を新聞紙で隠し、そこから小さな穴をあけて顔だけ出して歌ったり、歯磨きしながら躍ったり、街に出てかき集めてきた生ゴミを頭から被って歌ったり、電話の受話器にマイクをとりつけ客席に聞こえるようにして、滅茶苦茶に番号をダイヤルして、「こちら『ころばぬさきのつえ』という者ですが、1曲、歌を聞いて下さい」とやって「いや、うちはそういうのはお断りしてるんだけど……」とか言われたり、素っ裸なれどおチンチンには靴下を履かせ最低限の法律は遵守しながら、白いお尻をフリフリ股間にビール瓶をはさんで「♪恥ずかしい――」と歌ったりと、もうなんでもありのステージをやっていた。

著作でたまの過去を振り返ったり、インタビューに応じるなど、スポークスマン的な役割を果たしているのも石川だ。むろん、3人のソングライターによる歌詞やメロディの美質が多くのリスナーを惹きつけたのは事実だが、たまの音楽の土台を担っているのは彼のパーカッションではないだろうか。100円ショップで入手し

弟を中心に1977年に結成。以来日本のインディペンデントシーンの中でも特異な存在感を放ってきた。89年10月14日にイカ天に出場。完奏を果たし、ベストコンセプト賞を受賞する。2003年、肝硬変のため栄一が逝去するが、弟の俊二を中心とし現在もバンドは存続している。なお、8代目イカ天キングに輝いた突撃ダンスホールは、突然段ボールに憧れてバンド名をつけている。

＊17
突然段ボール＋石川浩司『ワカラナイ』(95年)と、突然段ボール＋石川浩司ｗｉｔｈおにんこ『管轄外』(01年)。

たという手鍋、湯桶、タンバリンなどを使った独自のドラムセットは世界的に見ても珍しいだろう。

ちなみに、20年代から30年代に、高価な楽器が買えないアメリカの黒人たちは手近にあるものを楽器として代用していた。こすったり、叩いたりする洗濯板（ウォッシュボード）、たらいや箱の共鳴胴に棒と弦をつけたベース、箱でつくったバンジョー、瓶の口から息を吹き込んで鳴らすジャグ、ふたつを組み合わせて叩くスプーンなど。彼らは、ジャグバンドやウォッシュボードバンドなどと呼ばれていた。

石川がさまざまな日用品を楽器に仕立て上げるのは、実験音楽などではよくある手法だが、彼の演奏に難解な印象はなく、むしろその響きはポップでジョイフル。ほどよい脱力感が心地よい音色は、得も言われぬ多幸感を醸し出す。「そういう、楽器じゃないものを叩くと、得てして実験音楽になっちゃうんですね。実験音楽としてアートっぽく完結させるのも面白くないので、楽器じゃないものを叩いてるけど、〝ちゃんと演奏になっているか〟を意識してやっています」と石川はＷｅｂメディア・音楽ナタリーのインタビュー[*18]で述べている。

また〝たま＝「さよなら人類」〟というイメージを抱いている人がいまだに多い

＊18
出典：「音楽ナタリー」「愛する楽器 第8回 石川浩司の日用品パーカッション くだらないもの、楽器じゃないもので音楽を作る」https://natalie.mu/music/column/335403

と思う。だが、彼らの音楽性は進化／深化し続け、イカ天出演時とは異なる作風も打ち出していった。

まず、初期のライヴでは音源通りのアレンジで演奏していたが、柳原脱退後は、知久がシンセサイザーやサンプラーを使うように。ガードレールを棒で叩いた音をサンプリングしてそれを楽器のように鳴らしたり、テープの逆回転を入れたりとさまざまな方向性を模索した。こうした実験が最も如実に出たのが『パルテノン銀座通り』（97年）というアルバムだ。同作の曲はライヴで再現することを前提としていない。ビートルズも1966年以降はライヴをやめ、凝ったスタジオワークを駆使したアルバムをつくるようになったが、たまも、アルバムならではの音づくりを試行していた時期があったのだ。その後、音を重ねて遊ぶことをやりつくしてからは、反動で『しょぼたま』というシンプリシティの美学が息衝くアルバムをつくる。同作について石川がこう説明している。

もともとしょぼさ、チープさがある種のたまらしさの一端を担っているのだが、これをさらに推し進めて、究極の音圧の少ないバンドを作ったれ！　といういわばバンド内バンドなのだった。ちなみにしょぼいは俺達の中では誉め言葉なのだ。そもそものきっかけは、その頃ラジオやテレビ番組などで、「ほとんどセッティングとかはできないんですが、何か簡単な楽器で演奏できませんかね〜」と言われたことが立て続けにあったので、「それなら、なんかいつもより簡単なセットを作って、わざわざ楽器を時間かけて組まなくても、気軽に路上ライヴやマイクがほとんどないところとかでも演奏できるような形態を考えようか」ということになったのだ。

たまと演劇

たまと演劇の結節点についても触れておこう。

彼らは少年王者舘[*19]という劇団ともつき合いが深く、たまの曲を全編モチーフに使った合同公演『メンキ』（88年）という作品もある。劇団維新派[*20]との合同公演では生演奏を披露。「名古屋の白川公園というところに巨大な鉄骨を組み、ビル何階か分に相当する高さに、風がビュービュー吹き抜ける中、劇中バンドとしてブルブル震えながら演奏した」という。[*20] 少年王者舘も維新派も俳優が白塗りで登場する、いわゆるアングラの系譜を継ぐ作風で知られ、たまとの相性の良さが浮き彫りになっ

＊19　少年王者舘
劇作家／演出家の天野天街によって1982年に旗揚げ。名古屋を拠点に演劇活動をおこなう。2000年、「くだんの件」で岸田國士戯曲賞候補に挙がる。天野はつげ義春の「必殺するめ固め」の映画化も進めていた（絵コンテは発売されている）が、24年7月7日に肺がんのため死去。

＊20　維新派
1970年、松本雄吉を中心に日本維新派として旗揚げ。87年に維新派と改名。おおがかりな野外劇で観客を魅了してきた。奇数拍子のリズムにあわせ、大阪弁特有のイントネーションを生かした台詞が語られる。その世界観はアングラのひとことでは片づけられないほど深く、壮大だ。16年に松本が逝去し、翌年に解散。

ている。

ケラリーノ・サンドロヴィッチの芝居『室温〜夜の音楽〜』には劇中バンドとして登場。「演奏以外のシーンでも3人とも大根役者として出演し、客の失笑を買っていた」そうだ。[*22]『室温〜夜の音楽〜』はその後テレビドラマ化もされ、3人はロケなどにも行った。また、知久は、ヨーロッパ企画[*23]という京都の劇団の音楽なども担当している。

また、たまは漫画家に支持者が多く、さくらももこ、[*24]吉田戦車、山上たつひこ、おーなり由子、萩尾望都、とり・みき、山田花子、蛭子能収、根本敬、しりあがり寿、西原理恵子、花輪和一、大竹サラなどがファンを公言している。たまは『ちびまる子ちゃん』のエンディングテーマ「あっけにとられた時のうた」を担当し、さくらは『宝島』のたまの連載『月刊たまぶくろ』に4コマ漫画を寄稿した。

解散後の活動

たまの課外活動や2003年の解散後の動向はどうか。知久はアイルランドのザ・チーフタンズを筆頭に、こなしたセッションは枚挙に暇がない。彼は石川も参

＊21
出典:『「たま」という船に乗っていた』

＊22
同右

＊23　ヨーロッパ企画
京都を拠点とする劇団で、主宰は上田誠。1998年結成。17年、『来てけつかるべき新世界』で上田が第61回岸田國士戯曲賞を受賞。選評でケラリーノ・サンドロヴィッチは「これでもかとばかりに笑いを詰め込み(中略)人間のアイデンティティへの実存的な哲学にも言及する」と絶賛。なお、ヨーロッパ企画の20年の映画『ドロステのはてで僕ら』の音楽を元たまの滝本晃司が担当した。

加する15人編成のインスト主体のバンド、パスカルズでウクレレや口琴も担当。パスカルズは石川曰く〝なごみ系前衛バンド〟で、日本でのライヴの動員数は決して多くないが、海外公演には7千人が押し寄せるという。なお、たまのスタッフだった「あかねちゃん」は現在、パスカルズでトイピアノとヴォーカルを担当している。

パスカルズは大林宣彦[*25]監督の映画『この空の花　長岡花火物語』にも出演。花火を打ち上げるシーンの賑やかしとして、演奏を披露するシーンがある。なお、同作で石川は山下清役で出てほしいと監督に言われ、快諾。既述の通り、彼の恰好は山下清を真似たわけではなかったが、山下の生き方や作品も好きだったので、即座に引き受けたという。2012年、石川はひさしぶりに衣装としてのランニングシャツに袖を通した。

大林作品では他に『野のななのか』に野原の楽隊としてパスカルズ全員が出演しており、主題歌の作詞を石川が担当。2022年には『川っぺりムコリッタ』『さかなのこ』といった映画や、ドラマ『僕、小学生になる。』などの音楽を手掛けており、いずれもサントラが発売されている。俳優としてもその才能を開花させている石川は、筆者が敬愛する明日のアー[*26]という小劇場系の集団にもゲスト出演した。

＊24　さくらももこの音楽好きは有名で、フリッパーズ・ギター解散が初めて報じられたのも、彼女がパーソナリティーを務めるラジオ番組においてだった。なお、さくらももこのトータルプロデューサーだったみーやんこと宮永正隆は、ビートルズ評論家、ビートルズ大学学長および哲学部教授である。

＊25　大林宣彦（おおばやし・のぶひこ）　1938年生まれ。映画監督。6歳からフィルム遊びを始め、56年の成城大学入学以降、映画監督として本格的な活動を開始。前衛的な個人映像作家として国内外で話題を呼ぶ。CMディレクターとしても活動し、チャールズ・ブロンソン出演の「うーん、マンダム」は大林のもの。77年に初監督

滝本はピアノやアコースティックギターの弾き語りを収めたソロ作をリリースする他、エコーユナイト[*27]というバンドではベースも担当。たまの中では縁の下の力持ち的なイメージが強い彼だが、元々弾き語りをメインに活動していたたまのファンであり、バンド解散後は本来の活動に歩みを戻した印象もある。メロディックでフォーキーなうたものは、たまのようなインパクトや衝撃こそないが、滋味に富み底知れぬ感興を呼び起こす。その魅力はアルバムを聴いてもらえればわかるはずだ。

柳原陽一郎（たま脱退後の1998年に、柳原幼一郎より改名）は、ジャズ系グループのwarehouseともコラボレーション。オルケスタ・リブレの音楽劇などにも参加した。また、特筆すべきは、たま在籍時の1995年2月にリリースされた初のソロ作『ドライブ・スルー・アメリカ』だろう。萩原健太がプロデュースした同作は、シングルとしてリリース済みの3曲を除いては、洋楽の有名曲のカヴァーで、訳詞は柳原がつけている。コール・ポーター、ボビー・ゴールズボロ、ティム・ハーディン、クルト・ヴァイル、レナード・コーエン、カーペンターズなどの曲が収められた秀作である。[*28]

した商業映画『HOUSE』はカルト映画として21世紀に入ってから海外で再評価されている。代表作に尾道三部作、『時をかける少女』『さびしんぼう』など。20年逝去。

＊26　明日のアー
Webでコンテンツをつくってきた大北栄人が主宰する劇団で、作風としては、機知に富み、時に哲学的な問いも投げかけてくるコメディが主体。出演者は俳優やバンドマンなどさまざま。昨今は、現代のユーモアの雄である漫画家・芸人のおほしんたろうを脚本協力に迎えるという趣向も。2023年に「アー」に改名したが、今も明日のアーと呼ぶ人が多い。

＊27　エコーユナイト
谷口マルタ正明（当時のステージネームは少年マルタ）、ラ

柳原はのちに本作の制作について、「カバーということを通した、自分の根っこの再確認作業だった。」と語っている。[*29] たまを脱退したのがこのアルバムがリリースされた10か月後であることを考慮すると、同作で得た自信と自負がソロへの転身を促進したというのはあながち邪推でもないだろう。なお、次作のタイトルは『長いお別れ』。アメリカの小説家レイモンド・チャンドラーの作品と同様のタイトルであることを鑑みると、彼の文学的嗜好を窺い知ることができる。

石川は突然段ボールと歌詞と曲を交換し合っての合作アルバム『ワカラナイ』『管轄外』（01年）を発表。積年の夢がかなったと自著で綴っている。一方、大谷シロヒトリ（現・大谷氏）との『ホルモン鉄道』で鉛筆削りやスリッパなどを楽器にして歌をうたった他、ライオンメリィがプロデュースしたファーストソロアルバム『おいしそうがいっぱい』もリリースしている。

他には、梅津和時、八重山民謡の大工哲弘、フォルクローレのMAYA、原マスミ、ホフディランのワタナベイビー、トモフスキー、倍音S、早川義夫、明和電機、アントン・ブリューヒンなどとコラボレーション。近藤芳正らとのダンス公演も実現させている。1992年には友部正人[*30]との共作『けらいのひとりもいない王様』

イオンメリィ(ex.YAPOOS)、坂本弘道(パスカルズ)、松本正(ex.チコヒゲ&UNIT)によって1990年に結成。アコースティック・ユニットとして始動し、96年に滝本晃司(元たま)が加入。01年に一時解散するが、05年に再始動した。

＊28
カーミットの「レインボー・コネクション」のカヴァーは作者であるポール・ウィリアムズに直接聴かせ、高評価を得たというエピソードが残っている。また、「ハレルヤ」はたまのライヴのソロコーナーでも演奏されており、「エブリタイム・ウィー・セイ・グッドバイ」は2012年に発売されたオルケスタ・リブレとの共演作『うたのかたち～UTA NO KA・TA・TI』でもカヴァーされた。

を発表した。2024年現在は、大槻ケンヂとのユニットでも活動中である。

竹中労は『たまの本』の中で繰り返したまとビートルズを重ねているが、どの程度妥当性があるだろうか。むろん、知久と柳原という才気煥発なソングライターをジョン・レノンとポール・マッカートニーに見立てることはできなくはないだろう。ただ、ビートルズの両雄はレノン＝マッカートニーという共同名義で曲を作っていたので、[31]そこは明確に異なる。脇役と目されがちなベースの滝本がいい曲を残しているのは、ちょっとジョージ・ハリスンを思わせる構図だ。

また、石川の歌心溢れるパーカッションと合いの手のようなシャウトが彼らの曲を立体的に見せていたのは間違いない。どのピースが抜けても完成しないパズルのように、抜き差しならぬバランスで成り立っていたのがたまであり、その意味ではビートルズ的といえるだろう。だが、だからこそというべきか、柳原脱退後、その絶妙なバランスが崩れ、アルバムの作風に変化が訪れたのは当然の帰結だったと思う。

時にはコミックバンドとされることもあったたまだが、「ライヴを見てもらえればわかるが曲調もしっとりとしたメロディの曲からポップっぽい馬鹿ソング、郷愁をさそう歌にインプロヴィゼーションから、かなりダークやディープで子どもが泣きだしそうな曲まで多彩だったと思うのだ」と石川は述べている。

＊29　出典:「柳原陽一郎 インタビュー」(インタビュアーは角野恵津子)https://web.archive.org/web/20001220202805/http://www.bekkoame.ne.jp/i/gc4272/kadono138.htm

＊30　友部正人(ともべ・まさと)　青森県生まれのフォークシンガー。1972年、『大阪へやって来た』でデビュー。73年には美輪明宏とコンサートで共演した。75年の『誰もぼくの絵を描けないだろう』には坂本龍一がピアノで参加。たまの知久寿焼は高校生の頃から友部の家に出入りしており、90年にはたまとの共演作『けらいのひとりもいない王様』を発表。

「『〇〇みたいなバンドだね』と言われるのはいやだよね」とメンバーは常々言っていたが、それはまったくの杞憂だった。まさしく唯一無二。前例も後続もいない。たとえば、じゃがたら[*32]がそうだったように、たまは安易なフォロワーを現在に至るまで一切生み出していないのだ。

誰にも似ていないバンドでありたい――そうした希求を実現させてきたからこそ、奇才・竹中労の「日本のビートルズ」という見立てにすら疑問が残る。ビートルズとも比較対象にならないほどの独創性を蔵していたのがたまなのだから。

*31
ジョンとポールは60年代前半に人気のあったソングライター・チーム、ジェリー・ゴフィンとキャロル・キングを模して、レノン=マッカートニーを名乗った。実際、ゴフィン=キングがつくった「チェインズ」という曲をカヴァーしたり、1964年の渡米時にはふたりを表敬訪問するなど、その影響を隠していない。

*32　じゃがたら
1979年結成、江戸アケミを中心とした大世帯パンク&ファンクバンド。初期に流血やヘビを食いちぎるなどのパフォーマンスで過激なバンドとして話題を集め、82年の自主制作アルバム『南蛮渡来』は当時としては驚異的な5千枚を売り上げる。86年からイベント「東京ソイソース」に出演。88年にメジャーデビューし評

価が高まるなか、90年1月27日に江戸アケミが入浴中に事故死。バンドは解散となる。

リトル・クリーチャーズ論——バンドブームと渋谷系

イカ天における異質感

リトル・クリーチャーズ（以下、クリーチャーズ）のイカ天への登場は鮮烈であり、かつ、明らかに番組内で浮いていた。

彼らがイカ天に出場した時に感じた強烈な違和感はいまだに忘れがたい。違和感というより、異物感といってもいいかもしれない。メンバーの18歳という年齢はもちろん、いかにも育ちの良さそうなルックス、ネオアコースティックやニューウエイヴを通過した洗練されたサウンド、そして、トーキング・ヘッズのアルバムから拝借したバンド名——。

彼らが、思考家／批評家の佐々木敦が『ニッポンの音楽』（講談社）で述べている「リスナー型ミュージシャン」であろうことは、このバンド名から容易に類推できる。バンド名である「リトル・クリーチャーズ」は、トーキング・ヘッズの1985年リリースのアルバムタイトルでもある。

なお、佐々木敦『ニッポンの音楽』は名著であり、クリーチャーズの「リスナー体質」である音楽性とも相関が深いので、ここでは、以前筆者が『東京新聞』に書いた書評をまるまる掲載しよう。

Jポップの胚胎から終焉までを追った本書は、70年代から現在の間に著者が重要と看做したミュージシャン＝登場人物を軸に、日本のポップ音楽史をひとつの「物語」として描いている。

主要な登場人物は、YMO、小沢健二、小西康陽、小室哲哉、中田ヤスタカら。物語の中核を成すのは、彼らが外国の音楽を翻訳＝移植してゆくプロセスだ。はじめて日本語とロックの融合に成功したとされるはっぴいえんどから、リアルタイムでの洋楽の輸入が後押しした「渋谷系」に至るまで、彼らは皆、日本の「内部」に留まりつつ、常に「外部」の音楽を取り込んできた。そう著者は言う。遡れば、戦後のリズム歌謡がサンバやマンボのビートを次々に導入したのもまた、同様の事例と言えるだろう。

重要なのは、彼らが全員、著者が言うところの「リスナー型ミュージシャン」である、という点。洋楽をいち早く翻訳＝移植してきたのは、他ならぬ重度の音楽ファンであり、彼らのモチベーションの源泉は、実存的な表現衝動ではなく、膨大なインプット＝聴衆体験だったのだ。

日本の音楽メディアでは、歌詞の内容や音楽性の変遷がミュージシャンの実人生と重ねて語られることも多いが、Ｊポップを形成したのは、マニアックなリスナー的感性だった。本書はその事実を改めて浮き彫りにしてくれている。

ここからは少し脱線するが、このバンドのルーツであるトーキング・ヘッズについて深く探ってみよう。

彼らはニューヨークパンクの根城だったライヴハウス・ＣＢＧＢ[*1]出身の４人組。ＮＹでニューウェイヴが華を咲かせんとしていた70年代半ばにそのキャリアをスタートさせ、80年代後半まで活動した。彼らの名声を高めたのが、１９８０年発表の４作目『リメイン・イン・ライト』[*2]である。

いわゆるジャムバンド[*3]の筆頭格であるフィッシュもライヴでまるまるカヴァーし

＊1　ＣＢＧＢ
1973年に開設された、ニューヨーク市マンハッタンにあったライヴハウス。ラモーンズ、テレヴィジョン、パティ・スミス、トーキング・ヘッズなど、パンク／ニューウェイヴのバンドが多数出演した。11年に閉店している。

＊2　『リメイン・イン・ライト』
トーキング・ヘッズの最高傑作とされる１９８０年リリースの作品。メンバー以外のリズム隊に黒人ミュージシャンを起用し、ファンクやアフロビートを導入。プロデューサーはブライアン・イーノ。『ローリングストーン』誌が発表した80年代の名盤の４位に選ばれている。

＊3　ジャムバンド
即興演奏を織り込んだ音楽性

たこの作品は、「原始（アフリカ）と原子（アメリカ）の火花散る出会い」という、今野雄二による帯のコピー通りの内容。ナイジェリアの英雄フェラ・クティ*4が切り拓いたアフロビートをはじめ、アフリカ発の延々と反復されるビートと、ノーウェイヴ以降の苛烈な焦燥感が同居する、畢生の傑作だ。

同作のプロデュースは、ノーウェイヴ勢の活況を凝集したコンピレーション『ノー・ニューヨーク』*5も手掛けたブライアン・イーノ。*6いわゆるアンビエントミュージックの泰斗であり、２０２２年には京都でイーノ展が開催されるなど、日本にも根強いファンを持つ。

そして、『リメイン・イン・ライト』は、米国『ローリング・ストーン』誌が発表した80年代の名盤で4位に選出され、同誌の「オールタイム・グレイテスト・アルバム５００」（２０２０年発表）では39位にランクインしている。紛うかたなき名盤と言っていいだろう。

なお、『リメイン・イン・ライト』は１９８０年に発表されたが、その衝撃を増幅させたのが、１９８３年のライヴを記録したドキュメンタリー映画『ストップ・メイキング・センス』だ。ジョナサン・デミ*7が監督を担当し、オリジナルサウンドトラックもリリースされた同作は、観客参加型のコンサート映画の最高峰。Pファ

で全米を中心に90年代〜00年代中盤にかけて一大ムーヴメントを巻き起こしたバンドたち。代表格はフィッシュやメデスキ、マーティン&ウッド、ギャラクティック、クリッターズ・バギンなど。かつてのグレイトフル・デッドがそうだったように、ヒッピー的文化を有するファンはコミュニティを形成しバンドを追いかける。また、ジャムバンドのライヴでは録音が自由になっており、音源は金銭の授受なしという条件でネット上などでトレード可能。ライヴ会場には録音マニアのためのテーパーセレクションが設けられることもあった。

*4　フェラ・クティ
１９３８年10月15日〜97年８月２日。ナイジェリア出身のミュージシャン、政治活動家。アフロビートの創始者だった。

ンクやザ・ブラザーズ・ジョンソンのメンバーを迎え、白人黒人男女混成の9名による熱演が繰り広げられている。トーキング・ヘッズの映画というと、2023年に公開された『アメリカン・ユートピア』が何かと取り沙汰されがちだが、個人的には『ストップ・メイキング・センス』のほうが臨場感も緊張感も秀でていると思う。

ちなみに、トーキング・ヘッズからの影響を公言していたり、実際にその影響が見て取れるミュージシャンやバンドは数多い。海外ならレディオヘッド、アーケイド・ファイア、ヴァンパイア・ウィークエンド、ベック、フランツ・フェルディナンド、ダーティー・プロジェクターズ、ザ・ストロークスなどが挙げられる。また、『ストップ・メイキング・センス』の再リリースと、同作のサウンドトラックのリリース40周年を記念したトリビュート盤『Everyone's Getting Involved: A Tribute to Talking Heads' Stop Making Sense』には、マイリー・サイラス、パラモア、ザ・ナショナル、バッドバッドノットグッド、チカーノ・バットマン、ガール・イン・レッド、リンダ・リンダズ、トロ・イ・モアなどが参加している。

日本ならば、米津玄師はJ-WAVEのラジオ番組『SAPPORO BEER OTOAJITO』で、トーキング・ヘッズの「ワンス・イン・ア・ライフタイム」について、「こ

息子のフェミ・クティ、シェウン・クティ、孫のメイド・クティもミュージシャンとして活動している。

*5 『ノー・ニューヨーク』
1978年にブライアン・イーノのプロデュースでリリースされたコンピレーション・アルバム。ノーウェイヴ/ポストパンクの動向を捉えており、ジェームス・チャンス率いるコントーションズ、アート・リンゼイがギターを弾くDNA、マーズ、ティーンエイジ・ジーザスの4組の曲を収録。後世への影響力は絶大。

*6 ブライアン・イーノ
1948年生まれ、イギリスのミュージシャン。72年にロキシー・ミュージックのキーボーディストとしてデビュー。翌年脱退し、以後はソロで活動。現代音楽や前衛音楽など

れもよく聴きました。これも18、19の頃だったかな。すごく影響を受けましたね」と述べている。「ワンス・イン・ア・ライフタイム」は、『リメイン・イン・ライト』に収録されている有名曲。デビュー作『サイコキラー'77』から実質的なラスト・アルバム『ネイキッド』までを収録したベスト・アルバムのタイトルにもなっている。

他にも、坂本龍一、ＣＨＡＩ、サカナクションあたりが影響を受けているが、より重要なのが、ジャズピアニストの菊地雅章*8が１９８１年に発表した『ススト』というアルバムだ。ファンクを基調とした同作は、電化時代のマイルス・デイヴィスに触発された作品、というのが現在の一般的な評価である。『レコード・コレクターズ』の「フュージョン・ベスト１００ 邦楽編」（２０２４年6月号）という企画では、ライターや評論家の投票により1位に選ばれており、フュージョンの変種としても捉えることが可能なアルバムだ。

また、菊地成孔*9が率い、電化マイルスの作品をフロアオリエンテッドなサウンドにアップグレードした、デートコース・ペンタゴン・ロイヤル・ガーデン*10が『ススト』収録の「サークル／ライン」をカヴァーして話題を呼んだこともある。だが、電化マイルスはもちろんだが、発売当時『ススト』をトーキング・ヘッズと比較す

ポップミュージック以外の影響を取り込んだ作品はマニアックな支持を集めた。とくにイーノが提唱した、聴いても無視してもいい音楽というコンセプトをもつ「アンビエントミュージック」は、21世紀現在も絶大な影響力を及ぼしている。

*7　ジョナサン・デミ
映画監督。大学で獣医学を学んだのち、ロジャー・コーマンのもとで製作や脚本を担当する。代表作は１９９１年に監督した『羊たちの沈黙』や『フィラデルフィア』など。ドキュメンタリー映画も多数手掛けている。

*8　菊地雅章（きくち・まさぶみ）
ジャズピアニスト。ヨーロッパの名門レーベル、ＥＣＭレコードに日本人として初のリ

る向きもあった。事実、『ミュージック・マガジン』1981年5月号では、音楽評論家の北中正和[*11]が以下のように書いている。

> 『ススト』の冒頭に収められている「サークル/ライン」を聞いて、ぼくがまず反射的に思い浮かべたのは、トーキング・ヘッズの『リメイン・イン・ライト』に共通したところがあるということだった。先月号のレヴュー欄でも、とうようさん[*12]の評に「ギターもキーボードも打楽器のように使っている点ではトーキング・ヘッヅ《ママ》に通じるところもある」とある。菊地雅章がトーキング・ヘッズの影響を受けたとか、両者が同じ土壌を通過したとか言うつもりはない。音楽成立の主導権をメロディやハーモニーの展開よりもリズムの反復が握っているところが、たまたま共通していると、ぼくはかんじたのである。
>
> 参考のためにと編集部から渡されたレコードの中に、もう1枚マイルス・デイヴィスの『オン・ザ・コーナー』があった。1972年に発表されたこのレコードの演奏も、メロディやハーモニーの展開よりリズムの反復が中心となっている点で、『ススト』に共通するところを感じさせた。リズム構造やヴォーカルの不在からすると、『リメイン・イン・ライト』より『オン・ザ・コーナ

ーダー作を残している。マイルス・デイヴィスともセッションをおこなったが、その音源は未発表。甥の菊地雅晃(b)、吉田達也(ds)とのスラッシュ・トリオでも活動した。2015年に逝去。

＊9　菊地成孔(きくち・なるよし)　1963年生まれ、サックス奏者。ティポグラフィカ、スパンクハッピー、DCPRG、菊地成孔ダブ・セプテットをはじめ、ジャズに軸足を置きつつ、批評性と快楽性を統合させた独自の作風で知られる。文筆家、音楽講師としても活動し、大谷能生との共著『憂鬱と官能を教えた学校』『東京大学のアルバート・アイラー』などで解説されたジャズ史と音楽理論は多くのリスナーの耳の解像度を上げた。

にしたらこういうふうになるかもしれない。

ー』のほうがむしろ『ススト』に近い。『オン・ザ・コーナー』をもっと緻密

トーキング・ヘッズの遺した音源は、その遠心力の大きさによってリトル・クリーチャーズまで届いたのである。

それにしても、なぜクリーチャーズは、評価の定まった『リメイン・イン・ライト』ではなく、『リトル・クリーチャーズ』からバンド名を拝借したのか。

やはりこれは、彼らが多様な音楽を摂取してきたヘヴィ・リスナーであることの証であると考えられる。同作は、グルーヴの力感という意味では『リメイン・イン・ライト』に劣るのは否めない、いわゆる名盤や傑作や代表作に位置づけられる作品ではないだろう。

だが、フォークやカントリーの意匠を纏うことで、牧歌的で悠揚たるうたものとして抗い難い魅力を放つ『リトル・クリーチャーズ』は、「隠れた名盤」だ。このアルバムの良さに気づき、バンド名にまでしてしまうのは相当のツウであり、彼らがセンスのいいリスナー＝受け手だったことの傍証となるだろう。

＊10　デートコース・ペンタゴン・ロイヤルガーデン
1999年に結成された、菊地成孔率いる大所帯バンド。電化時代のマイルス・デイヴィスのサウンドを換骨奪胎し、奇数拍子やポリリズムを駆使したサウンドで観客を踊らせるというのが結成当初のコンセプトだった。最初期は菊地がサックスを吹いていたが、のちにコンダクターを務めるように。名称は、DCPRG、dCprG、DC/PRGへと時期により変わっている。

＊11　北中正和(きたなか・まさかず)
1946年生まれ。音楽評論家。70年に上京後、『ニューミュージックマガジン』でアルバイトをしながらライターデビュー。当初はロックを対象としていたが、80年代頃からワールドミュージックを多く

取り上げるようになった。著書に『ロック史』にほんのうた』など。

アートスクール的感性

イカ天内で浮いていた存在、というとどうしても怪しい風体や音楽性を誇るたまを思い浮かべがちだが、このような理由から、真にイカ天らしからぬバンドはリトル・クリーチャーズだったと、筆者は確信している。

言うなれば彼らは、イカ天という番組に踏みとどまりながらも、その価値観を内側から食い破るような衝動を宿していたのだ。彼らの登場は、明らかにイカ天的、バンドブーム的な価値観へのカウンターパンチだったように思う。

なお、クリーチャーズのイカ天初登場は1990年4月14日。演奏は荒々しいが、ノーブルな3人の佇まいが印象に残るVTRだった。審査員でギタリストの田中一郎が「演奏巧いね。特にベース、本当に巧いからF社[*13]じゃないけど、F社の音に聞こえる」と話している。

辛口コメントで知られ、あるバンドを「歌詞もダサい、曲もダサい」と酷評してメンバーと口論になったこともあるPANTAですら、青柳拓次のヴォーカルを「初期ローリング・ストーンズのミック・ジャガーのようだ」と言い放っている。

また、ドラムの栗原務は「イギリスの音楽の、ベース主体でコードが進行していく

*12 引用者注:『ミュージック・マガジン』の創始者で、音楽評論家の中村とうようのこと。

*13 引用者注:フェンダー社のこと。

ような音楽をやりたい」「ソウルやジャズの要素を取り入れて」などと述べていた。そう、彼らのスタンスは、さまざまなジャンルの音楽を貪欲に吸収していこうというものだった。

もうひとつ、クリーチャーズの音楽にはアートスクール出身らしい文化的で垢ぬけた感性が感じられた（実際の出身校は和光学園だが、これについては後述する）。先述のトーキング・ヘッズのメンバーは名門美術大学、ロードアイランド・スクール・オブ・デザインの出身で、インテリ扱いされることも多かった。というよりも、ポストパンク／ニューウェイヴの時代、音楽のスキルや理論に関してほぼ素人だが、アート寄りのセンスを蔵したミュージシャンやバンドが活躍したのは、つとに知られているところだ。

ワイヤー、DEVO[*14]、スパークス、デフ・スクール、ザ・クラッシュ、ソフト・ボーイズ、アダム&ジ・アンツには、すべてアートスクール出身者が在籍していた。2023年には、『THE ART SCHOOL DANCE GOES ON: LEEDS POST-PUNK 1977–84』というコンピレーション・アルバムがリリースされている。英国リーズ（のちにクリーチャーズの青柳が音楽留学したのもリーズである）の初期ポストパンク／ニューウェイヴシーンの活況ぶりを切り取った興味深い作品で、実際に

＊14　DEVO
1978年デビュー、アメリカのケント州立大学で出会ったメンバーによるニューウェイヴバンド。全員同じ髪型、同じユニフォームという、クラフトワーク『人間解体』およびYMOの人民服と同等の表現を同時代に展開したことで、日本ではテクノポップの代表として扱われる。ローリング・ストーンズ「サティスファクション」のカヴァーで一躍有名になった。

アートスクール出身だったギャング・オブ・フォー、スクリッティ・ポリッティ、ファド・ガジェットといったバンドが楽曲を提供している。

アートスクール出身バンドの系譜は、50年代後半から60年代初頭にかけての英国にまで遡る。有名なところでは、ビートルズのジョン・レノン、ローリング・ストーンズのキース・リチャーズ、ロン・ウッド、ザ・フーのピート・タウンゼント、クイーンのフレディ・マーキュリー、ピンク・フロイドのシド・バレット、キンクスのレイ・デイヴィス、エリック・クラプトンらの名前が挙げられる。

バンドの個性と出身高校

クリーチャーズが和光学園に通った80年代（学内でバンドが結成されたのが1987年）は、過度な管理教育が社会的な問題となった時代でもある。むろん、その背景には校内暴力やいじめの深刻化があり、ヤンキーが流行にすらなったという事情もあるだろう。ともあれ、男子は丸坊主にされ、女子はスカートの丈や前髪の長さをものさしで計られるなんてことが実際にあった。また、偏差値教育が十全に機能し、テストの点数で残酷なまでに序列が可視化された。

そんな中、神戸高塚高校校門圧死事件[*15]が1990年に起きる。当時の淀んだ学校の空気は、『3年B組金八先生』などでデフォルメされており、本書でインタビューした吉田アミの小説『サマースプリング』にも詳しい。[*16]とにかく、荒れていたのだ、特に中学校が。そうした体制に順応できず、反抗の声をあげたのがたとえば尾崎豊であった。また、ブルーハーツも、「1985」の歌詞に「僕たちを縛りつけて一人ぼっちにさせようとしたすべての大人に感謝します」と書いている。

だが、自由で型にはまらない校風を持つ和光学園には、こうした状況はまったく無縁だったはずだ。考えてみてほしい。クリーチャーズの音楽性に教師への反抗や校内暴力が織り込まれていたら、それはほとんどギャグの領域である。そんな要素がつけいる隙など1ミリもなかったのは言うまでもない。

ちなみに、JUN SKY WALKER(S)が通った自由学園も自由な校風で知られる。同校は、校則も制服もなく、エリとソデがついているものなら私服で登校してよいとのこと。学校名の通り『自由』を尊重するこの方針は、同学創立者による『自労自治』というスローガンのもと創立以来一貫しているという。

ただ、自由学園と和光には大きな違いもある。それは、和光の教育がアートスクール的だった、ということだ。これは筆者の見立てではあるが、実際、和光出身の

＊15　神戸高塚高校校門圧死事件
1990年7月6日、兵庫県立神戸高塚高校で、登校の門限時に閉められる門扉に当時15歳の女生徒・石田僚子さんが挟まれ死亡した事件。「管理教育」や「体罰」が見直されるきっかけとなった。

＊16
吉田が通ったのは名古屋の中学校だが、同地は特に管理教育が厳しい土地だったことが、小説を読むとよくわかる。

ミュージシャンは多い。以下、ざっと列挙してみよう。（なお、和光学園は幼稚園から大学院までを運営する学校法人で、左記はそのいずれかに在籍していた者である）。

THE BAWDIES、OKAMOTO'S[*17]、石崎ひゅーい、ミッキー・カーチス、ストロオズ、浜野謙太、大原櫻子、Taigen Kawabe（BO NINGEN）、早川義夫、高橋照幸（休みの国）、宮川彬良、梶原もと子（MANNA）、コシミハル、さねよしいさ子、田島貴男（オリジナル・ラヴ）、小山田圭吾（コーネリアス）、小沢健二（フリッパーズ・ギター）、坂口修一郎（ダブル・フェイマス）、佐久間正英（四人囃子）、谷野ひとし（ジャックス）、水橋春夫（ジャックス）、カネコアヤノ、チャラン・ポ・ランタン。

小学校から和光で学んだケースも少なくない。彼ら／彼女らは和光の特殊な磁場で、自由でとらわれのない感性を育んだのでは、とどうしても想像してしまう。

その謎と秘密（?）に迫るためにも、同校の沿革や校風にも触れておこう。

アーティストを輩出してきた和光学園とは

和光学園は1933年に成城学園を母体とするかたちで始まり、翌年には小学校

＊17　OKAMOTO'S
メンバーが岡本太郎好きであることから、全員がオカモト姓を名乗っている。ベーシストのハマ・オカモトはダウンタウンの浜田雅功の息子。彼が加入する以前のベースはオカモトマサル（本名は吉田匡）で、現在は相対性理論のメンバーである。

が開校。1947年に中学、1950年に高校、1953年に幼稚園を設け、1966年には大学が開学した。和光では発足当初から戦後にかけて作曲家の岡本敏明、児童劇作家の斎田喬が教鞭をとっている。これがのちに至るまで音楽教育、演劇教育が盛んにおこなわれる基礎地となる。

戦前より生徒の自主性を重んじてきた自由な校風は、さらなる発展と展開を見せた。なお、埼玉県和光市にも埼玉県立和光高等学校があるが、本稿で俎上にのせているのは、私立和光学園の運営する学校のことで、所在地は東京都町田市である。

クリーチャーズのインタビューから和光関連の発言を拾ってみよう。

栗原　基本的には生徒主体というか、何かを決めるときは生徒が集まって決めるのが和光の一番の特色で、文化祭でも自分たちがやりたいからってことで、みんなの前で演奏したり、必然的にバンドもほぼコピーだったりするんですけど、数はめちゃめちゃ多くて。

青柳　中学と高校が同じ敷地のなかで繋がっていたこともあって、それこそ小山田くんとか、そういう先輩たちの演奏を中学1年の頃から観て、センス的なことや音楽的なことを教わったというか。

鈴木　俺の場合、公立の普通の中学から入ったんですけど、みんな、俺の知らない音楽を聴いてるんですよ。例えば、向こうのスケーター・カルチャーとつながってるミスフィッツとか、普通の中高生には意味が分からないような音楽を聴いてて、なんかスゴいところに来ちゃったなって思いましたね。
栗原　しかも、高校は3人とも違うクラスだったんですけど、それぞれのクラスにいる音楽好きの間で〝こういう曲を見つけてきたぜ〟ってことで回し聴きしていたし。
青柳　放課後にラジカセから音楽がかかっているのが学校で当たり前の光景だったので、隣のクラスへ遊びにいくと、知らない音楽がかかってて、そこでもレコードの貸し借りがあったり。そうやって音楽を聴いてるうちにいろんなジャンルの音楽に触れていった。
栗原　だから、ひとつの音楽だけじゃなく、そうやって同時にいろんな音楽を聴いてきた体験が僕らのルーツにはあるんですよ。*18

なお、同インタビューによると、青柳は祖母も母もクラシックギターの教師というギター一家に生まれ育っており、和光中学入学の時点ですでにエレキギターも弾

*18
出典：「CD Journal」（インタビュアー：小野田雄）https://www.cdjournal.com/main/cdjpush/little-creatures/1000000555

いていた。受験会場で出逢い、ビートルズが好きだということで青柳と意気投合した栗原は、彼とバンドを組むにあたってドラムを始めたそうだ。ふたりはエスカレーター式に高校に上がり、そこで鈴木正人が入学してくる。高校1年生のときにおこなわれた学校主催のキャンプで、鈴木は出し物として、MTR*19でつくったオケの上で縦横無尽にギターを弾いていたという。

青柳　正人は、なにせブルージーなギターを弾いてたくらいなので（笑）、ジャズとかブルースみたいなブラック・ミュージックが好きなんだなっていう印象があって、その点では間違いなかったし、それ以前にバンドをやってた人たちは音楽的な人たちじゃなかったというか。一方で正人はピアノもやってたし、クラシック・ピアノが弾けると同時にドラマーになりたいとか、バンドがやれるとか、そういう音楽的な人間ってなかなかいなかったんですよ。

鈴木　ピアノねー、クラシック・ピアノの練習はホントいやだったなー。だから、練習は全然せずに、勝手に好きな曲を弾いてたんですけど、中学生になると〝バンドやらない？〟ってことになるじゃないですか。うちの親はヴァイオリンを教えてたり、ちょっとした練習部屋があったんで、そこにバンドの連中

＊19　MTR
マルチ・トラック・レコーダーの略。マルチは複数、トラックは録音のことで、複数の演奏を別々に録音してあとでまとめられる機器のこと。例として4トラックMTRなら、ヴォーカル、ドラム、ギター、ベースを別々のトラックに個別に録音でき、それをミックスすることでバンド演奏が完成となる。MTR登場以前は全員揃って同時に演奏して録音していた。

が楽器を置いていくんですよ。で、その楽器をちょこちょこいじってるうちになんとなくできるようになっていったんですけど、当時はアメリカン・トップ40とか、LAメタルの曲をカヴァーしてたくらいなのに(笑)、高校入ったら青柳がみんなの前でオリジナルを演奏していて、〝うわ、スゴいな。こんなやつらがいるんだ!〟って思ったのを覚えてます。

鈴木 ある日、〝5組の青柳っていうんだけど〟って電話がかかってきて(笑)。〝バンドでコンテストに出ようと思っていて、ベースを探してるんだけど、弾いてみない?〟ってことだったんで、〝ああ、いいよ、いいよ〟って。それでリトル・クリーチャーズが始まったんです。

さらに「Mikiki」のインタビューからも引用しよう。

鈴木 「高校に入ったら、例えば、ミスフィッツとか、普通の中高生が知らない音楽をみんな聴いていていて。そういう音楽は先輩から受け継がれてきたものなのかな?」

青柳 「そう。マニアックなバンドを知っている先輩たちが学祭や学外でバンドをやってて、そういうところから新しいバンドを知ったり、僕の場合は兄の影響も大きかった」

青柳「そうですね。でも、当時、和光高校に通っていた僕らの周りでビートパンクや日本の音楽を聴いている人は少なかった。ロックといったら、ザ・フーとか、イギリスのパブ・ロックとか、そういう感じのものが好きだったし、ジョー・ジャクソンのファースト（79年作『Look Sharp!』）、セカンド（79年作『I'm The Man』）とか、パンク／ニューウェイヴ周辺の音楽を聴いていた気がします[20]」

和光高校の文化祭のレヴェルの高さ

ちなみに、和光学園のホームページには、卒業生のインタビューが掲載されている。その中から、ミュージシャンの和田永の記事を引用する。和田永は、吉田悠、相対性理論のベーシストでもある吉田匡とのグループ、Open Reel Ensemble[21]の中心メンバーだ。

彼らは、坂本龍一主宰のレーベル、commonsよりアルバムをリリースする他、

＊20　出典：「Mikiki」「LITTLE CREATURES 30年史（前編）イカ天キングとしてデビュー、スタジオでの実験へと突き進んだ90～2000年代」（インタビュアー：小野田雄）https://mikiki.tokyo.jp/articles/-/28127

＊21　Open Reel Ensemble　オープンリール式のテープレコーダーを楽器として使用できるように改造し、演奏をおこなうグループ。メディアアートの文脈でも注目を集めており、坂本龍一主宰のレーベル、commonsよりアルバムをリリースしている。オープンリールがずらりと並ぶライヴでのヴィジュアルは壮観。メンバーは、和田永、吉田悠、吉田匡。ベースの吉田匡は相対性理論のメンバーでもある。

ISSEY MIYAKEのパリ・コレクションでは音楽を4シーズンに渡って担当。活動はワールドワイドで、これまでにSónar Festival（スペイン・バルセロナ）、Ars Electronica（オーストリア・リンツ）にも出演している。そんな和田は中・高と和光学園で学び、その後慶応義塾大学から多摩美術大学に編入して卒業した。和光中学校時代には、現在も続くJAMセッション研究部を立ち上げた初代部長でもあったという。

和田　1年生の時、ロックな音楽をやりたくて、仲間を集めようと、ポスターを書いたり声を掛けたりするんですが、それがなかなかうまくいかなかったんですよ。ただ、2年生になると、1年生にメチャメチャうまいブルースギター弾くと噂の後輩が入ってきたり、すごく大きいヘッドホンでサイケデリックな音楽を爆音で聴いてるヤバイ先輩とか、4人くらい仲間が集まったんですよ。

聞き手　ロック研究部の中学校版のような感じだよね。確か高校の滝先生のドラムセットも借りてきたんだったよな。

和田　滝先生はとにかく音楽に詳しくて、変拍子やシンセサイザーについて教えてくれて。時々高校のドラムやアンプを貸してくれました。要望書とか何とかクリアできたから自分のやりたいことと、生徒会執行部の仕事を両立させながら滑り込ませていきました。要求して、それが通るんだ！　っていうことが実感出来たんですよ。

（中略）

そうして人生で初めてのバンドを組んで、ジャム・セッションしたんです。シンバルを叩き、スネアを叩くとレコードで聴いていたあの音がする！　そこに歪ませたギターが乗ってくると、ぶわーと新しい景色が広がっていく感覚がありました。そして、ジミ・ヘンドリックスやクリームのカバーに挑戦したり。中学生にしては選曲が妙に渋い（笑）。それで初めて大教室でライブをしたんですが、そこから自分もギターを始めたい、ベースを始めたい、ドラムを始めたい…っていうのが、女の子も含めてそこからどんどん増えていったんですよ。OKAMOTO'Sやズットズレテルズ、チャラン・ポ・ランタンのメンバーもJAM研出身者ですね。

聞き手　高校は都立校進学も考えていたよね。私は学年主任として、「和光高校と比較するために、その学校の授業を見て来い、実際にその学校に行って直接目で見て来い」とアドバイスしたけど、どうだったの？

和田　僕は授業ではなく、文化祭を見に行ったんです。そうしたら、流行のJ－POPしかやっていなくて、これはちょっと違うな～って思ったんです（笑）。それで和光高校の文化祭を改めて見たら、ロックにレゲエにスカにヒップホップまでやっていたんですよ。もうこれは全然文化祭のレヴェルが違うと確信しました（笑）。ちなみにその時に見た文化祭のステージでは、Taigenくんっていう、今はBo Ningenというイギリスでも人気のバンドのヴォーカリストが、グルーヴィなベースを弾いていたんですよ。文化祭を見に行って、こりゃ和光高校しかないでしょう！　って、和光高校に決めました。*22

和光高校の文化祭では、審査を通ったバンドだけが出場できる「オン・ステージ」というコンサートがあり、さらにそこでの投票で1位となったバンドは文化祭の閉会式で全校生徒の前で演奏できるという。

小山田圭吾やOKAMOTO'Sはこのオン・ステージの常連だった。小山田のバンドは当時から人気で、他校からギャラリーが押し寄せるほどだったとか。OKAMOTO'Sは高校3年の文化祭で優勝し、閉会式ではメンバー全員が女装してガールズバンドSCANDALの楽曲をカヴァーして、会場を沸かせたという。

＊22　出典：「和光人卒業生インタビュー」https://wakojin.blogspot.com/2023/02/vol47.html

和光特有の土壌については、小沢健二が『ロッキング・オン・ジャパン』1994年4月号で赤裸々に語っているが、それはややネガティヴなバイアスがかかっている印象がある。そして、それに反論するかたちで1996年に『前略　小沢健二様』（太田出版）なる本が刊行された。同書では、和光出身の人物から、当時の小沢健二の素行や性格などについて同級生らが語っている。なお、太田出版では元々まるまる一冊和光の謎をカヴァーした「和光本」を出すつもりだったという。実は小山田圭吾のいじめに関するインタビューも、その一環としておこなわれたものだった。

なお、在日ファンクのリーダーで俳優業もこなす浜野謙太は、自由の森学園から和光大学に進学している。実は、同じく自由で生徒の自主性を重んじる校風の自由の森から和光に進む者はかなり多い。ある種のエリートコース、といってもいいかもしれない。*23

クリーチャーズのその後にも触れよう。ファースト・シングル「THINGS TO HIDE」が出たのが1990年1月で、11月にセルフタイトルのミニアルバムがリリースされた。フリッパーズ・ギターの『three cheers for our side ～海へ行くつ

*23　一部では有名な逸話だが、和光大学の人間関係学科で学んだ浜野の卒論は、トイレをテーマにしたものだった。彼は、ユーで、2018年の卒業生インタビューで、子どもを和光幼稚園に入れ、自身も園児の親たちの集まる勉強会やサークルに参加していると語っている。

もりじゃなかった〜』の翌年の発売であり、両者とも歌詞がすべて英語であること、英米のネオアコやギターポップに影響を受けていることなど、いくつかの共通点が挙げられる。さらに、当時は5人編成だったフリッパーズ・ギターの中核を成すふたり（他の3人は『海へ行くつもりじゃなかった』をもって脱退）、小沢健二と小山田圭吾は和光中学の出身である。

小沢は東京大学への進学を視野に入れ、都立の進学校である多摩高校に転入。小山田は和光高校卒業後、和光大学を中退し、セツ・モードセミナー[*24]に入学した。ただ、ふたりが同級生として和光で出逢ったのはクリーチャーズ同様であり、もっと言ってしまえば、のちに小山田と結婚するミュージシャンの嶺川貴子も和光の出身。そして、小沢と小山田が足繁くライヴに通い、尊敬するミュージシャンとして名前を挙げていたザ・レッド・カーテンの田島貴男も和光の出身である。ザ・レッド・カーテンはのちにオリジナル・ラヴと名前を変え、田島はピチカート・ファイヴのヴォーカリストとしても活躍する。

ちなみに、たまの石川浩二も和光大学に在籍していたことは書き留めておくべきだろう。

『たまという船に乗っていた』を読むと、彼の感性やセンスは根っからのアヴァン

＊24　セツ・モードセミナー
東京都新宿区舟町にあった美術学校。創設者は長沢節。2017年4月23日に閉校した。卒業生に、花くまゆうさく、山本耀司、川久保玲、四谷シモン、安野モヨコ、桜沢エリカ、今日マチ子、樹木希林、谷原章介、桐島かれん、中西俊夫、小山田圭吾、ホンマタカシ、安藤忠雄などがいる。

ギャルドであり、和光大学がその受け皿になっていたと思えるからだ。詳しくはたま論でも述べたが、彼がアートスクール的な感受性を備えていたことは、たまというバンドにとって極めて大きいと思う。

石川は「和光っぽい人間とはどんなタイプか?」との質問に対し、「飛び道具的な人間が多いよね。そうとしか、表現のしようがない。まちがっても王道なんかを歩く人はいません」と答えている。

実家力とミュージシャン

和光学園/和光大学の名前が出たところで、私立学校の中でも和光は学費が高く、経済的に恵まれた家の子が多かったことを指摘しておきたい。

彼らは裕福な家に生まれ、両親にアーティストも多かったことで、早くから文化的/芸術的なものに触れる機会があった。いわゆる「文化資本」に恵まれていたのだ。文化資本とは、ピエール・ブルデュー[*25]が提唱した社会学における学術用語(概念)のひとつであり、金銭以外の、学歴や文化的素養といった個人的資産を指す。平たく言えば、親がレコードをたくさん持っていたり、ライヴに連れて行ってくれ

＊25 ピエール・ブルデュー
20世紀においてもっとも影響力のある社会科学者のひとりであり、人類学にも明るかった。2001年にコレージュ・ド・フランス名誉教授。代表作は『ディスタンクシオン』『社会学の社会学』『構造と実践』など。新自由主義に反対運動を起こした知識人のひとりでもある。

たりと、幼少期から文化的なものに触れる機会が多いほど、ミュージシャンを目指すにあたっては有利であり、自然でもあるということだ。それがその後の音楽人生を決定する、ということは実際ある。

もちろん、それは和光に限らない。たとえば、２０２２年に刊行された、山内マリコ『すべてのことはメッセージ 小説ユーミン』（マガジンハウス）が好サンプルとなるだろう。松任谷由実氏（以下ユーミン）の生い立ちからプロデビューまでを振り返った同書を読むと、実家の太さと音楽的な充実度に深い相関関係があることがよくわかるからだ。以下、筆者が同書について書いた書評[*26]から抜粋を交えて話を進める。

まず、ユーミンは、八王子の裕福な呉服屋の娘として生まれた。幼い頃からピアノに触れ、三味線音楽を学び、中学から立教女学院に入学。勉強はしなくても成績は良く、文化祭ではプロ顔負けの芝居を演出して見せる。だが、それだけでは物足りなく、60年代に一世を風靡したグループサウンズ[*27]（以下ＧＳ）のバンドを見に、中学時代からジャズ喫茶に通った。

同書のＧＳのライヴや彼らの音楽性にまつわる記述は、戦後日本がどのようにして外国のロックを受容してきたかをも、明瞭に炙り出している。詳しくはここでは

＊26 「ダ・ヴィンチＷＥＢ」https://ddnavi.com/article/d1052365/a/

＊27 **グループサウンズ** １９６５年のベンチャーズ来日をきっかけに起きたエレキインストバンドのブームを経て、66年のビートルズ来日を機にヴォーカル曲を取り入れるバンドが増加。この歌をうたうエレキバンドがマスコミに「グループサウンズ」と呼ばれた。略称はGS。代表にブルー・コメッツ、ザ・スパイダース、タイガース、カーナビーツ、ジャガーズ、ゴールデン・カップスなど。全盛期は67年から68年までの短期間だった。

＊28 **ザ・スパイダース** １９６１年結成、日本のグル

措くが、そうしたなか、オリジナルの日本語詞で日本発のロックを発信したはっぴいえんどが登場する。そして、そのメンバーだった細野晴臣や鈴木茂は、ユーミンのレコーディングに参加。最先端の音楽を欲してきたユーミンが、GSに傾倒するのみならず、はっぴいえんどのようなバンドのメンバーと協働したのは、必然だったといえる。

当時のGSに関する印象的なエピソードがある。ユーミンはザ・スパイダース*28のライヴ後に出待ちをし、最先端の洋楽のレコードを渡そうとした。メンバーの堺正章も井上順もレコードに一瞥もくれないが、音楽マニアのかまやつひろし*29だけは立ち止まって、レコードに見入ったという。かまやつはGSでは珍しく、ザ・スパイダースでオリジナル曲をつくっていた。両者の心は最新の音楽を通じて響き合ったのだろう。

同書で前景化しているのもやはり、先述の文化資本の問題である。ユーミンやはっぴいえんどが台頭してきたのは、裕福な家庭に生まれ育ったことも大きかった。彼らは慶應や立教や青山学院などの大学に通う、いわゆる育ちの良い学生だったのだ。彼らは、自宅に練習するためのスペースや機材を持っていた。また、まだ高価だった海外製の楽器を手にし、レアで高価なレコードを買う余裕もあった。

ープサウンズを代表するバンド。田辺昭知をリーダーに、堺正章、かまやつひろし、井上順などが在籍。アメリカンポップス全盛期にビートルズやローリング・ストーンズなどのブリティッシュビートを取り入れたサウンドが斬新だった。70年解散。代表曲に「いつまでも・どこまでも」「あの時君は若かった」「バン・バン・バン」など。

*29　かまやつひろし
1939年生まれ。ムッシュの愛称で知られたミュージシャン。ザ・スパイダースのメンバーとして「あの時君は若かった」など代表曲を多数手掛ける。70年にソロデビュー、吉田拓郎作曲の「我が良き友よ」が大ヒット。90年代以降は「ゴロワーズを吸ったことがあるかい」がクラブシーンから再評価された。17年逝去。

ユーミンもまた、幼い頃から横田米軍基地に出入りし、都心のレコード店でも入手できない貴重なアナログ盤を渉猟。中学生の頃には100枚以上のアルバムを所有するコレクターになっていたそうだ。6歳でピアノ、11歳で三味線を習った彼女が、「文化資本」に恵まれていたのは間違いない。クリーチャーズが、海外留学をしながら音楽制作に打ち込めたのも、彼らの地元（＝実家）が東京にあったことが大きかったのではないだろうか。

Ｗｅｂメディア・「Mikiki」のインタビューで、ドラムの栗原務は当時を振り返り「よく生きていたというか、どうやって暮らしていたんだろうって思うよね（笑）」と語っている。これに対して鈴木正人は、「マネージメントから出ていた給料と、あと、やっぱり、東京が地元だったことも大きかったんだなって。『地方から一山当ててやる』みたいな感じで出てきてたら、もっと全然ハングリーだっただろうね。林立夫[*30]さんと現場が一緒になったときによく話すんだけど、『俺たち東京の人間は、地方の人たちと比べると全然呑気だよね』って（笑）」と話している。

「ハングリーヤングマンはアングリーヤングマンにはなれないと思った」、と言ったのは寺山修司である。クリーチャーズの来し方を思いつつ、筆者の脳裏にはそんな言葉がよぎった。

＊30 林立夫（はやし・たつお）1951年生まれ。日本のニューミュージック／シティポップの録音に数多く参加しているドラマー。はっぴいえんど解散後の細野晴臣と鈴木茂、小坂忠とフォージョーハーフ解散後の林と松任谷正隆で、73年に結成したサウンドプロデューサーチーム＝キャラメル・ママ／ティン・パン・アレーで有名。一方、ネットワークビジネス、アムウェイのアンバサダーとしても知られる。

バンドブームと渋谷系の挾間で

また、同インタビューでは、歌詞が英語であることで、レコード会社を探すのに苦労した、という話も出てくる。以下、再び『CD Jounal』のWEB版から引用しよう。

――当時の音楽状況を考えると、英語詞でメジャーから出たのはフリッパーズ・ギターの1stアルバムくらい。英語詞の作品リリースを認めてくれるレコード会社って、ほぼなかったんじゃないですか?

青柳　そうですね。ほぼゼロだったんじゃないかな。当時は楽器の音色を選ぶように言葉を選んでいて、その言葉のリズム感が大事だったし、僕らは洋楽リスナーだったこともあって、それを日本語に置き換える作業を敢えてやろうとは思わなかったんです。それに当時の日本の音楽シーンにしても、自分たちと関係があるとは思えなかったし……。

栗原　音楽シーンってことで言えば、その後、2人が留学したこともあって、バンド同士の横の繋がりがなかったし、友達がいなかったこともあって（笑）、気づいたら孤高の存在になっていたという。

鈴木　何年か前に『別冊宝島』で渋谷系[*31]特集の号が出たんですけど、俺らも出てるんだろうなと思ったら、一言も出てこなくて、やっぱり渋谷系じゃなかったんだって再認識すると同時にさびしい気持ちになりましたよ（笑）。

クリーチャーズとフリッパーズの隣接／近似は右記の記述から明らかだろう。言うなれば、バンドブームと渋谷系の挟間にあり、その両方に片足を突っ込んでいたのがクリーチャーズだったのだ。イカ天と渋谷系の連続性、というと多くの人が戸惑うだろうが、唯一、その連続性を体現していたのがクリーチャーズだったのである。

なお、クリーチャーズが渋谷系のカテゴリーに入りそうで入らなかった理由は、明確にある。それは、青柳と鈴木がイカ天出演後、外国にいたからだ。渋谷系として取り上げられているバンドは友達が多かったそうだが、「意識的に、そういうシーンに出向くこともなかったですし、自分たちはただ自分たちの音楽をやっているだけ」（青柳）、「あんまり横の繋がりがなかったね」（鈴木）という発言もある。だが、

＊31　渋谷系
渋谷のＨＭＶを発火点として、過去の膨大な音楽の引用／参照を特徴とした音源が人気を集めるようになり、一大ムーヴメントとなったのが渋谷系。その余波はファッションやデザインの領域にも及び、リスナー体質のアーティストが活躍した。代表的なバンドやミュージシャンは、フリッパーズ・ギター、ピチカート・ファイヴ、オリジナル・ラヴ、カヒミ・カリィ、スチャダラパー、U.F.O.など。元ネタ探しに奔走したリスナーも多く、『渋谷系元ネタディスクガイド』（太田出版）なんて本が出版されていた。

渋谷系の渦中に海外にいたのだから、致し方のないことだろう。そして、留学経験は当然、その音楽性にもフィードバックされる。以下、「Mikiki」からの引用だ。

青柳　バンドとしての方向性はイギリス寄りでした。イギリスの音楽はギター・バンドにアイリッシュの要素やダブの要素が混ざっているのが当たり前だったじゃないですか。僕たちの音楽も色んな要素を混ぜたいという意識があったかもしれない。

――『NO VOTE NO VOICE』は、UKのギター・バンドやアイリッシュ音楽、そこにアシッド・ジャズ、ラテンやアフロの要素が入ってくるじゃないですか。そういった要素は青柳さんがイギリスで出会ったもの?

青柳　そうですね。僕は大学のあったリーズという街からロンドンに通って、ブラジル人のコミュニティとか、ナイジェリアの黒人たちが音楽をやっているクラブとか、そういうところを色々と回っていくなかで受けた刺激をバンドに反映させていたと思います。アシッド・ジャズって、レア・グルーヴから始まって、踊れるジャズのレコードを探していた流れが、だんだんとラテンやアフロに向かっていったので、その影響も大きかった。

デビューに際してはどのようなやりとりがあったのだろうか。

——「イカ天」をきっかけに色んなレコード会社から声がかかったと思うんですけど、90年当時、英語詞で歌うバンドがデビューするのは稀でしたし、LITTLE CREATURESが英語詞で歌っていたことに対して、あれこれ注文がついたんじゃないですか？

栗原　「まずは日本語詞にして」って、それはもう毎回言われましたね（笑）。しかも、その時点で青柳はイギリス、正人はアメリカへの留学が決まっていたので、留学の時期をズラすのも契約の条件でした。でも、当時、僕らはまだ10代だったから、「うるさいな、このおっさんたち」みたいな感じ（笑）。そして、「英語詞でいいし、留学もしなさい」って言ってくれた唯一のレコード会社が契約することになったミディですよ。

先述のラテンやアフロへの傾倒は、作品へも結晶化する。
クリーチャーズのアルバムリリースはかなり間隔があいているが、その間、青柳と栗原は、クリーチャーズ以上に積極的／能動的にワールドミュージックに接近。ワールド・フェイマスという大所帯バンドで活動する。ヴォーカルは、ポート・オブ・ノーツのメンバーで、*32 ソロとしてもキャリアを伸ばしている畠山美由紀。ベスト・アルバム『RADIO COLLECTIVE』がリリースされた1999年には、クリーチャーズがプロデュースをまるまる手掛けた中山美穂の『manifesto』が発売されるなど、ポップス畑での仕事も残している。

他にもメンバーは、大原櫻子、UA、中村一義などのプロデュース／楽曲提供／演奏もしているし、栗原はノイズ・オン・トラッシュというバンドでも活動。EGO-WRAPPIN'*33の中納良恵を中心としたユニット、JUJU KNEIPP（ジュジュ・クナイプ）も1枚だけ作品を残している。

クリーチャーズではベースを弾かないアルバムもある鈴木だが、UA、HARCO、冨田ラボ、ハナレグミなど、数々の現場で器用なプレイを披露し、各方面で重宝されている。00年代以降の活動に限っても、2005年に内田也哉子、コンボピアノの渡邊琢磨とsighboat（サイボート）を結成。2006年、自身初となるソロ・アルバム『UNFIXED MUSIC』をリリース。2007年、菊地成孔ダブ・セクステットに参加。2023年、DAOKOがヴォーカル、相対性理論の永井聖一がギタ

＊32
なお、ポート・オブ・ノーツのもうひとりのメンバーである小島大介は、鈴木がバークリー音楽大学時代に知り合った凄腕ギタリストだ。人懐っこく人当りのいい小島は、瀧見憲司率いるクルーエル・レコードで働いていたこともある。

＊33　EGO-WRAPPIN'
1996年に大阪で結成。中納良恵（Vo）と森雅樹（g）によるユニットで、初期はジャズと歌謡曲が地続きだった時代の音楽を奏でていたが、05年の『merry merry』では音響派／ポストロックにも通じる作風で新機軸を打ち出した。中納はソロでも活動しており、最新作は21年リリースの『あまい』。

ーを務めるQUBITのメンバーとなる。加えて劇場版アニメ『坂道のアポロン』（18年）や『おらおらでひとりいぐも』（20年）、『あちらにいる鬼』（22年）といった映画の音楽も担当している。

なお、『ミュージック・マガジン』２０００年12月号には、音楽評論家の岡村詩野による活動10周年を迎えたクリーチャーズの足跡を振り返るインタビューが掲載されている。その見出しには「普通は最初荒くれてて、どんどんまとまっていくパターンだけど、僕たちはその逆でありたい」という青柳の発言がある。

確かに、レアグルーヴ的なエッセンスを散りばめた初期は、いい意味でセンスエリート的な音楽を奏していた彼らだが、徐々に先鋭的な部分が前面に出るようになる。ドラムンベースの大御所ゴールディーのリミックスを手掛けるなど、クラブミュージックとの親和性の高さも垣間見せた。

２０００年には、クリーチャーズの楽曲を他アーティストがカヴァーしたアルバム『Re:TTLE CREATURES』がリリースされる。高校の先輩であるコーネリアスから、ＵＡ、ハナレグミ、くるり、クラムボン、ｔｏｅなど、全10アーティストが参加している。

イカ天出身者でアートスクール出身のミュージシャンは何人かいるが、マルチな活動を展開する例として、マサ子さんの片割れで武蔵野美術大学出身のマユタン（現・まゆたん）が筆頭に挙げられる。アートスクール出身であるDEVOを溺愛した彼女は、漫画家・岡崎京子*34のアシスタントを務め、渋谷パルコのフリーペーパー『GOMES』主催のGOMES漫画グランプリで大賞（グランプリ）を受賞した。彼女には、アート寄りの感性があり、かつ、元祖ナゴムギャルでもあった。そうした自由なセンスは、同じく武蔵野美術大学卒の大森靖子の他、坂本慎太郎、テイ・トウワ、スピッツの草野マサムネ、カーネーションの直枝政広といった美大出身者にも見出すことができるだろう。

＊34　岡崎京子（おかざき・きょうこ）
1963年生まれ。漫画家。内田春菊、桜沢エリカ、原律子らと並び、美少女コミック誌からヤングレディース誌、ファッション誌から批評誌まで、ジャンルを横断する新しい女性漫画家像を開拓した一人。96年に交通事故に遭い活動停止。10年代に大規模個展が開催され、作品の映画化が続いている。代表作に『ｐｉｎｋ』『東京ガールズブラボー』『リバーズ・エッジ』『ヘルタースケルター』など。

人間椅子論——実力とコスプレが世界へ

「たま」と並び、一見イロモノに見えるが音楽的にも秀でていたのが、1989年5月20日に登場した人間椅子だ。

彼らはイカ天キングにこそなれなかったものの、視聴者からのハガキを集計した「週刊アマチュア・ベストテン」では、6月17日から11週連続ランクイン。その後もベストテンに出たり入ったりし、「この年は約400バンドが出演しているが、恐らく最長の記録（私の資料上）だと思う」とイカ天のプロデューサーだった今野多久郎が書いている。*1

イカ天公式本では、「オドロオドロの世界へひきずり込む、純日本的猟奇バンド」で「文芸ロックというニュー・ジャンルをつくったすごいヤツら」と紹介されている彼ら。ニュージャンルをつくった、というのはあながち間違いではないだろ

*1
出典:『椅子の中から 人間椅子30周年記念完全読本』(シンコーミュージック)

う。彼らが成し遂げたことを端的に言うなら、英米のハードロック／ヘヴィメタルと日本文学の奇跡的な融合である。

サウンドの根底にあるのはブラック・サバス。[*2] 1993年のアルバム『羅生門』制作にあたっては、サバスのギタリストだったトニー・アイオミにプロデュースしてもらう話も持ち上がり、デモテープまで送った。当のアイオミがサバスの再結成で急に多忙になったため、この話は立ち消えになったものの、その後、『椅子の中から 人間椅子30周年記念完全読本』内の企画で和嶋慎治とアイオミとの対談が実現している。

ブラック・サバスの影響を受けたバンドは数知れない。スレイヤー、メタリカ、パンテラ、アンスラックス、セパルトゥラ、メガデス、ジューダス・プリーストなどのメタル系。ガンズ・アンド・ローゼズやモトリー・クルーなどのハードロック系。スマッシング・パンプキンズ、アリス・イン・チェインズ、フェイス・ノー・モアといったグランジ／オルタナ系。ブラック・フラッグ、ミニストリー、グリーン・デイといったハードコア・パンク系がそのDNAを発展的に継承している。

＊2 ブラック・サバス
ヘヴィメタルやハードコアパンク、ドゥームメタル、グランジなどのジャンルに多大なる影響を与えたバンド。カート・コバーンが愛聴していたことでも知られる。1968年にオジー・オズボーンを中心に英バーミンガムで結成。17年に活動を停止。バンド名はマリオ・バーヴァ監督のホラー映画のタイトルからとられている。

ロックバンドと土着性

ブラック・サバスの個性の核をなしているのは、重く激しいサウンドや呪術的なヴォーカルから立ち込める、おどろおどろしく、土着的／土俗的な匂いだろう。

初めてサバスの音楽を聴いたティーンの多くが、ロックとは恐怖だ、という刷り込みを受けたに違いない。大人が顔をしかめ、世間から白眼視されるような、黒魔術的な禍々しさを備えた音楽。人間椅子は、そんなサバスの音楽の昏く生々しい部分を受け継いだ、最も正当でラディカルな嫡子ではないだろうか。

なお、そうした土着性を纏ったバンドとして、２００６年に結成された八十八ヶ所巡礼[*3]の名前を挙げておきたい。ナンバーガールや人間椅子からの影響を公言している彼らもまた、卓越した技巧を誇るスリーピースバンドであり、サバスに通じるリフの応酬も垣間見せる。ヴィジュアル的に面妖であるのも見逃せないポイントであろう。実際、人間椅子とも新宿ロフトで2デイズのツーマンをおこなうなど、度々共演している。

人間椅子というバンド名の由来は、奇怪で幻想的でエログロナンセンスな作品を多数残している江戸川乱歩[*4]の小説名から。外見に劣等感を持つ椅子職人が、若く美

＊3　八十八ヶ所巡礼
マーガレット廣井（Vo, b）、Katzuya Shimizu（g）、Kenzoooooo（ds）から成るバンド。プログレやオルタナなどの要素を含むロックバンドで、人間椅子の他にナンバーガールからの影響を受けており、カヴァーもしている。エッセイスト／イラストレーターの能町みね子も彼らのファン。

＊4　江戸川乱歩（えどがわ・らんぽ）
1894年生まれ。日本を代表する推理作家。23年に雑誌『新青年』でデビュー。『屋根裏の散歩者』『パノラマ島奇談』など私立探偵・明智小五郎の登場する推理小説で人気を獲得。少年探偵団を登場させた『怪人二十面相』で少年向けでもヒットを飛ばす。一方でエロ・グロ・ナンセンス小説『人間椅子』をはじめ怪奇作家と

しい女流作家が暮らす屋敷の椅子の中に潜み、皮一枚を隔てて女体の感触に溺れるという淫靡な小説だ。

ギター／ヴォーカルの和嶋慎司とヴォーカル／ベースの鈴木研一は、いずれも乱歩に限らず、日本文学に明るいことで有名だ。特に和嶋は父親が中学の国語教師で自宅に本がたくさんあり、推理小説やSF、怪奇小説を貪り読んでいたという。

和嶋は小学生の頃には小松左京や眉村卓のSF小説に耽溺。高校時代には無頼派の織田作之助[*5]や坂口安吾[*6]を愛読し、文芸部に所属して小説を書いたこともあった。「堕落したり破綻したり道から外れるほうがカッコイイと思っていた」のは、これらの作家からの影響があったからだという[*7]。30周年記念アルバム『新青年』のタイトルは、江戸川乱歩、横溝正史[*8]、夢野久作らが寄稿していた雑誌から採られている。

終末、破滅、狂気といったイメージが湧きあがってくる歌詞の源泉には、コナン・ドイル、星新一、ハワード・フィリップス・ラヴクラフト[*9]、エドガー・アラン・ポーなどがいる。イカ天で披露した「陰獣」も、ラヴクラフトのクトゥルフ神話[*10]を、夢野久作的土着性で解釈したものだという[*11]。哲学用語や仏教用語、現代詩のような言い回しを多用するのも歌詞の特徴だ。難解でデカダンな言葉をチョイスする傾向

して多くの作品を残す。海外推理小説の紹介も積極的におこない、植草甚一とも親交があった。晩年の『宝石』編集長時代に掲載した新人は小林信彦、筒井康隆、星新一などがいる。65年逝去。

＊5　織田作之助（おだ・さくのすけ）
1913年生まれ。太宰治、坂口安吾とともに無頼派を代表する作家。劇作家志望だったが、フランスの作家・スタンダールに影響を受け小説家に転向。代表作となる『世相』『夫婦善哉』がヒット。「オダサク」の愛称で親しまれた。47年に肺結核で逝去。

＊6　坂口安吾（さかぐち・あんご）
1906年生まれ。戦後発表した評論『堕落論』と小説『白痴』が高く評価される一方、破

は結成初期から顕著で、グロテスクで毒々しい空気が匂い立つ。

和嶋の活躍が目立ちがちな彼らだが、ねずみ男[*12]のコスプレでイカ天に登場した鈴木研一も、このバンド特有の禍々しさを、中学時代からの友人である和嶋と共有している。鈴木の音楽的ルーツは、ベイ・シティ・ローラーズ、ＫＩＳＳ、アイアン・メイデン、ＵＦＯ、キング・ダイアモンド、そしてもちろんブラック・サバスである。

鈴木は人間椅子を始めた理由を聞かれて「邪悪なことがしてみたい！　という願望が湧きあがってくる」と言ったそうだ。彼はインタビューでこんな風に語っている。

ちっちゃい頃から骸骨みたいな気持ち悪いものが好きだったんだよ。ねぶたじゃないけど、どうやったら、気持ち悪い感じを人に与えられるのかなと考えた時に、ねずみ男にしようかと思ったの。尖った部分をなんとか作ろうと思って、袋状のシーツの角を頭に乗せて、ねずみ男にしたんだよ。とにかく変な恰好をして目立ちたかったんだろうね。[*13]

天荒な性格と挙動でカレーライス百人前注文事件などの問題を起こした。55年逝去。

＊7
出典：和嶋慎治著『屈折くん』(KADOKAWA)

＊8　横溝正史(よこみぞ・せいし)
1902年生まれ。戦後探偵文学の中心人物。代表作に『八つ墓村』『獄門島』など。70年代に角川文庫から作品が次々と刊行され、76年公開の映画『犬神家の一族』のメディアミックスの影響で文庫の総売上が1000万部を突破する大ブームとなった。横溝の作品に横断的に登場する金田一耕助の探偵像は後世に大きな影響を及ぼしている。81年逝去。

＊9　ハワード・フィリップス・ラヴクラフト

気持ち悪いものが好き、というのは、このバンドの通奏低音である。和嶋は、お笑い芸人シソンヌのじろうとの対談で、同様のことを話している。

和嶋　（前略）僕が子供の頃には、劇団員がやっている「夜行館」というねぶたがありまして。皆、白塗りで引っ張るんです。寺山修司の世界ですよ。それを見て衝撃を受けたのがきっかけで、こういう創作をやっているのかもしれない。

じろう　確かに、おどろおどろしいものに触れる機会がすごく多かったですね！　長勝寺というお寺には、すごいでっかい地獄の絵があるし、ねぶた*14の裏絵も全部恐ろしい絵ですよね。

――二人は幼い頃からそういうおどろおどろしいものに触れていたからかもしれないですけど、作風にどこかダークな要素もありますね。

和嶋　敢えて人間の暗い面を見せて、カタルシスを得るみたいな。これはカタルシスの原点なんですよ。今は一般的にそういうのを封じ込めようとするけど、昔はそういうものが見られるようになってたんだよね。そこで暗いものを見せ

1890〜37年。ホラー／怪奇／幻想小説の旗手として知られるアメリカの作家。その世界観は、「宇宙的恐怖（コズミック・ホラー）」などと呼ばれた。没後に再評価が進み、ゲームや映画、漫画に影響を与え、一連の小説が「クトゥルフ神話」として体系化されている。『椅子の中から』で和嶋は、「怪物の姿を借りて社会に復讐するラヴクラフトの世界に近づきたい」という4ページの論考を寄せている。

*10　**クトゥルフ神話**
20世紀にアメリカでつくられた架空の神話。「アメリカ神話」とも呼ばれる。実在しない神や地名や書物などによって構成されている。表記にはばらつきがあり、ク・リトル・リトル神話、クルウルウ神話と呼ばれることもある。

て、生きてる実感を得る文化があったんだろうね。見世物小屋は基本的に今ダメでしょ。[*15]

「白塗り」という言葉が出てくる。イカ天登場時には、ねずみ男のような衣装を纏っていた鈴木は、現在はスキンヘッドで白塗りに口紅を塗ったヴィジュアルが定番となっている。『椅子の中から』では、特別企画として殿様や女形にも挑戦した。その姿は、ヴィジュアル系のメイクとは似て非なる、アングラ臭漂うものだったと言っていいだろう。

訛りと方言

青森出身である彼らは、同地の訛りや方言を意図的に歌詞や唱法に導入していった。その理由に関しては、英米のロックに憧れていたが、田舎者だというコンプレックスがあったから。要するに、どうせなら開き直って津軽弁でやろうという心境だったと和嶋が言っている。

それにしてもかなり徹底したものだ。特に初期。三上寛や町田町蔵[*16]といった先例

＊11　出典：『椅子の中から　人間椅子30周年記念完全読本』

＊12　ねずみ男　アニメ化もされた水木しげるの漫画『ゲゲゲの鬼太郎』に登場するキャラクター。

＊13　出典：『椅子の中から　人間椅子30周年記念完全読本』

＊14　引用者注：ねぶたとねぷたは異なる文化的特徴を持つ。『屈折くん』での和嶋とみうらじゅんの対談で、みうらは『ヤーヤードーヤーヤドー』というマイナー調のかけ声とともに、巨大な扇形をした山車が夜の街を練り歩くのがねぷた。青森のねぶたとは違い山車は立体ではなく、描かれている絵はどれも不気味でおどろおど

はあったものの、日本のロックでここまで訛りと方言をうまくブレンドしたバンドが、どれだけ存在しただろうか。

むろん、吉幾三など、演歌のフィールドではそうした類例は多数あるわけだが、演歌は外国から直接的に輸入された文化ではない。一方ロックは、英語圏の洋楽への憧れからスタートしており、日本語のロックを確立したはっぴいえんど[*17]がいる一方で、内田裕也がプロデュースしたフラワー・トラヴェリング・バンド[*18]のように、英語詞に固執したバンドもいた。あるいは、日本語詞に強引に英語を詰め込んだり、英語風の発音を真似る例は今でも後を絶たない。

遡れば、矢沢永吉が在籍したキャロル[*19]は、日本語を基本にしながら、キメやリフレインは英語。要するに日本語英語のちゃんぽんで、矢沢のヴォーカルは思い切り巻き舌である。BOØWYのようなビートバンドでも、氷室京介の発音は巻き舌気味で、「loneliness」「tenderness」など、基礎的な英単語を混ぜることで、洋楽っぽい雰囲気を醸し出す。「季節が君だけを変える」という曲での、「いつもテンダネス／だけどロンリネス／ガラス細工のフィーリング」というフレーズが象徴的だろう。中学生レヴェルの英語を日本語と強引に接続するというのが彼らのスタイルだったのだ。

ろしかった」と述べている。ちなみに、青森のねぶたと弘前のねぷたが異なるように、青森県内でも地域によって訛り方は違う。八甲田山と白神山地を挟み、北部と南部ではかなり地域差があるという。

＊15
出典：『屈折くん』

＊16　町田町蔵(まちだ・まちぞう)
1962年生まれ、現在は作家で知られる町田康の旧芸名。81年にパンクバンド「INU」のヴォーカリストとしてメジャーデビュー。不機嫌そうな歌詞を当たり散らすアクの強いヴォーカルが特徴だった。

＊17　はっぴいえんど
1969年〜72年に活動した、細野晴臣、大瀧詠一、松本隆、鈴木茂の4人による日本語フ

あるいは、布袋寅泰が吉川晃司と組んだCOMPLEX[*20]での吉川のヴォーカルもこのスタイルを、あからさまに踏襲している。「愛しているのさ　狂《くる》おしいほど」という「BE MY BABY」の歌詞の後半は、冗談ではなく「きゅるおしいひょど」に聞こえる。

そして、英語と日本語のダブル・ミーニングを駆使したのが、サザンオールスターズの桑田佳祐だ。彼は作曲の際、ギターを弾きながらメロディを考える。その後、適当な英語を歌いながら日本語の歌詞をあてはめていくというスタイルだ。桑田にかかるとこの作詞法は思いも寄らぬマジックを呼ぶ。ほとんど神業だと言ってもいい。

特に政治風刺の曲においてその傾向が強く、「Come together, right now over me→公明党BROTHER　すごいなー　ドーパミン」(原曲「Come Together」、桑田の場合「公明党BROTHER」)「Bang! Bang! Maxwell's silver hammer came down upon her head→年金!!　舛添居ず知らぬ間データ消えるだ〜!?　アホじゃね〜?」(原曲「Maxwell's Silver Hammer」、桑田の場合「舛添居ず知らぬ間データ」)「Mean Mr. Mustard sleep in the park. Shave in the dark, trying to save paper→民意無視して増した　すげー腐心の負担!!　全部税金だ!!　絶えず使途不明だ!!」

ォークロックバンド。2枚目のアルバム『風街ろまん』で日本語のロックを完成させる。リアルタイムでは玄人受けの「幻のグループ」だったが、松本が歌謡曲の作詞家、細野がYMO、大瀧が『A LONG VACATION』でヒットを飛ばしたことで80年代以降に再評価され、日本音楽史の重要バンドとして評価が確立した。

＊18　フラワー・トラヴェリン・バンド
1967年結成のGS「内田裕也とザ・フラワーズ」からメンバーの麻生レミと小林勝彦が脱退、それを機に70年春、新たに再編したニューロックグループ。内田はプロデュース担当。大阪万博で知り合ったバンド・ライトハウスの紹介でカナダに渡り、アルバム『SATORI』をアメリカとカナダでリリースするなど精力的

（原曲「Mean Mr. Mustard」、桑田の場合「民意無視して増した…!」）といった具合に変換がなされる。これはいわゆる空耳アワー方式といってもいいだろう。人間椅子も「エイズルコトナキシロモノ」という楽曲では、「映ずる」と「エイズ」をかけ、感染症が忍び寄る足音が聞こえてくるような臨場感を醸成している。

ちなみに、津軽弁というのは彼の地に馴染みのない人には呪文のように聞こえることもあるようだ。少なくとも筆者はそうだった。たとえば、2021年に公開された映画『いとみち』は、メイドカフェで働く津軽弁少女の成長を描いた青春物語だが、豊川悦司を筆頭に登場人物たちの訛りがきつすぎて、半分くらい、何を言っているか筆者にはわからなかった。文脈的に推測することでなんとか内容を把握できるつくりにはなっているのだが、それくらい津軽弁ネイティヴの訛りは特徴的だということを同作は証立てている。

人間椅子の歌詞で一番方言が極端なのが、『踊る一寸法師』収録の「どだればち」だろう。「わ、ガンでねべが」（『黄金の夜明け』収録）や「ナニャドヤラ」（『羅生門』収録）など、青森の方言を歌詞に散りばめていた彼らだが、「どだればち」はすべて方言で成立しているので内容の解読が不可能なほど。だが、音（おん）としてのシグネチャーは際立って個性的で、サウンドに見事な異化効果をもたらして

だったが、73年活動休止。

＊19　キャロル
1972年、矢沢永吉を中心に結成されたロックンロールバンド。同年12月デビュー。初期ビートルズのスタイルをコピーしたファッションと音楽、矢沢の挑発的発言と巻き舌唱法、ジョニー大倉の個性的な作詞スタイル、強い上昇志向と不良性で瞬く間に人気となり、篠山紀信、山本寛斎、赤塚不二夫など、多くの有名人がキャロルを後押しし社会現象となる。75年解散。代表曲に「ルイジアンナ」「ファンキー・モンキー・ベイビー」など。

＊20　COMPLEX
元BOØWYの布袋寅泰と、ナベプロから独立し本格的にロックをやりたかった吉川晃司が1988年末に結成。89年5月デビュー、90年11月停止

いる。同曲の歌詞を一部、引用してみよう。

どだば向ェの弥三郎ァ
からぽねやみで
昼間目覚ってギターコ
むたど弾いでばし
したっキャ蜻蛉後追って
見ねぐなったド

どだばこの坂凶作坂
うだでキャなア
街道の玫塊血コ吸って
赤ぐ咲いだオン
葬式の恐って子供等
ごんぼほってらネ

という短期間の活動だった。仲違いにより再結成は絶望的と思われていたが、11年の東日本大震災、24年の能登半島地震のためのチャリティコンサートをそれぞれ単発開催している。代表曲に「BE MY BABY」「恋をとめないで」など。

余談だが、ロックにおける訛りは時に揶揄の対象となる一方、人気を集める要因にもなりえる。前者は、モンティ・パイソン[*21]が特定の訛りをデフォルメして笑いを取っているケースが有名。後者は、ビートルズのリヴァプール訛りが表出した「エブリバディーズ・トライング・トゥ・ビー・マイ・ベイビー」という曲が象徴的だ。ビートルズによるカール・パーキンスのカヴァーとなる同曲では、「Trying」という単語が「サー」と発音されている。階級社会である当時のイギリスのショウビズの世界では、上流階級の英語を話すことが常識／通例だったが、ビートルズはそうした訓練を受けていない、労働者階級出身の4人組。それがイギリスの若者たちの共感を呼んだのだった。

人間椅子のソングライティング

先述した、方言や訛りを生かした人間椅子のソングライティングに関しては、今まで顧みられることがほとんどなかったように思う。

イカ天登場時の衣装が話題を呼んだせいか、ライヴでは、たまやマサ子さんやカブキロックスと対バンすることが多かった。本心では「BEGINとか、そっちの方

＊21　モンティ・パイソン
イギリスのコメディグループ。1969年に放映開始したテレビ番組『空飛ぶモンティ・パイソン』で一世を風靡した。偏見、差別、悪趣味が入り交じる、シニカルかつブラックな笑いが連発され、現代では再放送できないものも少なくない。日本では76年から東京12チャンネルで放映された。スネークマンショー、シティボーイズ、ラジカル・ガジベリビンバ・システム、いとうせいこうなど、日本の80年代のお笑いに影響を与えている。

に入れて欲しかった」と和嶋が、ライヴのMCで述懐していた。[*22]

なお、和嶋はカブキロックスのギタリストの美女丸と、また大槻ケンヂと、それぞれアコースティックのユニットを組んでおり、バンド外でも活動している。みうらじゅんと仲が良いのも有名で、みうらの自宅にTHE NEWS[*23]やマサ子さんと若かりし日によく用もなく集まったという。

その頃の『トキワ荘の青春』にも通じる悲喜こもごもは、みうらの漫画『アイデン&ティティ』（のちに銀杏BOYZの峯田和伸主演で映画化）で綴られている。和嶋は同作の主人公のモデルだった。和嶋本人はまったくあずかり知らぬことだったというが……。

イロモノ的な扱いは、先述したように、ベース／ヴォーカルの鈴木によるねずみ男のコスプレが原因だったのでは、と思うが、こと音楽に限って言うならその力量と腕が確かなのは言を俟たない。たとえば、おなじブラック・サバスに影響を受けたバンドでも、クリエイション[*24]やDMBQ[*25]などと比べ、技巧面でもアイデア面でもまったく劣っていない。特に和嶋のギターの手腕は同世代のギタリストの中でも一頭地抜けており、あのCharもすごいギタリストだと絶賛している。

そうした側面がクローズアップされ、追い風が吹いてきたのは、オジー・オズボ

＊22
2024年7月27日に、代官山の「晴れたら空に豆まいて」でおこなわれた、「マサ子さんVo.サブリナ没後30年回顧イベント『SABRINA, FOREVER2024』」のMCで、ゲストとして登場した和嶋が冗談めかしてそう語っていた。

＊23　THE NEWS
1985年結成、当初は3人組の女性ロックバンドで、メッセージ性の強い歌詞が特徴。イカ天には89年3月25日に出演、出演時はノーブラのタンクトップ姿がやたら注目された。イカ天のライヴCDにも2曲収録。みうらじゅんのバンド大島渚のCDでは「カリフォルニアの青いバカ」にコーラスで参加。

＊24　クリエイション
1972年、元ブルース・ク

ーンと彼の妻兼マネージャーが１９９６年に創設したヘヴィメタルの祭典、オズフェストに出演（２０１３年、２０１５年）したことだろう。ジューダス・プリーストやアイアン・メイデンから、ももいろクローバーZまでも出演した同フェスで、彼らは喝采を浴びた。２０１３年にももいろクローバーZが出演した際は、和嶋が彼女らのステージでもギターを弾いたのも記憶に新しい。

和嶋はももいろクローバーZにはライヴツアーのBGM楽曲を提供している他、声優の上坂すみれ[*26]、愛媛のローカルアイドルのひめキュンフルーツ缶にも曲を書いている。ギタリストとしても八面六臂の活躍を見せ、２０１５年には、KISSとももいろクローバーZのコラボレーション・シングル収録曲でギターを演奏。大森靖子、ドレスコーズの音源でもギタリストとしての真価を発揮している。

２０１９年には結成30周年を記念して『映画 人間椅子 バンド生活三十年』も上映された。２０２２年には『夜の夢こそまこと』（KADOKAWA）という、人間椅子の音楽を文学に昇華させた小説集が刊行され、芥川賞作家の長嶋有らが執筆を担当。劈頭を飾るのは、筋肉少女帯の大槻ケンヂによる「地獄のアロハ」。イカ天で名を上げたバンドマンたちが一堂に会し、渋谷公会堂で同窓会的なライヴをおこなう話だ。作中には、池田貴族率いるremoteをはじめ、イカ天出身のバンドが実名

リエイションの天才ギタリスト、竹田和夫が結成したニューロックグループ。75年に内田裕也プロデュースでデビュー。76年にアメリカのフェリックス・パパラルディがプロデュースしたアルバムを発表、全米ツアーをおこない、海外で活躍する日本のロックの代名詞となった。代表曲に「スピニング・トー・ホールド」「ロンリー・ハート」など。84年に活動停止。14年に復活。

＊25　DMBQ
ヴォーカル／ギターの増子真二を中心に1989年に結成された3人組バンド。増子は怒髪天のヴォーカリストである増子直純の弟で、ライターとしても活躍。昨今はボアダムスのライヴにも参加している。バンド名はDynamite Masters Blues Quartet（ダイナマイト・マスターズ・ブルース・カルテ

で登場。和嶋も短編を提供しているが、この出来がアマチュアとは思えない素晴らしさで驚いた。

ともあれ、彼らの奇怪で屈曲した世界像はそのままのかたちで多くのリスナーを虜にした。セールスが伴わなかった初期には、もうひとりヴォーカリストを入れたらどうかとか、もう少し売れそうな曲を書いてみたらどうか、なんて提案もレコード会社からあったそうだが、彼らはそれをはねのけた。

「僕らがやりたかったのは、ブラック・サバスみたいな不気味なサウンドにのせて、日本語で猟奇と怪奇と戦慄の歌をうたうことだった」と、彼らは宣言している。[*27] ディレクターに問題提起をしてもらったことで、彼らは逆にバンドの原点を見つめ直すことができたのではないだろうか。

進化ではなく深化

みうら　研ちゃんに会った時に、悪気はなかったけど、「なんにも変わってないわ！」って言ったら、「嬉しいっす！　ヘヴィ・メタルは何も変わらないことが一番いいんです！」っていうから、そうなんだと確信した。[*28]

ット」の略で、その名の通り60〜70年代のブルースやハードロックに火を着けたようなサウンドが特徴。18年に13年ぶりのアルバム『KEEENLY』をリリースした。

＊26　上坂すみれ
上智大学ロシア語学科卒で、人間椅子の鈴木の後輩にあたる。

＊27
出典：『屈折くん』

＊28
出典：同右

この発言が示しているように、人間椅子の音楽の特質としてもうひとつ挙げられるのが、変わらないことの尊さである。

偉大なるワンパターンという形容があるが、これは最大級の賛辞として彼らにも当てはまる言葉ではないか。この原稿を書くにあたって、最新作『色即是空』と、デビュー作『人間椅子』を続けて聴いてみたが、その音楽性にはいささかの揺るぎもない。

むろん、音質的にハイファイになっていたり、ドラマーのナカジマノブのプレイがアンサンブルを引き締める役割を果たしたりと、細かな変化はある。だが、ヘヴィメタルの旨味を凝縮したサウンドの中心軸は、まったくと言っていいほどブレていない。曲の途中でテンポチェンジがあったり、変拍子が挿まれたりするのも初期から頻繁に見られたアレンジだ。

そんな彼らの音楽の最大のシグネチャーと言えるのが、ギターやベースのリフだろう。ビートルズ、ドクター・フィールグッド、ジミ・ヘンドリックス、ベイ・シティ・ローラーズ、レッド・ツェッペリン、クリーム、ディープ・パープル、KISS、AC/DC、メタリカ、ピンク・フロイド、ジョン・スペンサー・ブルース・

エクスプロージョン、ザ・ホワイト・ストライプス、ニルヴァーナ……。ヘヴィメタル／ハードロックに限らず、リフが恰好いいバンドをざっと列挙してみたが、和嶋の弾くリフは彼らにだってまったく負けていない。

これまで聴いたことがない音楽の破片を、その影響を受けたバンドから汲み取る、という現象は珍しいことではないだろう。筆者が90年代にカール・クレイグらデトロイト・テクノをすんなりと受け入れられたのは、それ以前にYMOを聴いていたからだと思う。それに絡めて言うと、英国の音楽評論家／ミュージシャンであるデヴィッド・トゥープ[*29]は、『ミュージック・マガジン』2000年5月号のインタビューで、こんなことを語っている。

トロイの木馬の話ってご存知かな？　木馬の中に兵隊が隠れて、木馬ごと敵の街へ牽かれてくる。そして頃合いを見計らって兵隊たちが外へ飛び出し、街を占領してしまう、というあの話さ。アンビエント・ミュージックは、複雑な音楽的思想を一般に広めるためのトロイの木馬だったと考えているんだ（笑）。

つまり、トゥープが「アンビエントが複雑な音楽的思想を広めた」と言うように、

＊29　デヴィッド・トゥープ
『Rap Attack』『Ocean of Sound』といった著作で鋭い音楽批評を展開する作家、キュレーター、大学教授、ミュージシャン。フライング・リザーズのメンバーだったこともあり、ブライアン・イーノや坂本龍一、サーストン・ムーアと共演している。

多くのリスナーは人間椅子を通じてロックの原型を知らぬ間に埋め込まれていた、とは言えないだろうか。その最大の表出が、印象的なリフの存在である。鈴木がKISSを好きなのも、リフがしっかりしているからだという。始めにリフありき。リフ一発で黙らせる。人間椅子の音楽の根底にはそんな思想（とあえて言おう）があるように思う。

人間椅子の曲はリフの宝庫である。重厚なリフ、キャッチーなリフ、創意溢れるリフ、意表を突くリフ、ヘヴィなリフ、軽快なリフ、シンプルなリフ……。これらのリフを通じて、リスナーは古今東西のロッククラシックの美味しいところを呑み込んでいるのだ。

ロック史におけるありとあらゆるリフのヴァリエーションが、人間椅子のアルバムには封じ込められている。生きたロック史、ならぬ、生きたリフのライブラリーである。和嶋はさながらリフの生き字引を地で行くギタリスト、と言ったところか。

ここで思い出すのが、日本のヘヴィメタル評論の第一人者である伊藤政則[*30]が、「ヘヴィ・メタルは様式美だから嫌い、と言われ、様式美だから好きだ」と答えた逸話だ。だが、様式美は様式美なりにアップグレードを計ることは可能だろう。いわば、進化ではなく深化である。ファーストですでに確立されていた自分たちのス

＊30　伊藤政則（いとう・せいそく）
1953年生まれ、音楽評論家。74年『ミュージック・ライフ』付録でライターデビュー。アメリカ偏重だった日本の洋楽雑誌でブリティッシュロックを紹介する若手として大貫憲章と並び注目を集めた。75年に「オールナイトニッポン第二部」のDJも担当。79年に渡英しニュー・ウェイヴ・オブ・ブリティッシュ・ヘヴィメタルの勃興を現地で目撃。日本にいち早く紹介し、以降はヘヴィメタ評論家としての地位を確立した。

タイルは、より深めていく方向で、彼らはそのサウンドを磨き上げてきた。

最後になってしまったが、ドラムのナカジマノブの功績について触れておこう。2代目イカ天キングにも輝いたバンド、GENのドラマーだったナカジマは、多様な音楽性に適応できる応用力の高さで評判だった。1992年にGENが解散して以降は、1996年にドミンゴスに加入してメジャーデビュー。2004年5月にドミンゴスが解散し、同年6月には人間椅子に4代目ドラマーとして加入する。

ナカジマは「ライヴのブッキングやリハーサルのスケジュール管理を担当しており、人間椅子のマネージャーとも呼べる存在。タイトな練習スケジュールを組むことでも知られるが、加入後は人間椅子のライヴ回数増加の担い手となった」そうだ。[*31] プレイヤーとしてはもちろん、バンドの存続が安定してきた理由に彼の貢献を見ることができる。最新作を聴いても、シャープでソリッドなビートの疾走感は衰えておらず、今後もこのバンドの屋台骨を支えてゆくだろうことが期待できる。

＊31
出典：https://ja.wikipedia.org/wiki/人間椅子（バンド）

SABIAN
CHINESE

大学の音楽サークルの愉快なノリのまま地上波に出て40年続いたバンド

宮尾すすむと日本の社長インタビュー

宮尾すすむと日本の社長は、早稲田大学の音楽サークルで結成され、第10代イカ天キングとして3週を勝ち抜いたバンド。メジャーデビューを果たすも、大学卒業後、ヴォーカルの黒沢は大手電機メーカーに就職。現在は某放送局のIT部門責任者として100人以上のスタッフを抱えている。キーボードの宮尾は、TBSに入社し、『COUNT DOWN TV』[*1]のディレクターや『チャンネル☆ロック!』[*2]のプロデューサーを務めたあと、ライブラリー部に異動。同バンドは現在もライヴを中心に活動を続けている。エリートビジネスパーソンでありながら、バンド活動を粘り強く継続している彼らの在り方は、インタビューにもあるとおり「二足のわらじ」の理想形ではないだろうか。

黒沢伸（くろさわ・しん）
宮尾すすむと日本の社長のヴォーカル。現在は、某放送局の技術部門勤務。マイペースにバンド活動を続けている。

宮尾益実（みやお・ますみ）
宮尾すすむと日本の社長のキーボード。大学卒業後TBSに入社。『COUNT DOWN TV』のディレクターや『チャンネル☆ロック!』のプロデューサーを務めた。

――イカ天に出ることになった経緯を教えてください。

黒沢　早稲田大学の文化祭でステージに立って派手にぶちかましてやろうと思っていたんですけど、後夜祭に出られなくて……。くすぶっていたところに「じゃあ最後に自分たちの音楽を世に問うてみるかな」と、ヴィデオを番組に送りました。大学4年生のときですね。

――じゃあもう就職活動を始めていた?

黒沢　もう、真っ最中でした。

――じゃあ、おふたりとも就職して仕事をしていこうと思ったけれども、イカ天キングとして3週勝ち抜いてしまった……。

宮尾　そう、軽い気持ちだったんだけど、おおごとになってびっくりしちゃった。

黒沢　街を歩いていると、声をかけられたりとか。急に人気者になってしまいました。

――就職活動とメジャーデビューが決まるのがほぼ同時期ですよね? 当然どちらの道に進むか迷うと思うんですが……。

黒沢　メンバーみんなが就職が決まったあとにメジャーデビューの話が来たんです。就職する前、僕はバンドをやりたい気持ちになっていたんですよ。でも、みんなの意思を確かめたら、基本的には就職するよという人がほとんどだったんで、僕も諦めた。ひとりじゃできないから。でも、諦めたあとにメジャーから「CDを出さない?」という話が来て。

――当然、葛藤はありましたよね?

黒沢　はい。本当はCDを出すべきじゃ

＊1『COUNT DOWN TV』1993年からTBS系列で放送されている音楽番組。時代によって内容に変化はあるが、基本的には週ごとの楽曲ランキングと特集、ゲストによる楽曲披露により構成される。司会・進行はCGでつくられたキャラクターが担当。09年以降ハイヴィジョン放送へ移行している。

＊2『チャンネル☆ロック!』TBSテレビ(関東ローカル)で放送された同局の番組宣伝・情報番組。2006年からは局のアナウンサーが秘書役として番組を宣伝するというスタイルを採用し、08年まで続いた。

ないと思ったんです。イカ天でやった曲の焼き直しが半分くらいだったし、新曲にもそんなに時間をかけられなくて。葛藤もあったし悔いも非常に残っています。あの頃は「潔くないな、自分は。音楽一本でやれもしないのに、CDなんか出していいんだろうか?」みたいな複雑な心境でした。ただ、作品をかたちとして残したいっていう気持ちもあるにはあったから、今にして思えば、出せてよかったなと思いますね。

――音楽に限らず、表現活動と仕事の両立というのは非常に切実で、普遍的なテーマだと思います。

黒沢　そうですね。たとえば、レコード会社が大きなライヴをブッキングしてくれると、段々申し訳ないような気分になってくるんですよね。本業がありつつバンドをやっているし、曲もそんなにたくさんできるわけじゃない。満足のいく活動ができていないなというのがあって、3年目くらいにかなり気分が落ち込んで。1回小休止しよう、というタイミングがありました。ちょうどイカ天ブームも去っていて……。

宮尾　お客さんも減ってきているし。

黒沢　バンド活動を2年くらいやらなかったんですよね。そうしているうちに結婚する人がいたり、それぞれ生活が安定してきて。でも我々は本当に音楽が好きじゃないか、っていう気持ちが自分の中でふつふつと甦ってきて。人に見せるとか、金を取るとか、レコードを出すとかじゃなくて、自分たちで好きな音楽をやろう。それを恥ずかしがることはまったくないだろう、と。別に音楽一本じゃなくてもいいじゃないか、と開き直ったんです。30歳に差しかかるあたりでメンバー同士の波長がまた合ってきて。「やらない？」って聞いたら、「やりたいね」という話になって。そうやって再会してからは活動を1度も中断していないんですよね。

――そこで仕事が忙しいし辞めちゃう人もいるわけですけど、その分かれ道ってなんですかね？

黒沢　僕らって中二病みたいな感じで、「まだできるだろう」みたいな気持ちがあって。謎の向上心というかね（笑）。「こんなもんじゃないよ、俺たちは」みたいな。あと、やればやるほど面白い。でも、そこで仕事を辞めてバイトするとかではない。音楽は生涯をかけて追及する価値のある趣味っていう感じなんです。

宮尾　僕もそうです。ただ、最初の頃はＡＤ（アシスタントディレクター）だったんで、大変忙しく、練習に出られなかったり、ライヴ開演にも遅れて少し待ってもらったりと、迷惑をかけたこともありました。

テレビの裏側

――ちなみに、おふたりとも、イカ天に出た頃からテレビの裏側に興味はありましたか？

宮尾　僕はすごく興味がありましたね。というのも、父親が地方局ではありますけどテレビ局に務めていて。子どもの頃から中継車に乗せてもらったりしていたんです。だから、自分もテレビの仕事をしたいな、と思いつつイカ天に出て、裏側の人たちの手際のよさに感心していました。

黒沢　僕は楽屋で、いくつかの出演バンドがアマチュアのはずなのにスタイリストさんとか取り巻きみたいな人を連れていることにびっくりしましたね、「あ、大人の世界だ」と（笑）。

——当時、バブルも手伝って、深夜番組が活況を呈していた時代だったと思うんですが、イカ天もそのひとつですよね。宮尾さんはそうした時代の空気を感じ取っていたところはあるのでしょうか？

宮尾　そうですね。僕はTBSの面接のときに、「十年後、何になりたい？」って聞かれて、「深夜番組の有名プロデューサーになりたい」って言ったら、「ちゃんとゴールデンの番組をつくれよ」って言われて（笑）。それは当時の深夜番組の面白さを感じ取っていたからなんだと思います。だから、僕は就職活動での第一志望はテレビ局、あとは広告代理店でしたね。電通とか博報堂。

——宮尾さんは『COUNT DOWN TV』のディレクターとか、『チャンネル☆ロック！』のプロデューサーもやられていましたね。

宮尾　実は『COUNT DOWN TV』って僕がゼロから立ち上げた番組なんです。プロデューサーから言われたのは、「ランキング番組をつくってくれ」だけで。とはいえ、プロデューサーは当然司会に

＊3　『進め！　電波少年』　1992年放映開始、日本テレビ系列、日曜夜のバラエティ番組。松本明子と松村邦洋が「アポ無し（事前連絡無し）」で飛び込む体当たり企画が人気を博した。特に有吉弘行がいたお笑いコンビ「猿岩石」のユーラシア大陸横断ヒッチハイク企画は社会現象となる。98年から何度かリニューアルし、03年に終了。

は人間をキャスティングすると思っていたので、僕のアイデアでCGを司会に立ててたことに大変びっくりしていて（笑）。会議の席で「宮尾が人形に200万も使ってよー」って怒鳴られたりしました。でも絶対にこっちのほうがいいと確信して、あのCGの世界をつくったんです。

――『進め！　電波少年』[*3]とかもありましたけど、先駆けですよね。ああいう番組の。何かヒントはあったんですか？

宮尾　電通の人たちとやりとりしているうちに、当時のMacintosh――Apple のPowerBookとかが出始めた頃――を使って深夜番組の予算でもオールCGの番組がつくれるということがわかったので、それでやってみようと。僕の頭の中では最初からオールCGだったので、頭の中にあったものを具現化した、っていう感じですね。

――今はランキングに限らず音楽番組が減っていますけど、理由はなんだと思いますか。どういうかたちだったら成立するんでしょうか？

宮尾　アーティストの数が多すぎるんですよね。かつ、観る人の好みが細分化されているから成り立ちにくい。たとえば『FNS歌謡祭』[*4]とか、TBSだったら『音楽の日』[*5]とか。ものすごく長くやるとけっこう視聴率を取るんですよ。

黒沢　尺が長いってこと？

宮尾　そう、尺が長い。野外のフェスとかイベントとかあるじゃないですか。フジロックとか。ああいう気分で観てもらえる番組なら成立すると思います。今の

＊4　『FNS歌謡祭』
1974年から12月に生放送されているフジテレビ系列の音楽番組。放送当初はコンテスト形式だったが、15年以降は構成をあらため、2週にわたって多ジャンルの歌手らが登場するように。24年は合計で約8時間30分生放送され、TOKYO IDOL FESTIVALとのコラボ企画も話題となった。

＊5　『音楽の日』
2011年からTBS系列で放送されている音楽番組。第1回は東日本大震災の約4か月後に災禍からの復興を謳って企画され、7時間45分に及ぶ放送を敢行。第3回から第9回は音楽番組としては史上最長となる15時間を記録した。バンドやアイドルから演歌歌手まで出演している。

『COUNT DOWN TV』もほとんどが2時間スペシャルなんですよ。もともとの1時間の尺じゃあまり数字が取れないから、2時間、3時間やる。

——だからロックフェスの配信はみんな観るんですね。

宮尾　そう、それと同じことですよ。

——最近ベテランのバンドを見ていると、メジャーから契約を切られても絶望することはないんじゃないか、という気がします。インディーでDIYで地道にやった方が実は儲かるケースも多くある。

黒沢　そういう時代になりましたよね。

宮尾　今はそうなりましたね、完全に。

——インディーズの利点と欠点は、と問われたら？

黒沢　今はインディーズの欠点というのはなくなってきたんじゃないですかね。我々みたいな、ある種いい加減な趣味でやっている人間にとってもいろいろと門戸は開かれていますし。真面目にやりたい人も、YouTube発とか、TikTok発でブレイクできる。ジャスティン・ビーバー[*6]なんかもそうでしたよね。

——バンド的にピンチだった時期もあったんじゃないですか？　メジャーから契約を切られたり、メンバーが抜けたりとか。

黒沢　長く海外出張に行っちゃうメンバーもいるので、その間は代役を立てたりしましたね。そこら辺の維持の苦労というのは、なくはない。あと、ゆるーくやってますね、基本的にはお互いを誉め合うというスタンスで。しょうもない話な

＊6　ジャスティン・ビーバー　2007年にYouTubeにアップした当時12歳の歌唱動画をレコード会社に見出され、09年にデビューし世界的な支持を集めたカナダのミュージシャン。10年発表の3枚目のシングル「Baby」は全米史上最高セールスとなる1200万枚を記録している。

んですけど、サークル出身だからみんな仲がいいんですよ。なので、バンドをやっていなくても会いたくなる（笑）。

テレビ業界に入ってわかったイカ天

――当時、なぜイカ天みたいな番組が盛り上がったのか、テレビに関わる人間としてどう思われますか。

宮尾　バブルもあって、深夜でも人が起きているのが当たり前っていう時代だったから、というのはあると思いますね。夜が長かった。で、テレビをつけると「変な人たちが出ているな」と。

黒沢　みんな夜遊びして、タクシー券振りかざしてみたいな、そういう時代。

宮尾　僕、ＡＤの頃、タクシーがつかまらないと1万円札振りかざしていたから（笑）。

黒沢　とにかく景気が良かったから、ある意味、ばかばかしかったり、素人まるだしみたいなものを許容できる心の余裕が今よりみんなにあったのかもしれませんね。

宮尾　そうそう。

黒沢　誰でもバンドをやっていいんだっていう気持ちにさせる。そういう素晴らしい効果はあったんじゃないかと思いますね。イカ天が悪く言われていた頃から何周か回って、好きだった人が素直にそう言えるようになってきたっていうのはありますよね。

――宮尾すすむと日本の社長は、ファンクバンドでしたけど、対バンなどを観ているとイロモノのフォルダに入れられることも多かったようですね。

黒沢　僕ら、特定のフォルダに入れにくいバンドなんですよ。どこからも浮いているというか。ファンクだけど、フライング・キッズさんみたいな強烈な個性や際立った音楽性があるわけでもない、ではイロモノに振り切っているかといえば、そうでもない。ただの愉快な大学生だったから（笑）。

音楽や芸能に対して全身全霊で立ち向かっている、あるいは立ち向かっていこうとしていた他のバンドと比べると、僕らはやっぱり覚悟が足りなかった。そこらへんの浮足立ったところが良くも悪くも僕らのユニークさにつながっていた、という部分もあるとは思います。本物のミュージシャン、演者にはなれなかったな、という思いもあるんですが、それもひとつの在り方として今は開き直ってやっているというか。

宮尾　僕、仕事でフラインズ・キッズのMVの監督をやりましたよ。「暗闇でキッス～Kiss in the darkness～」。YouTubeですごく再生されています。

――最後にバンドの今後の展望を教えてください。

黒沢　ここ10年くらい、あまりかたちになるものをつくれていないなと思って。今年久しぶりに、どこかの資本のサポートを受けるわけでもなく、自分たちでお金を出して、レコーディングを2曲くらいしたんです。それがすごく良かったので、次はアルバムを出したいな、ということに尽きますかね。年に2回のライヴはするんですけど、60歳くらいまでにはかたちになるものをしっかり残したい。あとは一生やる、っていうね（笑）。ローリング・ストーンズ[*7]も80歳になってもやっているじゃないですか。我々も基本にブルース指向みたいなところがあるので、みんな足腰立たなくなっても座ってやればいいよって（笑）。ライフワークとして一生やる、っていうのが一番大きな展望なのかもしれませんね。

＊7
1962年に結成されたローリング・ストーンズは一度も解散しておらず、2025年現在、43年生まれのミック・ジャガーとキース・リチャーズはともに81歳である。

追記：インタビューは2024年9月9日におこなわれました。宮尾益実氏は24年10月16日に急逝されました。謹んでご冥福をお祈り申し上げます。

おめでとう
イカ天

3章

イカ天とホコ天に象徴される空前のバンドブーム

イカ天放映終了後、バンドブームは1~2年ほどの短期間で収束してゆくが、そもそも、ここまで何らかのムーヴメントやブームを後押しした音楽系コンテンツは平成においてそうそうなかったのではないか。

時代が違うがたとえば、ぱっと思いつくのは4コマ漫画原作のテレビアニメ『けいおん!』や『ぼっち・ざ・ろっく!』くらいだろう(これについては後述する)。

要するに、イカ天に批判的だった人たちは、玉石混交の「石」の部分に敏感に反応してしまったのではないか。だが、筆者にとっても「石」は「石」でヴァリエーションがあって飽きることがなかったし、あれなら自分でもできそうだと思わされた。たとえ負の遺産を残した側面があったとしても、だ。

バブルという言葉を何度か使ったが、バンドブームの隆盛は、音楽業界が経済的に絶頂期にあったこととも密接に関係している。バンドをデビューさせる潤沢な資金がレコード会社や事務所にあったのだ。一方、松任谷由実やCHAGE and ASKA、氷室京介などが、OL層を中心に巨大なセールスを記録。メガヒットを生み出していった。エレファントカシマシやニューエスト・モデル、ヒートウェイヴ、少し遅れてスピッツらが出てきたのもこの時期だ。

そんななかで登場したイカ天出身バンドの、サウンド面での傾向はどのようなものだったのだろうか。バンドごとにそれなりにヴァラエティがあり、レンジも広かった印象がある。ただ、それは中学生の耳で聴いたから、というバイアスはあったかもしれない。今あらためてイカ天を見直すとビートロック／ビートパンク的なバンドの割合が高かったことに気づく。ビートロック／ビートパンクが音楽的に劣っていたというつもりはないが、このカテゴリーをあらためて振り返ってみてもいいだろう。

ビートロックとはなんだったのか――バンドブームの音

ここまでビートロックとビートパンクを併記してきた。両者には共通項も多く厳密に区分するのは難しいが、1987年に「リンダ リンダ」でメジャーデビューしたザ・ブルーハーツがビートパンク、1985年に『MORAL』でレコードデビューしたBOØWYがビートロック、といえば納得してもらえるだろうか。前者についてはビートパンクの名づけ親でもあるライターの中込智子が「ビートロックのポップ性と、パンクロックのアグレッシヴな勢いを併せ持つ、日本のロックの一ジャンルである」と定義している。[*1] その起源は1985年、ラフィン・ノーズ[*2]の代表

＊1
出典：『別冊宝島 音楽誌が書かないJポップ批評56 JUN SKY WALKER(S)と青春ロック80'Sの大逆襲』（宝島社）

＊2 ラフィン・ノーズ
1981年、チャーミーを中心に結成。ハードコアパンクのシーンから出てきたバンドだが、徐々にストレートなポップパンクとなり人気を博した。85年放映のNHK番組「インディーズの襲来」は30分のうち10分をラフィンに配分する破竹の勢いで、「THE WILLARD、有頂天と合わせて「インディーズ御三家」と称された。人気絶頂期の87年に日比谷野音のライヴでファンの死亡事故がおき活動休止、91年に解散。95年に再結成し、現在も活動中。

曲「ゲット・ザ・グローリー」にまで遡る。また、同時期に英国で活躍したトイ・ドールズやアディクツらポップパンク勢とも共振していた。中込は同書でこう述べている。

　日本におけるビートロックはTHE MODSやARBらに代表される〝めんたいビート〟を始祖とし、そこからBOØWYやUP-BEAT、初期のBUCK-TICKらに引き継がれた。そして、ケンヂ（ケンヂ&ザ・トリップス、引用者註）やPOGO、ニューロティカらは、その出自こそパンク&ハードコアの流れにあったが、同時にこれら次世代ビート系との関わりが深かったのである（ちなみにブルーハーツはモッズ系とビート系の出自が交っている）。つまり、ビートロックとパンクロックのクロスオーヴァーだからビートパンクという、非常に分りやすいというか、そのまんまな背景があったわけなのだ。*3

　これに個人的な所感を付記すると、ドラムのスネアやキックは硬めの音色にチューニングされ、ギターは（右利きなら）右手でブリッジ付近をミュートし、シャープなカッティングを多用。リズムは歯切れのいい8ビートで、使われるコードは多

*3
出典：『別冊宝島 音楽誌が書かないJポップ批評56 JUN SKY WALKER(S)と青春ロック80'Sの大逆襲』（宝島社）

*4 マイケル・ツィマリング
ドイツのレコーディングエンジニア。デヴィッド・ボウイのベルリン3部作にもアシスタントエンジニアとして立ち会っていた。中森明菜、BOØWY、ブランキー・ジェット・シティ、加藤和彦、ザ・ストリート・ス

くない。ヴォーカルはポップでキャッチーなメロディを歌うのが基本、といったところだろう。

ビートパンクやビートロックを、サウンド面から考察することもできる。『音楽誌が書かないJポップ批評21世紀のボウイ伝説』（宝島社）には、「ボウイサウンドを変えた、佐久間&ツィマリングの仕事」という記事が掲載されている。ここには、レコーディング・エンジニアの個性によるサウンドの変遷が語られており興味深い。具体的には85年のサード・アルバム『BOØWY』で、マイケル・ツィマリング[*4]と佐久間正英[*5]が共同でエンジニアを手掛けたことが、大きく作用したと記されているのだ。

両者はBOØWYの次作『JUST A HERO』（86年）でも起用されるのだが、このサウンドが日本におけるビートロックの雛形になったという仮説を立ててみたい。ゲートリヴァーブのかかったスネアや、エコーをほどこしたヴォーカルなど、全体的にプラスチックなサウンドメイクは、この時代ならではのもの[*6]。ポイントとなるのはスネアドラムの高音だろう。

ライターの鹿島良雄は「マドンナをモデルにしたレベッカのドラマー・小田原豊のサウンドがその代表格といえる」としたうえで、「レベッカが属したソニー関連

ライダーズなどの作品でミックスを担当。音のヌケが良く、各楽器の輪郭がくっきりしたサウンドづくりが特徴。

＊5　佐久間正英（さくま・まさひで）
70年代に四人囃子やプラスチックスのメンバーとして活躍していたが、その後、プロデューサーとしての才能を開花させる。BOØWY、ザ・ブルーハーツ、JUDY AND MARY、エレファントカシマシ、くるり、GLAYなどのプロデュースを担当。

＊6
こうしたサウンドメイクの兆候は、80年代前半、XTCやピーター・ガブリエルなどのスネアのゲートサウンドから始まり、エンジニアのボブ・クリアマウンテンらによって主導された。

のアーティストが、信濃町ソニースタジオで、そうした音の潮流をバシバシ録音し、時代のフラッグシップを握っていた」と指摘している。[*7]

90年代半ばには、この手の音はダサいとされていたし、実際に2000年代前後にはとりわけ古色蒼然とした印象があったが、ニューウェイヴリヴァイヴァルなどを通過した10年代以降の耳で聴くと新鮮に響くのも事実である。一周まわってありになった、と言うべきか。[*8]

なお、その先駆けとなったのは、ブライアン・イーノとトニー・ヴィスコンティが関わったデヴィッド・ボウイの『ロウ』(77年)というアルバムのサウンドだ。特にスネアの重厚な響きはまさに署名付きと言っていいだろう。こうしたサウンドは、オルタナやグランジの台頭によって退潮し、一時期は姿を消したが、2010年以降に復活。カーリー・レイ・ジェプセン、チャーリーXCX、HAIM、ドレイク、テイラー・スウィフトなどが、〝あえて〟ゲート・リヴァーブを使用するようになっているのも、逆に新鮮に感じられるから不思議だ。

＊7
出典:『別冊宝島 音楽誌が書かないJポップ批評56 JUN SKY WALKER(S)と青春ロック80'Sの大逆襲』(宝島社)

＊8
80年代ならではのサウンドだが今でも聴ける具体的なアルバムとしては、トーキング・ヘッズ、スクリッティ・ポリッティ、プリファブ・スプラウト、ジョニ・ミッチェル、ロキシー・ミュージック、XTC、スティーリー・ダン、ザ・ポリスなどの作品が挙げられる。もちろん演奏や楽曲の良さも手伝っているのだが、録音に介在したエンジニアのヒュー・パジャム、スティーヴ・リリーホワイト、ブライアン・イーノなどの手腕の存在も大きかったように思う。

ブルーハーツの名前が出たところで、イカ天バンドのGENを思い出す人もいるだろう。ハスキーでしゃがれヴォーカリストを擁し、イカ天キングにもなった彼らをフォロワーの筆頭格として挙げたい。GENはブルーハーツからの影響を仄めかしながらも、独自の音楽性を追求せんとする姿勢が際立っていた。確固たるオリジナリティがあったのだ。

だが、GENは例外、いや例外中の例外と言えよう。まんまブルーハーツのバンドが当時、ライヴハウスには跋扈していたからだ。私見だが、ブルーハーツは「絶対に真似してはいけないバンド」のひとつだと思う。あまりにもオリジナリティに溢れ、唯一無二のスタイルを築いているため、下手に模倣しようとすると「ブルーハーツくずれ」「ブルーハーツワナビー」になってしまう。これは、筆者が溺愛するThe ピーズにもいえることである。実際、ブルーハーツやピーズを真似て盛大にすべっているバンドを、いくつものライヴハウスで見てきた。実にサムかったのは言うまでもない。

一方BOØWYはというと、衣装や髪型の面で影響を受けている者が多く、その点では参考／参照しやすい側面があった気がする。ちなみに、BOØWYの氷室京介はバンドブームでミーハーなファンが増えて戸惑ったことを、さまざまな音楽雑誌のインタビューで述べている。

他にビートパンク／ビートロック的なイカ天バンドを挙げてみよう。カリスマ的ヴォーカリスト・池田貴族[*9]が率いたremote。とにかくわかりやすい歌メロが印象的だったAURA。社会風刺を織り込んだ歌詞とストレートなロックを聴かせる、えび。ホコ天バンドらしいポップさと楽しさを兼ね備えたGROUND NUTS。演奏力が高く、熱血ロックとでも呼びたい音楽性でキングにも輝いたRABBIT。The ピーズ、ポテトチップス等と並んで「バカ・ロック」などとも呼ばれたグレイト・リッチーズ等々。

なお、ザ・コレクターズ[*10]の「明治通りをよこぎって」という曲で、ヴォーカルの加藤ひさしは「明治通りの歩道橋で待ち合わせ／ビートバンドの熱いGIGを観に行こう」と歌っている。この曲が発表されたのは1992年。ビートパンクというタームはすでに人口に膾炙していたのだろう。「明治通り」と「イメージ通り」と韻を踏む同曲は、バンドのライヴを観にホコ天に向かう途中という設定に違いない。

コレクターズといえば興味深い逸話がある。加藤ひさしはメジャーデビュー前にブルーハーツにベーシストとして（！）加入してくれないかと誘われているのだ。加藤は当時をこう振り返っている。

＊9　池田貴族（いけだ きぞく）
ホコ天で絶大な人気を誇り、イカ天にも出場したremoteのヴォーカリスト。本名は池田貴。心霊研究家としても知られ、イカ天終了後はタレントとしても活動した。X JAPANのhideとはインディー時代から交友があった。癌により99年に逝去。

＊10　ザ・コレクターズ
1986年、ブリティッシュロックの音楽性やモッズのスタイルに影響を受けた加藤ひさし（Vo）、古市コータロー（g）を中心に結成。17年にはメジャーデビュー30周年を迎え、日本武道館公演を開催。なお、加藤は吉田豪の配信番組『豪の部屋』などで、バンドブームについては悪い印象しかなく、早く終わって欲しかったといった旨の発言をして

加藤　「85年の6月頃だね。渋谷の屋根裏でやったザ・バイクのライヴをヒロトとマーシーが観にきてくれて、ライヴが終わったあとに近所のハンバーガー・ショップに呼び出されたんだ。それで、〝加藤くんにベースを弾いてほしい〟って頼まれて。最初はすごく迷ったよ。だって明らかに売れることがわかってるわけだから（笑）」*11

結局加藤は誘いを断るわけだが、ブルーハーツが加藤が加わったスーパーバンドとなっていたら、もしかしたら彼らの未来は微妙に異なっていたかもしれない。有名な話ではあるが、ブルーハーツ解散の誘因のひとつが、ベースの河口純之助が幸福の科学の熱心な信者であり、ファンにまで布教をおこなっていたことだといわれているのだから……*12。

バンドブームという日本的な現象

ところで、バンドブームに洋楽の動向とのシンクロはあったのだろうか。

いる。

＊11　出典：「CDジャーナル」「特別対談　知られざる初期のブルーハーツ　加藤ひさし×片寄明人」https://www.cdjournal.com/main/cdjpush/the-blue-hearts/1000000404/1

＊12　出典：陣野俊史著『ザ・ブルーハーツ　ドブネズミの伝説』（河出書房新社）

1989年デビューのフリッパーズ・ギターが海外のギターポップ／ネオアコと共振を見せたのは有名な話だが、翻ってバンドブームはどうか。おそらく、ガラパゴス的、内向きなムーヴメントだったというのが一般的な見方だろう。

実際、イカ天が放映された89年は、海外ではセカンドサマーオブラヴ[*13]と呼ばれる、ダンスミュージック／クラブミュージックの一大現象が全面的に開花し、シーンを席巻した年である。〝バンド〟ブームなのだから、打ち込みのグループがイカ天に登場しないのは、当然といえば当然だろう。吉田建に至っては、打ち込みの音楽を否定するような発言をしている。

これらの事実だけを鑑みると、バンドブームは極めてドメスティックな動きだったといえる。ただ、その直後に渋谷系が口火を切ると、事態は大幅に変わり始める。英米のガレージロックやパンクロック、そしてヘヴィリスナーのＤＪが主導したクラブミュージックがそうだったように、送り手と受け手の境目がなくなってきたのは、渋谷系以降のこと。レコードジャンキーのマニアが、豊富な音楽知識を武器に送り手側にもまわったのが渋谷系という一大ムーヴメントであった。管見だが、聴く側と演奏する側の垣根を低くしたという意味では、バンドブームと渋谷系のメンタリティは、地続きな部分もあった。その代表にして象徴がリトル・クリーチャー

＊13　セカンドサマーオブラヴ
1988年から89年に英国で勃興したクラブミュージックの一大ムーヴメント。スペインのイビサ島で活躍したＤＪによりその熱気が持ち込まれ、アシッドハウスが台頭。レイヴパーティーが多数開かれ、ＭＤＭＡというドラッグがその勢いを加速させた。その延長線上に、インディーロックとダンスミュージックが溶解したマッドチェスターなる動きも生まれ、ニュー・オーダー、ハッピー・マンデーズ、プライマル・スクリーム、ザ・ストーン・ローゼズなどが生まれた。

ズである。

ホコ天

イカ天とセットで語られる現象としてホコ天（歩行者天国の略）がある。場所は代々木体育館から井の頭通りへと抜ける原宿の公道。週末は自動車の通行がストップされ、歩行者天国として開放されていた。そこにたくさんのアマチュアバンドが発電機を持ち込み、マイクやアンプを準備してライヴをおこなったのだ。

ホコ天出身でイカ天に出演したバンドもいた。ホコ天の最大の利点は、ライヴハウスのようにノルマなどの面倒な手続きなしに、バンドと聴き手が直につながれるところだった。かくしてホコ天人気は、マスコミによる紹介とともに瞬

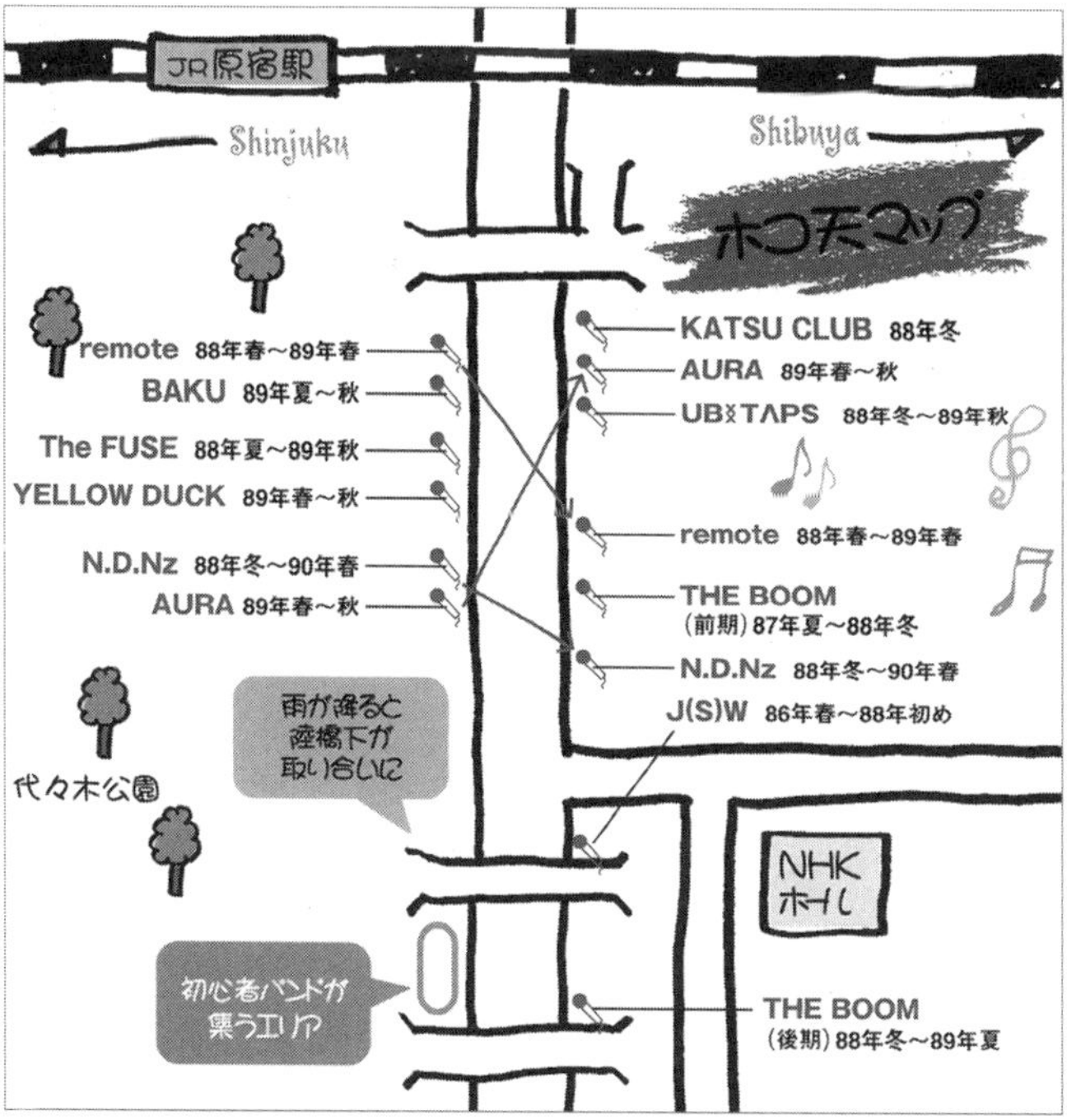

ホコ天マップ（1986-1990）　出典：「30-35」（vol.7）（ソニー・ミュージックダイレクト）

く間に広がっていく。そして必然的に、メジャーのレコード会社が新しいバンドを求めて青田買いに走る場所ともなったのだった。

先述の池田貴族率いるRemoteやえび、中高生に大人気のYELLOW DUCK。ホコ天から人気バンドが次々と生まれた。さらにJUN SKY WALKER(S)、THE BOOM、スピッツなどもホコ天で演奏していた。

ホコ天では、都内のライヴハウスで活動していたバンドが2、3メートル間隔でひしめいていて、音も混ざりあっていた。また、サウンドよりも見た目の派手さやインパクトで勝負になりがちだった。AURAなどはヴィジュアル系にも近いルックスだったし、ヒステリックグラマー*14の元メンバー・坂川美女丸が記した『ギタリストを笑え! イカ天出身バンドだった頃』(電子書籍)によれば、彼らは原色のドーランを使用していたという。

ただ、当時のバンドが放つ騒音や見物人の出すゴミに対して地元民から苦情が出て、のちに歩行者天国が廃止に至る原因のひとつとなってしまう。廃止直前の90年代中頃のうるささは有名で、原宿のホームに山手線が着くと騒音が車内まで聞こえてきた。

なお、原宿のホコ天が若者文化の拠点となったのは70年代後半のこと。197

*14 ヒステリックグラマー
1986年頃から渋谷ラママ周辺で勃興していた新世代グラム・ロック/ネオグラムバンドのひとつ。ホコ天では顔にペイント、長髪、けばけばしい衣装で沢田研二の「トキオ」等をカヴァーしていた。88年にメンバーチェンジしノーメイクに転身するも、ヴォーカルの岡本智浩以外のメンバーが一番屋のヴォーカル氏神一番とカブキロックスを結成し自然消滅。バンド名は同名ブランドからと思われる。ギタリストの坂川美女丸は15年に『ギタリストを笑え!』でイカ天の内幕を赤裸々に記している。

*15 『宝島』
1973年に晶文社から『Wonderland』の誌名で創刊。一時休刊し、74年に宝島社の

7年6月に原宿の表参道側でホコ天が始まると、50年代のファッションに身を包みロカビリーを踊る「ローラー族」が登場。その後は、「ブティック竹の子」の服を着て踊る「竹の子族」が流行り、俳優の沖田浩之が登場。1984年に現れたパフォーマンスグループ「一世風靡セピア」からは、哀川翔や柳葉敏郎が輩出された。

バンドブームを後押しした雑誌『宝島』

バンドブームはこれまでリーチできなかった、音楽に興味のない層にも波及した。そして、その背後には、イカ天以外にも重要な役割を果たしたメディアが介在した。そこで真っ先に思い起こされるのが、雑誌『宝島』[*15]である。

バンドブームに多大なる影響を受けたという氣志團の綾小路は同誌がバイブルだったそうで、「僕はもう宝島に価値観をすべて委ねちゃってたんで、〝宝島に載ってる人は全員正しいし、その人たちの音楽は聴かなきゃダメだ〟〝宝島に載らない奴はニセモノだ〟と本気で思ってました」と述べている。[*16]

80年代半ば、インディーレーベルの興隆は、外国ではすでに成熟に達した感があった。たとえば、イギリスではニュー・オーダーやザ・スミスなど、インディー

前身であるJICC出版局より復刊。70年代は売上が低迷していたが、80年に関川誠が編集長に就任してからパンク／ニューウェイヴ路線に方向転換すると大ヒットし、日本を代表するカルチャー雑誌として君臨した。その後、90年代にヘアヌード雑誌、00年代に経済誌、10年代に裏社会情報誌と変貌していったが、15年に休刊。

*16 出典：「日刊サイゾー」『X年後の関係者たち』https://www.cyzo.com/2022/01/post_301574_entry.html

レーベル発のグループが勢いを増し、ナショナルチャートで上位に食い込んでいる。それに比べると、日本のインディーシーンは未成熟だったとも言えるが、ライヴハウス＝現場（主に東京）の熱気は高く、一部のメディアでも徐々に取り上げられるようになっていった。

その象徴となるメディアとして、若者のストリートカルチャーを特集し、発行部数を着実に伸ばしていたのが『宝島』だった。同誌がインディーシーンで活動するバンドを熱心に取り上げるために、発行元のＪＩＣＣ出版局（現・宝島社）は１９８５年にインディーレーベル、キャプテンレコード*17を設立。ザ・ウィラード、有頂天、ＴＨＥ ＰＯＧＯなどの作品をリリースした。第一弾のリリースとなるザ・ウィラードの新譜は、ＬＰ盤のみが取り上げられ１万５千枚を完売。その後も有頂天のシングルがオリコンチャートにランクインするなど、数多くのインディーズバンドの出世作が世に送り出されていったのだ。

『宝島』にはたまが連載を持ったり、マルコシアス・バンプの秋間経夫が表紙を飾ったりと、イカ天出身のバンドが数多く登場した。だが『宝島』のバンドブーム推しは、実はイカ天放映前から始まっていた。１９８７年６月号では「バンドやろうぜ!!」という特集を企画。「徹底実践サクセス講座　デモテープで差をつけろ！」「楽

＊17　キャプテンレコード
サブカルチャーを扱っていた1985年当時の『宝島』が発足させたレーベル。有頂天、JUN SKY WALKER(S)、ザ・ウィラードといったバンドたちが在籍していたことで知られる。12年にはボーカロイドカバーコンピ『初音ミク★パンク 80sオン・キャプテンレコード』と、そのオリジナルヴァージョンを収録したコンピレーションもリリースされた。両者には、電気グルーヴの前身バンドである人生の他、赤痢、the pillows、怒髪天、ニューロティカ、LÄ-PPISCH、BAKU、泯比沙子&クリナメン、有頂天などの楽曲が21曲所収されている。

しい！　あきない！　うまくなる！　ビギナー歓迎のライブ感覚レッスン」といった記事が掲載されている。同特集は、受け手から送り手への転換を読者に促した。

つまり、自分が聴いて、観るだけではなく、バンドを組んで発信をする。そうしたアクションを鼓舞したという意味で、その功績はのちに共犯関係を結ぶイカ天と同等のものと言えるだろう。言い換えれば、『宝島』でピークに達したかに見えたインディーズブームを、テレビというメジャーな媒体で復興させ、結果的にもう一度ピークをつくることになったのがイカ天だったのだ。

同レーベルの最も有名な出身バンドはJUN SKY WALKER(S)だが、いざメジャーデビューとなると、彼らは大手のレコード会社に奪われてしまう。当時としては珍しい光景ではない。有望なバンドのメジャーによる青田買いはここでも進んでいたのである。キャプテンレコードは1992年にその幕を下ろす。

なお、『日刊ゲンダイ』が雑誌『宝島』を詳述した連載によれば、ブームと比例して「『宝島』への広告出稿量はうなぎ登りの激増を示した」そうで、1990年1月号では何と306ページ中190ページが広告だったという。[*18] そうした流れを受けて、『宝島』は1990年3月より月2回発行となる。その勢いはとどまることを知らないかに見えた。

＊18　前田知巳による「いちばちモン　雑誌『宝島』週刊化への激動航海記」は https://tkj.jp/takarajima_x/ichibachi/01.html で読める

広告といえばこんな話もある。平田順子『ナゴムの話』（太田出版）によれば、1983年5月にKERA／ケラリーノ・サンドロヴィッチにより設立されたナゴムレコードは、1984年12月から『宝島』などに自社の広告を出すようになり、デモテープなども広告で募集するようになった。

雑誌に広告を出すのは、通常のインタビューやレビューで何十万、表紙や特集で何百万という額が動くこともあり、まだ売れていないナゴムがお金を出すのは異例のことだった。だが、KERAとしては出費よりもナゴムの認知度を高めることが重要だったという。その背後には、『宝島』に頻繁に出稿すると取り決めた結果、1回ぶんの広告料が破格に安くなるという事情もあったようだ。なお、最初に載った広告は、1984年リリースのカーネーション「夜の煙突」の告知だ。『ナゴムの話』でKERAはこう言っている。

広告版下は全部自分で作ってた。それが普通だと思っていたから。広告料は毎号出稿するという条件で、ページ四万円とか、破格な定額だった。たまにもうちょっとあげてもらわないとって言われたけど、最終的には10万もいかなかったんじゃないかな、（中略）普段のぼくはどちらかというと暗い人間なんだけど、ナゴムの広告は、ある程度テンションを高めて書かないと、自分の中で水準に達さなくてボツみたいなところもあった。基本的にイラストも文字も手書きだから汚いんだけど、かえってジャケットとかより猛烈な勢いを感じさせるよね。とにかく世間的にレーベルを認知されたかったから、広告はどんどん打った。

90年代初頭には過熱ぎみだったバンドブーム自体は次第に失速し、『宝島』の売り上げも萎んでゆく。まるで、バブルの崩壊とシンクロするかのように……。マガジンハウスから刊行されている『POPEYE』などがそうだったように、ニューウェイヴを筆頭に、最先端のポップカルチャー／サブカルチャーを紹介していた『宝島』もまた、時代の趨勢に抗えず、路線変更を余儀なくされる。そのなかでも、1992年11月9日号で、ヘアヌードを掲載したのには誰もが驚いただろう。日本の雑誌史上初めてのことであり、女性が半分以上を占めていた当時の読者は騒乱状態に陥った。裏切られた、と感じた読者もいたに違いない。

『宝島』をとんがった音楽誌として支持していた読者は、本誌のバンドブームのパートを割り振られたような月刊誌『バンドやろうぜ』に流れていった。同誌のもうひとつの売りであるストリートファッションについては、初期『宝島』のテイストを残した女性ファッション誌『CUTiE』[*19]が青文字系[*20]の先駆けとして先導することとなる。

70年代はサブカルチャー誌、80年代は音楽誌、90年代はアダルト誌。時代ごとの『宝島』の変遷を大雑把に分けるとこんなところだろう。2010年頃からは、いわゆる裏社会／闇社会の実状をリアルに伝える記事を前面に掲げ、アンダーグラウンド雑誌としてのカラーを打ち出していったが、2015年7月29日、同年8月25日発売の10月号をもって休刊することが発表された。

『オリーブ』とイカ天

ここで、やや話が逸れるが、当時、いかにイカ天が広い層に認知されていたかを示す象徴的な例をひとつ挙げておきたい。それは、1982年に創刊された雑誌『オリーブ』でイカ天が取り上げられていたという、驚くべき事実である。驚くべき、というのはイカ天が同誌のイメージにあまりにもそぐわないからである。創刊時から、『オリーブ』が掲げてきたキャッチコピーは「Magazine for Romantic Girls」。

＊19 『CUTiE』
1988年に雑誌『宝島』の増刊としてスタートした10代の女性向けファッション誌。ライヴ会場やクラブでのスナップ写真、専門学校生のインディーブランド、のちの裏原宿系など、個性的なストリートファッションを多く取り上げる独特の誌面で人気となった。岡崎京子の代表作「東京ガールズブラボー」「リバーズ・エッジ」の連載は本誌でおこなわれた。15年休刊。

＊20 青文字系
『CUTiE』『Zipper』『nadeshico』『KERA!』などの雑誌で取り上げられる、個性的なカジュアルファッションの総称。『CanCam』『JJ』『ViVi』

1984年に栗尾美恵子が専属モデルとなるまで、モデルは皆外国人で、初期の誌面には「リセエンヌ」（パリの女学生）なんて言葉が踊っていた雑誌である。

　登場するのは、シンプルだけどクセのある洋服を着こなし、おしゃれと恋に明け暮れる、優雅で洒脱な異国の女の子たち。「リセエンヌ放課後の雑貨めぐり」「パリでオリーブ少女」「リセエンヌのおしゃれスナップ」「あこがれのパリ案内」なんて記事が、80年代半ばには幾度となく掲載されている。そんな『オリーブ』が1989年10月3日号で「徹底取材　一度みるとやみつき！「イカ天」のすべて。」という特集を組んだのだ。*21

　内容はというと、『オリーブ』に関わるスタイリストやライターによる座談会、イカ天オンエア時のスタジオの模様を追った観覧記、イカ天出演バンドのライヴレポート*22、おすすめバンド7組*23の紹介。モノクロではあるが計8ページの特集である。中でも刮目すべきは冒頭2ページを飾る座談会だろう。

　スタイリストのJ・Sは「最初に見た時、『なんてヘタなバンドが出てるの』」と思ったが、「やっぱり〝身近〟って感覚が、あの番組のいいところだと思う。アマチュアバンドなら一緒になって応援できるし」と言う。また、ライターのM・Yは、自分たちが発見した、という気分になれるのがイカ天バンドのいいところだと指摘。


などコンサバなお姉さん雑誌を総称する「赤文字系」と対比する形で使われた。きゃりーぱみゅぱみゅが所属する企画／マネジメント会社、アソビシステム代表の中川悠介が考案。

＊21　『オリーブ』（1989年10月3日号）

＊22　1989年8月17日、インクスティック芝浦ファクトリーでの「バンドストックスペシャルナイトVol.3」。えび、人間椅子、フラインズスキッズが出演した。

これはイカ天よりホコ天により強くあてはまる構図だと思うが、自分たちの手の届きそうな範囲にいるからこそファンになりやすい、というのはライヴアイドル／地下アイドルなどと同様だろう。ホコ天やイカ天でサイン会やチェキ会や握手会があったわけではないが、ずっと路上で演奏してくれるだろうなんて思い込みをファンたちが抱いても不思議ではない。あわよくば、ファンレターを渡して恋愛関係になれないか、と想像したファンたちも多かったはずだ。

要するに、距離の近さが応援の際の活力になったわけだ。逆にいえば、メジャーデビューして遠くへ行ってしまったと感じるバンドからは、一定数のファンが離れていったと考えられる。その証拠に、『宝島』のインタビューで、JUN SKY WALKER(S)のメンバーの森純太は「ホコ天でやるのは一生やめません！　僕たちは変わりたくはないし、変るはずもない」と宣言している。*24 だが、周知のとおり、メジャーデビュー後、彼らはホコ天を離れている。これが実情だといえるだろう。

また、「『人間椅子』を見て、ひっくり返って感動した」とプロフィールにあるスタイリストのM・Oはイカ天について「わたしは、最初観た時、なんかビンボーな感じがしていて、しばらく見なかった」と一刀両断。だが、「『今どき『イカ天』を見なきゃ遅れてる』って、言い切られてしまってから」視聴するようになったとい

＊23　風来坊、ノーマ・ジーン、ラビット、宮尾すすむと日本の社長、スイマーズ、マサ子さん、ベレッツが取り上げられている。

＊24　出典：『宝島』（1988年5月号）

う。これが当時の、おしゃれに夢中で、音楽にもこだわりがある女性読者の一般的な感覚だったのだろう。だが、そんな感性の持ち主にすら、イカ天は届いていたのである。これはなかなかすごいことではないだろうか。

ちなみに、審査員では、フォローが上手い萩原健太が好きという意見や、吉田建がかっこいい、顔も大好き！　なんて感想も。J・Sは、「やっぱり、審査員と司会がよくなかったら、ここまで人気出なかったと思うな」と意外に鋭い指摘をしているのに驚かされる。

バンドブームの影響

現在はメジャーな音楽シーンで活躍するミュージシャンでも、イカ天を自らの原点や原風景と位置づける者は少なくない。たとえば、氣志團の綾小路翔などがそうだ。綾小路は、イカ天とバンドブームからの影響を「もしかして、僕らの前の世代の人たちが言ってたビートルズとかセックス・ピストルズに出会ったときの衝撃ってこれなのかなって思いました」と言う。*25

ここで思い出すのが、神聖かまってちゃんの「ロックンロールは鳴りやまない

*25
出典：「日刊サイゾー」「X年後の関係者たち　バンドブームは〝最も コスパの悪いエンタメ〟？　イカ天の裏側」https://www.cyzo.com/2022/01/post_301574_entry_2.html

っ」の歌詞である。一番でヴォーカル／ギターの「の子」はこう歌う。

昨日の夜、駅前TSUTAYAさんで／僕はビートルズを借りた／セックス・ピストルズを借りた／「ロックンロール」というやつだ／しかし、何がいいのか全然分かりません

綾小路もかまってちゃんの作詞を手掛けたの子も、ビートルズとセックス・ピストルズを挙げている。そして、この並びは、既述の「あれなら自分でもできそうだ」「ああいう恰好をしてみたい」というメンタリティとぴったり呼応する。

歌詞にビートルズの名前が出ているので、彼らについても少し触れておこう。セカンドアルバム『ウィズ・ザ・ビートルズ』がリリースされた1963年頃、彼らはマネージャーのブライアン・エプスタインに出逢い、ステージでのマナーからファッションに至るまで、徹底的にイメージチェンジを図られた。

デビュー当時のビートルズは革ジャンにリーゼントという、エルヴィス・プレスリーかぶれのロッカーズファッションでキメていたが、エプスタインの助言により、マッシュルームヘア（当時はモップヘアと呼ばれた）に襟なしジャケット、細身のパ

ンツ、サイドゴアブーツというアンチマッチョでフェミニンなルックスへと変貌。まさに「ああいう恰好をしてみたい」と思わせる力がそこには宿っていた。ちなみに、エプスタインは彼らに客前での喫煙をやめさせ、演奏の終わりには一礼をさせるなど、徹底的にイメージ戦略を操作していったことでも有名である。

なお、ビートルズのファーストアルバム『ザ・ビートルズ・ファースト・アルバム』は半分がカヴァー曲。これはローリング・ストーンズにもいえることだが、要するに彼らは黒人のブルースやロックンロールに憧れ、チャック・ベリー*26やマディ・ウォーターズ*27のようになりたかったのだ。彼ら自身「ああいう音を鳴らしてみたい」というのが、音楽をやるうえでの大きなモチベーションになったのである。

話は再び神聖かまってちゃんに戻る。「ロックンロールは鳴りやまないっ」の二番では、「夕暮れ時、部活の帰り道で／またもビートルズを聞いた／セックス・ピストルズを聞いた／何かが以前と違うんだＭＤ取っても、イヤホン取っても／なんでだ全然鳴りやまねえっ」と歌われる。

筆者は、音楽でも映画でも小説でも演劇でも、いい作品は、それに触れる前と触れたあとで、違う自分になれるものだと思っている。神聖かまってちゃんのソング

＊26　チャック・ベリー
1926年生まれ、ロックンロールの創始者と呼ばれる。55年、マディ・ウォーターズの紹介でチェス・レコードからデビュー。自分自身で作った曲を自分で歌うスタイル、それまでの黒人の悲哀などではなく、学校生活やラジオのことを歌った若者向けの歌詞、8ビートを強調したサウンドなど、ロックンロールの特徴をすべて持っていた。代表曲に「ジョニーBグッド」「ロックンロールミュージック」など。17年逝去。

＊27　マディ・ウォーターズ
1913年生まれ、アメリカの黒人ブルース・ミュージシャン。エレキギターを使ってバンドで録音するマディの演奏はシカゴ・ブルースと呼ばれるジャンルの形成に多大な影響を与えた。83年逝去。

ライターであるの子もまた、そうした体験を通過したのではないだろうか。言い換えれば、イカ天はヴィジュアルの面白さで視聴者を惹きつける番組であった。そして、それは、コスチュームに限った話ではない。歌っている、弾いている、叩いている、その映像を観てシビれてしまうのだ。少なくとも筆者はそうだった。今のようにYouTubeを開けば、過去のテレビ番組などをすぐに観られる時代ではない。筆者もイカ天は必ず録画して繰り返し視聴したのを覚えている。

何度も述べてきたように、バンドブームに対してネガティヴな見解を述べる識者は多い。イカ天が先導したブームなど、一過性の狂騒／流行であり、長期的に見て後続に残した物はないという声である。そう述べる人たちは、バンドブーム以降、昨日までジャニーズなどのアイドルに声援を送っていたような少女たちが、ライヴハウスに殺到したと述べる。だが、それにはプラスの面もあったはずだ。それまで、ライヴハウスは若者にとってどうにも近寄り難い場所だった。学園ドラマでもライヴハウスは危険な場所で、立ち入るとトラブルが起こるという描き方をされがちだった。それが、イカ天効果で反転したのだ。これもまた、功罪の「功」の部分ではないだろうか。

どの音楽ムーヴメントとも違う、イカ天は東京を席巻したカルチャーの一端だった

思考家／批評家・**佐々木敦**インタビュー

元批評家を名乗る佐々木敦はトータスやジム・オルークなど、いわゆる音響派と呼ばれる音楽を日本に紹介してきた功績の持ち主。だが一方で、小室哲哉やCHAGE and ASKAのASKAやつんく♂にもインタビューをしたこともあり、『ニッポンの音楽』（講談社現代新書）という、日本のロックの通史を概観した名著も残している。現在は大学で日本の音楽について話すことも多く、その際にイカ天についても触れるという。インタビューではそうした経歴を踏まえて、イカ天の音楽シーンのなかでの位置づけを語ってもらった。

佐々木敦（ささき・あつし）
1964年名古屋市生まれ。文筆家。音楽レーベルHEADZ主宰。映画美学校言語表現コース「ことばの学校」主任講師。芸術文化のさまざまな分野で執筆などをおこなっている。『「教授」と呼ばれた男──坂本龍一とその時代』（筑摩書房）、『成熟の喪失 庵野秀明と〝父〟の崩壊』（朝日新聞出版）、『増補・決定版ニッポンの音楽』（扶桑社）、『ニッポンの思想 増補新版』（筑摩書房）など著書多数。

――2014年に出た佐々木さんの『ニッポンの音楽』という本は、書名どおりの通史的な本ですが、そのもとになった講義では、イカ天やバンドブームについても触れているそうですね。

佐々木　うん。今でも大学の講義では、テクノポップと渋谷系の合間に存在したムーヴメントとしてイカ天の話は必ずしますね。バンドブームのひとつの頂点がイカ天だったと思うけど、それに先立って『宝島』とか『バンドやろうぜ』的なものがあったわけで。でも、そういうものに対して僕は距離感があった。ただ、たとえば、たまとかリトル・クリーチャーズとかはすごく好きだったし、特にクリーチャーズは、イカ天出身だってこともよくわからずにいろいろ原稿を書いたり、ライヴに出てもらったりしていた。

――講義での学生の反応どうですか？

佐々木　いいですね。イカ天に限らずだけど、ある時期以降の大学生とかって、自分が生まれる前のことのほうが新鮮に映るんだよね。

あと、今の大学生って大体、親が40代から50代ぐらいだから、90年代前後ぐらいのことを親が知っているの。だからバンドブームを含めて80年代のことってすごい食いつきはいいよね。

――イカ天がテレビ番組だった、しかもヴァラエティ要素があったことも重要ではないでしょうか？

佐々木　そうだよね。10年後ぐらいに『ASAYAN』[*1]でアイドルのオーディション番組があって、それって今のK－P

＊1　『ASAYAN』
1992年放映開始、テレビ東京日曜夜のバラエティ番組『浅草橋ヤング洋品店』が、95年10月に『ASAYAN』としてリニューアル。番組後半の視聴者参加型オーディション企画「コムロギャルソン」が大人気番組となる。小室哲哉プロデュースによるdosや鈴木あみ、ЯK／河村隆一プロデュースによるSay a Little Prayer、つんく♂プロデュースのモーニング娘。、松尾潔プロデュースのCHEMISTRYなどがこの番組からデビューした。

ＯＰのサバイバルオーディションとかまで繋がってくると思う。オーディションをドキュメンタリーとしてテレビで放送して、それによって人気を獲得してメジャーへの道筋をつくって、実際にデビューするとすごく売れる。そういうビジネスモデルみたいなものが連綿とある。もちろん、イカ天の前にも『スター誕生！』とかはあったけど。

――先ほど、イカ天と一定の距離があったとおっしゃいましたが、それでも講義で触れるというのは、ある程度、重要で意義があった流れだと思われているからですよね？

佐々木　すごく重要だと思う。特に70年代末から80年代頭ぐらいにＹＭＯが登場して、テクノが出てきて、センスエリートの時代になるわけだよね。それは音楽だけじゃなく、いろいろなジャンルで起こる。最先端のセンスを持っている人たちがメディアなどで台頭して、みんながそれに影響を受けたり目指したりする。そういうことが80年代に起きる。要するにＹＭＯとテクノポップ、ニューウェイヴの時代。そのなかで、80年代の頭にはナイロン１００％[*2]、ピテカントロプス・エレクトス[*3]に象徴されるような、クールでスタイリッシュなセンスが時代を引っ張っていく。

――その風潮もまた風向きが変わりますよね？

佐々木　テクノポップとニューウェイヴ的なものはほとんど同根だと思うんだけど、それがだんだんサブカル化してくる。

***2　ナイロン１００％**
１９７８年８月に渋谷にオープンしたニューウェイヴ喫茶店。店長の中村直也は雑誌『宝島』で連載しており、『宝島』のパンク／ニューウェイヴ路線に多大な影響を与えた。店内でライヴをおこなったバンドは、プラスチックス、ヒカシュー、P-MODEL、８ １／２、ハルメンズ、ゲルニカ、有頂天、空手バカボン、東京タワーズなど。86年閉店。

YMOのあとに人生[*4]が出てきて、それが電気グルーヴになる、という流れがあるわけで。一方で、バンドブームはテクノポップ、ニューウェイヴに対する反動でもあり展開でもあると思う。ただ、テクノポップやニューウェイヴ的なものって、たとえばヒカシュー[*5]とかプラスチックス[*6]もテレビに出ていた時代があったわけじゃない、80年代に。でも、その辺りの人たちとイカ天出身バンドってやっぱり何か違うんだよね。それは音楽性が違うっていうよりも、やっぱり時代と世代が違う。

——時代といえば、1989年はバブル絶頂なんですよね。

佐々木　奇しくも1989年っていうのが日本にとってのバブルの頂点で、1990年にはじけちゃうわけじゃない。かつ、J-POPって言葉が誕生したのがほぼその時期だった。さらに、実はもう1989年の時点で渋谷系も始まっていたんですよ。実際にはフリッパーズ・ギターも出てきているわけだから。でも、いわゆる渋谷系というカテゴライズとイカ天バンドって違いますよね。少なくとも違うと思われている。でも本当はそんなに違うわけじゃなくて、たとえばリトル・クリーチャーズなんて、渋谷系の人たちとそんなに離れたところにいなかった。イカ天と渋谷系の黎明期って重なっているし、実際には人脈的にもそんなに遠いわけじゃない。だから、たまたまテレビ番組っていうすごくマスなメディアとの関わりを持っちゃったから特異なも

＊3　ピテカントロプス・エレクトス
1982年12月に原宿にオープンしたカフェバー。ライヴスペース、DJブース、ギャラリースペースを併設しており、日本初のクラブともいわれる。経営を石原智一、コンセプトを桑原茂一が担当。メロン、東京ブラボー、ミュート・ビートなどが出演。84年閉店後、跡地に「クラブD」が開店している。

＊4　人生(ZIN-SÄY!)
卓球(のちの石野卓球)と畳三郎(のちのピエール瀧)らによる、電気グルーヴの前身バンド。1985年3月結成、89年4月解散。ナゴムレコードからソノシートなどをリリースしていた。なお、マサ子さんのマユタン(現・まゆたん)が彼らのファンクラブ「人生教」の中心人物だった。

ののように見えるけども、そうなのかな？　って。

歴史的に考えると80年代のテクノポップ、ニューウェイヴからイカ天的なものを経て、90年代に入って渋谷系が出てきてっていう流れはすごく違和感がなく、むしろ、どっちかというとロジカルに突っ切っている感じがするんですよね。もちろん今から見るとではあるけど、僕は割とそう思っていて。

――イカ天と渋谷系が重なっていた、とのことですが、一方でイカ天やバンドブームの反動として渋谷系があったのも事実ですよね。

佐々木　それはさっきの言葉で言うと、センスエリーティズムからの揺り戻しみたいなことだと思う。たとえば渋谷系とはなんだったのかみたいな本もいっぱいあるじゃない。本によっていろいろな見方があるとは思うんだけど、そもそもなんで渋谷系が盛り上がったのかよくわからない部分もあるわけで。いろいろな偶然が作用しているとしか思えないんですよ。フリッパーズの人気の出方っていうのも、要はあのふたりの見た目とキャラ人気だろうっていうふうに取ることもできる。

ただ、たとえばフリッパーズの小沢（健二）君と小山田（圭吾）君は、イカ天に出ようとは思わなかったんだよね。だからこれって、ものすごくざっくり言うとマス的なものとマニアックな人たちの対立軸で。言い換えると、テレビと宇田川町のレコ屋[*7]の違いと類似のものだったと

＊5　ヒカシュー　1979年に近田春夫プロデュースのシングル「20世紀の終りに」で東芝EMI・イーストワールドレーベルよりデビュー。P-MODEL、プラスチックスとともに「テクノ御三家」と呼ばれたバンド。初期以降はテクノポップの枠にとどまらない音楽性を追求。リーダーは独自のヴォイスパフォーマンスでも知られる巻上公一。

＊6　プラスチックス　1976年にイラストレーターの中西俊夫、グラフィックデザイナーの立花ハジメ、ファッションスタイリストの佐藤チカが中心となって結成されたテクノポップバンド。B-52'sやラモーンズ、トーキング・ヘッズらとのワールドツアーも実現させた。

思う。そもそも、イカ天ブームの前からバンドブームは起きていたわけです。ブームのなかで売れたいとか、メジャーのレコード会社と契約したいっていう人たちっていうのは一定数いた。まあ、そういう人がイカ天からも出てくるんだけども。「いや、俺たちは全然違うやり方があるぜ」っていうのがセンスエリーティズムの人たちだった。だから、フリッパーズは、80年代的なニューウェイヴの気概を継いでいて、でもニューウェイヴの人たちとは、単純に影響を受けている音楽が違っていた。

――フリッパーズ・ギターのファーストは全部英語詞でしたし、渋谷系って洋楽とのシンクロが強くあって、海外のレーベルとも繋がりがあった。一方で、イカ天やバンドブームってすごくドメスティックというか、ガラパゴス的なものの走りともいえるのではないかと。

佐々木　BEGINとかたまとかって純和風な要素もあって、要するにジャポニズムみたいなものを戦略的な部分も含めて、身にまとっていたよね。本当は洋楽もすごく聴いている人たちだと思うけど。

1989年から1990年にかけて、J-POPって言葉が誕生するわけだけど、J-POPって言葉はまさに和洋折衷の極み。日本においては、邦楽と洋楽のある種の対立軸が仮想されているけど、それ自体は虚構であったとも受け取れる。

――1989年ってセカンドサマーオブラブの時代ですからね。

佐々木　そう。だから、海の向こうで起

＊7　宇田川町のレコ屋
渋谷系全盛の頃、渋谷の宇田川町にはレコード屋が林立しており、レコードコレクターやDJのみならず、外国人ミュージシャンも来日の際に訪れるのが慣例となっていた。東京は世界一レコード屋が多い街としてギネスに認定された。

きていることに直接影響を受けたのが、まさに渋谷系だった。特に、フリッパーズとかがそうだった。で、バンドブームはまったく違う出自にある。

――地理的にいうと、関西ではイカ天が放映されていなかったので、流れに巻き込まれずアンダーグラウンドなシーンが存続したっていうふうにはいわれていますね。

佐々木　なるほどね。関西も、大阪と京都が違いすぎる。京都はどっちかっていうと、テクノポップ、ニューウェイヴにすごくシンクロする人たちがいっぱいいたわけじゃない？　その辺はいろいろだよね。やっぱりイカ天をイカ天だけで考えるよりも、その前後との関係性のなかで考えるしかないと思う。

――イカ天は後世に残したものが何もないっていう言説もあります。その意見についてはどう思われますか？

佐々木　全然そんなことないでしょ。残したものがないっていうよりも、単純に番組が終わった。でも、それこそさっきから名前を挙げているいくつかのバンド――人間椅子とかもそうだけど――イカ天キングになったバンドのかなりの部分がそのあとずっと頑張っていて、今もいるじゃないですか。人間椅子なんてむしろ今の方が活躍している。たまのメンバーやクリーチャーズもちゃんとやっているし。多分、さっき言ったことを裏返せば、たまたま1989年にバンドのオーディション番組っていうものが地上波のテレビで誕生したから、メジャーデビューに繋がった。もしその頃にああいう番組がなくても、着々と活動を続けていった人たちはレコードデビューもして、シーンのなかである地位を占めていったと思う。ただ、イカ天にみんな出ちゃったからそうなっただけだと思う。イカ天がなくても、たまなりなんなりは出てきたんじゃないかな。

――あとイカ天は、ヴィジュアル面でのインパクトが大きくて。スイマーズとか。

佐々木　スイマーズっていたね。あと、さっきから名前が挙がっているバンドって、これも土佐君（著者）の論点のひとつだと思うんだけど、キャラが立ってるじゃない。ユニークな見た目とキャラがあって、それが目立つのはやっぱりテレビだと思うんだよね。

でも一方で、見た目とかキャラだけじゃなかったってことがすごく重要であって。イカ天ブームが一過性のものだったら、たとえばスイマーズが消えて、たまだって消えても不思議じゃなかった。でもそうならなかったっていうのは、それぞれのバンドの持っている音楽的なポテンシャルと才能と意志があったからなんじゃないかな。

――審査員の番組に対する意見が『イカ天年鑑』という本に書いてあるんですけど、アンビヴァレントな思いがあるみたいで。メジャー予備軍みたいな人たちはつまらないから、うまい下手じゃなくて、音楽のやり方はわかんないけど、とりあえずやってみたいってパワーみたいなものを観たいとおっしゃっていますね。

佐々木　そういう価値観って、むしろイカ天から10年ぐらい前のパンクとか、ポストパンクの考え方に近いよね。だから多分、いつの時代でもそういうパワーを求めている人はいるんだと思う。そういう人たちは、メジャー産業から出てくるロック的な流れに対するアンチみたいな感覚があったんだろうね。やっぱり、産業構造は無視できない。

　80年代ぐらいまではいわゆるインディーレーベル――たとえばキャプテン・トリップ・レコーズ*8とか――がいることはいるんだけれども、一方でそこからデビューしてメジャーに行きますよっていう、経済的なサクセスを目指す向きもあって。それに対する、そうじゃないんだっていうインディー的な態度とのバランスが80年代の終わりになると、だんだんグダグダになってくるというか、混ざってくる。

――そうですね。

佐々木　もしかしたら、YMOがいたアルファミュージック*9もそうかもしれないけども、新興のレコード会社が、インディペンデントと呼ばれながらも、次々にのし上がっていくっていうことが80年代の後半ぐらいから起きてくるわけで。たとえばトイズファクトリーがそう。そういうレーベルが90年代に入ると一気に台頭してくる。フリッパーズでいえばポリスターなわけじゃない？　だからみんなそれ以前の大メジャーとはちょっと違う。普通に大きくなる会社もあるけどね、エイベックスとか。

＊8　キャプテン・トリップ・レコーズ
1992年12月、明大前モダーン・ミュージックの店員だった松谷健が設立したインディーレーベル。自身のバンド「マーブル・シープ」の作品をリリースするために設立したが、次第に自分の好きなバンドの発掘／紹介に比重が移り、ドイツやアメリカのマニアックなプログレ／サイケ作品を多数リリース。

＊9　アルファミュージック
1969年に村井邦彦が設立した日本の音楽出版社。71年には川添象郎らとマッシュルームレーベルを設立し、ガロや小坂忠、荒井由実などを輩出。98年にレコードやCDの製作からは撤退していたが24年7月に創立55年周年を迎えたのを機に、レコードレーベルとしても再始動している。

——『けいおん!』『ぼっち・ざ・ろっく!』などを受けてのちょっとしたバンドブームについてはどう思われますか?

佐々木　それより、重要なのはチャットモンチー[*10]だよね。やっぱりチャットモンチーがめちゃくちゃ売れたっていうことが、ガールズバンドをたくさん生むことになったんだよ。だって実際、チャットモンチーを観てバンドやろうと思ったとか、『けいおん!』を観てバンドやろうと思ったみたいな人たちがあとに出てくる。女の子バンドで。

ロックバンドのフォーマット、要するにギター、ベース、ドラム、ヴォーカルで時々キーボードも入るみたいな編成には、どんな世界でも何度ずつかは回帰していて、多分そのなかに『けいおん!』もあったんだろうし。

ただもう一方で、楽器が弾けないとか、弾ける友達がいないとか、バンド組めないっていうことが、ずっと音楽をやりたい人たちにとってはジレンマだったわけね。だから雑誌の『宝島』の機能っていうのは、バンドのメンバーを探すためのメン募という側面もあった。でもそれがゼロ年代の後半以降になると、DTM[*11]とボカロによって代替できるようになって、米津玄師とYOASOBIが生まれる。僕の歴史観はそういう感じですね。

——イカ天の功罪について、「罪」の部分って何か思い当たることはありますか。

佐々木　それはやっぱり終わったってことだよね。せいぜい2年弱ぐらいしかやってないわけじゃない。だから逆に言う

*10　チャットモンチー　徳島県の鳴門教育大学出身の3人組。2000年にいしわたり淳治のサウンドプロデュースによりデビュー。ドラムの高橋久美子が文筆家に転向するために11年に脱退したが、新しいメンバーを入れずに、ベースの福岡晃子がドラムにコンバート。2ピースとしてこれまでの楽曲を演奏するなどした。18年の『誕生』がラスト・アルバム。「解散」ではなく「完結」という言葉で最後を締め括った。

*11　DTM　デスクトップ・ミュージックの略。ここでいうデスクトップは主に家庭や会社で使う据え置き型のパソコンのこと。転じてコンピュータでつくる音楽全般。和製英語のため海外では通じない。海外では単

と、それぐらいしかやっていなかったのにとんでもなくいろんなバンドを生み出したって意味では、すごい貢献だと思う。だから罪とかって別にないんじゃないのかな、そういう意味では。あとは、イカ天出身バンドのいくつかが、若干、黒歴史だと言うか、テレビの力で有名になったんですとは言いたくないってことぐらいじゃない？

　別にイカ天がなかったほうが良かったとか、そういう、たられば的なことなんて考えても、歴史に関してはしょうがないし。むしろリアルタイムの感覚で考えたら、こんなに盛り上げといて急にばって引いちゃって、って思った人もいるだろうし、レコード会社と組んでメディアハイプを起こしただけっていう人もいるだろうね。それに対しての批判的な視座っていうのはあっても仕方ないと思うけど、何十年も経った今から見たら、功罪って意味で言えば、功の方が全然あったと思いますよ。

にコンピュータ・ミュージックという。

バンドブームがナゴムレコードを終わらせた……？ インディーズ現場の激変を語る

KERA／ケラリーノ・サンドロヴィッチインタビュー

インディーズブームとバンドブームはよくごっちゃになる。ここであらためて整理／確認しておくと、今回インタビューに登場してもらったKERA／ケラリーノ・サンドロヴィッチは、ザ・ウィラード、ラフィンノーズと並び、インディーズ御三家に数えられた有頂天のリーダーだ。彼らの活動開始が1982年で、KERAがナゴムレコードなるインディーズレーベルを立ち上げたのが1983年。当時は、スターリンのタムがやっていたADKレコード[*1]、ラフィンノーズのチャーミー（小山祐）とポン（岡村英明）がやっていたAAレコード[*2]、ルーズの西村茂樹がやっていたR.B.F.レコード[*3]など、インディーズレーベルがひしめきあっており、それらがインディーズブームを牽引していた。一方、イカ天とほぼ同期するかたちで盛り上がったバンドブームが華やかなりし1989年、ナゴムレコードはその幕を閉じている。とはいえ、ナゴム所属のたま、ミンカパノピカ[*4]、マサ子さん、グレイト・リッチーズなどはイカ天に出場しており、KERA及びナゴムと接点がなかったわけではない。この辺の微妙な時代感は、平田順子『ナゴムの話』（太田出版）に詳しくあるが、イカ天の話はあまり出てこない。そこで、両ブームを股にかけた（？）KERAに話を訊いた。

KERA／ケラリーノ・サンドロヴィッチ

劇作家、演出家、映画監督、音楽家。1982年、ニューウェイヴバンド有頂天を結成。ヴォーカルを務め、86年にメジャーレーベルデビュー。並行して運営したインディーレーベル、ナゴムレコードは、たま、筋肉少女帯、人生（電気グルーヴの前身）らを輩出した。85年から演劇活動にも進出し、93年にナイロン100℃を結成。自らが企画・主宰するKERA・MAP、ケムリ研究室（緒川たまきと共同主宰）などの演劇活動も人気を集める。音楽活動ではソロ活動や鈴木慶一とのユニットNo Lie-Senseの他、14年に再結成されたバンド有頂天やKERA & Broken Flowersでヴォーカルを務め、ライヴ活動や新譜リリースを精力的に続行中。X(旧Twitter)アカウントは@kerasand。

――ナゴムが閉幕したのが1989年で、その年にイカ天が始まってバンドブームが起こる。KERAさんは、バンドブームの人と混同されることもあるんじゃないですか。

KERA　もう今となっちゃあ同じなんでしょう、若い人にとってはね。下手すると東京ロッカーズ*5やテクノポップ、ニューウェイヴの時代まで一緒くたにされちゃうぐらいだから（笑）。

――KERAさんとイカ天の接点というと、なんと言ってもたまですよね。ナゴムからレコードを出していたたまがグランドイカ天キングに輝いた。本人たちから何か相談はありましたか？

KERA　当時、僕は水橋文美江*6っていう今は大御所の脚本家と一緒に暮らしていて、彼女が、見るに見かねて一時期たまのマネージャーをやっていたんです。何度か水橋とメンバーで選曲の相談をしていましたね。3週目あたりからかな。5週目に「まちあわせ」をやるのを決めた時はよく覚えています。僕らの家にメンバー全員が来て最終決定した記憶がある。

――たまの石川さんによる自伝『「たま」という船に乗っていた』を読むと、「どうせ勝っても負けても演奏を見せられるのは最後なんだから、思いっきりチャカすかー」と思っていた、と書いてありますね。

KERA　いや、毎週けっこう悩んでいたように見えたけどな。そんなに思い切りは良くなかったですよ。民主的なバン

*1　ADKレコード
1983年、ザ・スターリンの2代目ギタリストだったタムが設立したインディーレーベル。日本のハードコアパンクバンドの作品を多くリリースしたが、85年にタムが失踪し消滅。

*2　AAレコード
1983年設立、ラフィンノーズが主宰するインディーレーベル。オムニバス『ハードコア不法集会』が有名。86年に休止したが、02年に復活。

*3　R．B．F．レコード
1982年末設立、西村茂樹が主宰するインディーレーベル。自身のバンド「ザ・ルーズ」の作品をリリースするために始まり、キャ→やニューエスト・モデルの作品で有名になった。88年頃に活動停止したが、93年に「R．B．F．イン

ドだから。きっと、最初はいける（キングになれる）なんて本人たちも周囲も思っていなかったしね。

３週目が終わったあとぐらいかなあ、有頂天がレコーディングしていた湾岸にあったスタジオに、当時イカ天の審査員だった伊藤銀次さんがなんかで来ていて。初対面だったんですけど、挨拶もそこそこに「たまってさあ、あれ、どこから出てきたの？」って言われた。そのときにはナゴムからシングルとオムニバス[*7]が出ていて。ＬＰの『しおしお』（１９８９年12月発売）がプレス待ちだった。「たま、デモテープとかないの？　あったらぜひ聴かせて」って言われて。あ、この人本気なんだなって思った。熱量がすごかったから。

――未発表音源を聴きたい、みたいなことですか？

KERA　うん。イカ天って八百長なしなんだなってそのとき確信した。

――たまからはナゴムにデモテープが送られてきたんですか？

KERA　そう。曼荼羅《マンダラ》というライヴハウスでのライヴがまるっと入っているテープが送られてきた。僕はどうやら1年近く返事を待たせたらしいんです。収録時間が長かったからかな（笑）。で、聴いてびっくりした。1時間半のライヴを一度もストップボタンを押すことなく聴き通したんですよ。確か1曲目はイカ天の1週目でもやった「らんちう」が入っていて、ギョッとした。

僕は比較的ストレンジなものを好むほ

ターナショナル」として復活。ゴッズガッツやブラッドサースティー・ブッチャーズなどをリリース。

＊4　ミンカパノピカ
ペーターズというバンドでナゴムレコードとも関わりのあったエイジ（Vo）を中心に、85年に大阪で結成。イカ天にも出場し、テクノポップ的な意匠を採り入れたサウンドを披露した。竹中労は『「たま」の本』の中で、好きなイカ天バンドとして、たま、人間椅子の次にミンカパノピカを挙げている。

＊5　東京ロッカーズ
1979年に発売されたアルバム『東京ROCKERS』に楽曲が収録されていた、フリクション、LIZARD、ミラーズ、ミスター・カイト、S-KENの5つが代表的なバンド。NYやロン

うだと思うけれど、奇妙さもありながら音楽的な説得力がそれ以上にあって、感動した上にひどくキュンとさせられた。こりゃ、自分なんかとても敵わない、本物だって思いました。その夜は興奮して眠れなかった。デモテープを聴いてあんなに興奮したことはなかったですよ。ストレンジで、異様な感じがするものって音楽的、楽典的なスキルがない人たちが多いんですよ。

――パンクやニューウェイヴの頃は特にそうでしたよね。

KERA　そう。ところが彼らはそうじゃない。アンサンブルもハモりも抜群だし、巧い。

――音程も安定しているというのは、イカ天の1週目で、審査員でオペラ歌手の中島啓江が指摘されていますね。

KERA　その巧さが、譜面どおりに弾くとかいう巧さじゃないんだよね。呼吸なんだよね、4人の。象徴的だったのは新宿ロフトでナゴムナイトっていうライヴ・イベントに出てもらった時。オルガンかなんかの音が出なくなっちゃったんですよ。でも、演奏を止めることなくアドリブで柳ちゃん（柳原幼一郎）がつないだんですよね。ああいうことができるバンドってなかなかいない。

竹中労さんがその後、たまをビートルズになぞらえていましたけれど、当時の僕はビートルズよりすごいと思っていた。確かに、楽曲ごとにヴォーカリストが変わるところなんかビートルズ的でした。自分の作曲した曲は自分で歌うっていう。

ドンのパンク／ニューウェイヴへの、日本からの回答といった趣もあり。特に、フリクションを率いたレック（Vo, b）は、コントーションズ、ティーンエイジ・ジーザス・アンド・ザ・ジャークスに参加。本場の空気を吸い込んだサウンドで多くのリスナーを魅了した。

＊6　水橋文美江
第3回フジテレビヤングシナリオ大賞への応募を契機に、1990年頃から本格的に脚本家としてのキャリアを開始。ドラマでは、連続テレビ小説『スカーレット』（19〜20年、NHK）、映画では『冷静と情熱のあいだに』といった作品の脚本を担当し、数々の賞を受賞。

そして、どの曲もいい。四種四様の良さがある。キャラクターが4人バラバラなのも絶妙なバランスだった。自然に集まったのがあの4人だったっていうのは奇跡的なことだと思います。それで、デモを聴いてすぐ「やろう」って。

――KERAさんはご自身がナゴムで借金しながら地道にコツコツやってきたのに、いきなりああいうテレビ番組が始まって、しかもすぐにバンドたちがメジャーデビューするっていう状況に対して、嫌悪感はなかったですか？

KERA なかったと言うと嘘になります。まあ、長くは続かないと思っていましたけど。日本の音楽界ではブームってそういうものだと思います。昔から、GSブームとかロカビリーブームとかテクノポップブームとか、いろいろありましたけれども、大体1年半か2年ぐらいで沈静化したわけだから。ただ、バンドブームは数が違った。インディーズブームのときのバンドの数は把握しきれる程度だったと思うんですけど、バンドブームは雨後の筍のように、それこそ次から次へとに出てきた。

それまでは、ライヴに行って「これはいけるぞ」と思ったら、大体ライヴ終わりに楽屋に寄って誘っていたんです。けど、バンドブームの頃になるともうすでにレコード会社の人がいたり、「もうソニーから話があるので」みたいなことがあって、軒並み先に持っていかれちゃう。まさに青田買いですよね。やりにくくてしょうがなかった。

＊7
シングル盤は1989年の『でんご』。オムニバスアルバムは『おまつり ナゴムオムニバスIII』（レコードは88年、CDは89年）で、「さよなら人類」が収録されている。『でんご』は00年にCDで再発された。

当時はほとんどのインディーレーベルがそうだったと思うんですけど、ナゴムも口約束がすべてのレーベルだったから。契約書なんか交わさないんですよ。「一緒にやらない？　レコード出さない？」っていう。その際に、具体的に「この曲でやりたい」と伝えることも少なくなかった。たとえばカーネーション[*8]だったら「夜の煙突」で、死ね死ね団だったら「アンズの心」でいきたい、みたいなことを僕が言うんです。契約的なものはないんだけど、儲かったら折半する。赤字だったらレーベルが負う。きわめてシンプルで、メジャーのレコード会社の規範からはまったく外れたものだったんですね。今思えば杜撰きわまりないんですが、そのやり方である程度平和な関係を築けていた。ま、なかにはグレリナ（グレイト・リッチーズ）みたいな例もありましたけど、お互い様だと思うんですよね。ところが、バンドブーム以降はそうしたやり方が徐々に通じなくなってきた。あの時期にナゴムが閉社したのって、もう面倒くさくてやっていられないっていうのがあったからで。ある意味、バンドブームのせいでナゴムは終息に向かったんですよ（笑）。

――イカ天及びバンドブームがなかったら続いていたかもしれない。

KERA　バンドブームの影響でモチベーションが落ちたのは間違いない。楽屋に寄るのも気が進まなくなっちゃって。どうせもうメジャーが決まってるんだろうな……とか思って。当時のバンドブー

＊8　カーネーション
1980年、東京造形大学で直枝政太郎（現・直枝政広）が中心となり「耳鼻咽喉科」を結成。のちに森高千里もカヴァーした「夜の煙突」をリリース後、バンド名を「カーネーション」に改名。音楽性がポップ寄りになったことと、耳鼻咽喉科という名前ではチケットが売れないという理由から。23年に結成40周年を迎えた。現在は直枝と大田譲（b）のふたり組。

ムの浮ついた雰囲気に、どうもなじめなかった。半分は嫉妬ですよ（笑）。僕らの先輩も結構ふてくされていて。有頂天の『カラフルメリィが降った街』っていうアルバムで、斉藤ネコさん[*9]にストリングスの演奏とアレンジをしていただいたんですけど、レコーディングのときすごく機嫌が悪くて怖くてね。でも、二十年後くらいあとに再会して恐る恐る「ご無沙汰しています」って言ったら非常に穏やかな方だったので驚いたんです。「いやあ、初めて会った時の印象が悪すぎて」って言ったら「あのときはバンドブームで、毎日がつまらなかったんだ」と。あちこちのバンドのレコーディングに呼ばれていたらしいんですけど、なんでこんな奴らがプロなの？　みたいな人たちも少なくなくて、なんだか毎日イライラしていたんだって。ああそうかって。（鈴木）慶一さんもムーンライダーズを5年間休んでいる期間があったんだけど、その間にバンドブームがあった。「バンドブームが収まるまで俺たちが今出ていく必要はないなと思った」って言っていましたね。

――僕がこの本の中核に据えているのは、「あれなら自分でもできそう」「ああいう格好がしてみたい」ってイカ天が思わせてくれた、ということなんです。それはパンクとかニューウェイヴと同じ精神だと思っていて。

KERA　それはわかる。僕が高校時代に観たニューウェイヴのバンドにはデタラメな人たちがたくさんいましたからね。

*9　斎藤ネコ
ヴァイオリニスト／作曲家／編曲家。斎藤ネコカルテットのリーダー。数多くのCM音楽、歌手の作曲、編曲、プロデュースを手掛ける。谷山浩子から聖飢魔IIまでさまざまなバンド／ミュージシャンと協働。椎名林檎の多くの作品でアレンジャーとして重要な役割を果たしている。

楽器編成もめちゃめちゃで、ベースがいなかったりギターがいなかったり。要は、自分はこれでいいんだっていう発想と機動力さえあればよかった。合格基準点みたいなものは特になかったし、自分たちが面白がれればそれでよかった。そういう意味では、イカ天もきっとそうだったんでしょう。こんな自分もやれるかもって視聴者は思っただろうし。

——イカ天やニューウェイヴの頃と違うのは、今は機材の発達もあって、ひとりで音楽を完結させられるようになったことですよね。

KERA　ひとりでやる音楽はひとりでやる音楽でいいと思うんですけれどねえ。誰がやっても似たような音になっちゃう感じはあるなあと。機材で決まっちゃうっていうか。そこは聴き手はあんまり感じないんですかね。どれも同じだって、思わないのかなあ。

——あと、バンドはコスパが悪いので、やるのが大変ってよくいわれますね。

KERA　うーん……。誤解を呼ぶ言い方かもしれないけど、僕はコスパが悪いほうが面白いんじゃないかって気がするんですけれどね。今の若い人たちの行動規範って多くがコスパで判断されているでしょ。あらかじめリサーチして、効率的か否かが、やるやらないの大きな基準になっている。そりゃあバンドは減っていくよねとは思います。

あと、再生回数が大事みたいね。この間も大槻（ケンヂ）とかと話をしていて、どうやら今の若い子たちのステータスは再生回数にあるみたいだよって。ライヴの動員なんかより、再生回数が多いことが一番の喜びなんだって。

——それはあるでしょうね。レコーディングも簡略化されてきているし。

KERA　演劇では、1本の芝居を上演するために1ヶ月ちょいとか稽古をするわけです。僕は音楽と演劇を両方やっているけど、音楽活動では、レコーディングにしろライヴのリハにしろ、昔みたいにひと月ふた月という時間をバンドのメンバーとともにするなんてことは、まずない。音楽に少し達成感を得られなくなったのは、音楽が若干効率的になっているからだと思う。効率の良さをなるべく優先させない作り方をしていたつもりなんだけれど、気づいたらそうなっていた。

80年代の作り方っていうのはレコーディング用に合宿して、みんなで顔を突き合わせてアレンジして、ギターソロをなんテイクも録って、どのテイクがいいかを話し合っていた。「俺はこっちの2テイク目がいい」と、弾いた本人じゃないやつが言う（笑）。「3テイク目がいい」「じゃあ前半が2テイク目で後半が3テイク目にしよう」「これだとつながりが悪い」とか、そんな風にギターソロひとつに2時間ぐらい話し合う。効率はめちゃくちゃ悪いですよ。今の若い人たちのレコーディングって、データでやりとりしているから、ほぼ家でしょう。

現在活動中のKERA & Broken Flowers*10に発展した、ケラ&ザ・シンセサイザーズをやっていた時も、若いメンバーはレ

*10 KERA & Broken Flowers
ケラ&ザ・シンセサイザーズの曲を引き継いだバンドで、メンバーは、ナンバーガールの田渕ひさ子、元スーパー・ジャンキー・モンキーのかわいしのぶ、元シンセサイザーズのREIKO、杉山ケイティ。KERAの公式コメントによれば、このバンドでは「活動休止して久しいケラ&ザ・シンセサイザーズのレパートリーを、新たな姿で蘇生させることから緩々と始めてみたいと考えています」とのこと。

コーディングにいるとなんかつまらなそうにしているんですよ。暇でじれったくなるんでしょうね。「僕、帰ってもいいですか？」みたいな。で、「自分のパートの録音は家でやってデータで送りますから」って。それで、残った古株のメンバーがブツブツ「今の若い奴は……」みたいなことを言っているっていう状態で（笑）。今、有頂天の新譜を録っているんですが、全員同世代なので、一致して非効率派なので比較的やりやすい。どのパートの録音だろうが、必ず全員で集まってます。それでもレコーディングはプロツールス[*11]ができて以来早くなってますけどね。でも演劇はいつまで経っても効率が良くならない。良くしようがないんですよ。だからどうしても、演劇1本終えた時のほうが、アルバム1枚つくり終えた時よりも達成感があるんですよ。

――あと、根本宗子なんかが代表的ですけれど、最近演劇にバンドが生演奏で参加するケースをよく見かけます。[*12]そういうマッチングの可能性についてはどう思われますか？

KERA　バンドねぇ。来年秋に（2025年）KAAT神奈川芸術劇場で生バンドを入れて『ドン・キホーテ』を舞台化した芝居をやりますけど、僕はさほど親和性を感じていないかなあ。思うのは、ソロ・アーティストにしろバンドにしろ、その人たちがどういう音楽をやっているかをわかっていて「一緒にやりませんか」って声をかけるなら、イメージは共有しやすいということ。その音楽がある

＊11　プロツールス
米国デジデザイン社製のデジタルオーディオワークステーション。1989年発売「サウンドデザイナー」を前身に、91年6月に最初のバージョンがリリース。ハードディスクレコーディングや波形編集をはじめ、現在のコンピュータ上の音楽制作システムの先駆けといえる存在。当初はプロのスタジオ用だったが、99年に機能限定バージョン「LE」が発表されたことで個人や小規模スタジオへの普及が進んだ。録音後のポストプロダクションと呼ばれる作業を大衆化した点で重要である。

＊12
演劇と生バンドの融和というテーマについては、5章で触れている。

ならこういう芝居だなって、物語も組み立てやすいでしょうし。ただ、けっこう危険な気もするんだよな。歌詞があったり、曲のインパクトが強かったりすると、全部音楽に持っていかれちゃうことがあるんですよ。それを臆面もなくやってる舞台を観て、音楽って怖いなと思ったケースはあったから。

——歌詞があったりすると、イメージを限定してしまう？

KERA　そう。連ドラや大作の日本映画にありがちですけど、よく、クライマックスやラストシーンで歌入りの曲が流れたりするでしょう。今は流石に減ったのかな？　それってほぼ音楽の力じゃないかっていうふうに思っちゃう。やっぱり、音楽と演劇に限らず、別のジャンル同士が何か一緒にやる時っていうのは、それらが拮抗するか、それぞれを単体で受け止めた時とは異なるイメージを喚起できなければつまらないと思うんですよ。バンドの音楽が、ゲストとして演劇に華を添える、とかじゃなくて、少なくとも、相互作用によって、どちらかだけでは得られない何かを、そうでないなら演劇を飲み込むくらいのものを持ち込んで欲しい。バンドブームとは関係ない話になっちゃいましたが、演劇でも音楽でも、人間力というかアーティスト力というか、そういうものがないとダメだなと。最近は何を聴いても何を観てもそう思いますね。

4章

バンドコンテストの変遷

バンドコンテストの系譜

イカ天放映時やそれ以前にも、バンドが出世コースを歩むためのコンテストは存在した。

まず、1967年から1971年までに5回おこなわれた、ヤマハ・ライト・ミュージック・コンテスト。1981年からは名称をLIGHT MUSIC CONTESTに変更し1986年まで6回開催された。どちらものちにプロデビューする偉才を多数輩出しており、ヤマハ・ライト・ミュージック・コンテストでは、ジャックス、五つの赤い風船、吉田拓郎（ダウンタウンズとして出場）、赤い鳥、オフコース、チューリップなど。LIGHT MUSIC CONTESTでは爆風銃[*1]、スーパースランプ、チェッカーズ、SHOW-YA、X-RAYなどである。

1969年には赤い鳥とオフコースが優勝をかけた決勝戦で争ったこともある。結果は赤い鳥の勝利だったが、オフコースの小田和正は最優秀歌唱賞を受賞。グランプリを獲得したら解散することになっていたものの、赤い鳥が優勝したことでプロの道を歩みだすことになった。このふた組のようなライヴァル対決は、のちにも見られた。おもしろい例があるのでひとつ挙げよう。

＊1　爆風銃
ドラムのファンキー末吉、キーボードのホッピー神山を中心として結成。当初は、初代ヴォーカリストのサンプラザ中野（現・サンプラザ中野くん）とギタリストパッパラー河合が在籍。スーパースランプのメンバーと合体して爆風スランプとなった。

70年代後半のバンドブームの一翼を担ったBOØWYの布袋寅泰と氷室京介（当時は氷室狂介）は、バンド結成前夜まで、それぞれが別のバンドを率いていた。両雄はアマチュアバンドとして、コンテストでしのぎを削っていたという。

楽器卸業の神田商会が主催していたA・ROCKで、布袋のバンドは最終選考まで通過していた。同コンテストの特徴は、主にテクニックやスキルが重視されるが、即プロデビューへの道が拓かれるわけではない。一方、プロへの近道として知られていたのが、YAMAHAが主催するポプコンことポピュラーソングコンテストと、サザンオールスターズらを輩出したEAST WESTである。最初からはっきりとプロ指向があったミュージシャンは、EAST WESTやポプコンへ流れる傾向があったようだ。

つまり、どのコンテストへの出場を選択するかにより、その後の運命が決まるようなところがあったのだろう。中島みゆき、CHAGE and ASKAらがグランプリを獲得したポプコンは、当時のニューミュージック系を後押しした。グランプリを獲得してデビューすれば、必ずシングルチャートのベストテンにランクインする。だが、岡村孝子がいたあみんのヒット（82年）をピークに、その歩みは徐々に下降線を辿っていくことになる。

その後の布袋と氷室はどうなったのか。両者はEAST WESTに応募し、1979年、布袋組＝ブルー・フィルムと氷室組＝デスペナルティ*2は地方予選の決勝戦で対戦することになった。結果は氷室組のデスペナルティの勝利に終わり、全国大会でも賞を獲得する。のちにお互いを高め合える素晴らしいライヴァルが存在する環境が、どれだけ大事なのかを思い知らされたと、両者は語っている。

他にも、1998年に音楽ディレクター／プロデューサーの加茂啓太郎が立ち上げた、Great Huntingが挙げられる。加茂は新人発掘に定評のある名物ディレクター。元々東芝EMIの社員で、ナンバーガールやウルフルズ、SUPER BUTTER DOGなどを発見・育成した実績がある。このプロジェクトでは、自らライヴイベントを立ちあげ、相対性理論、ART-SCHOOL、Base Ball Bear、フジファブリック、氣志團、The SALOVERS、赤い公園、ハナエ、KUMAMI、Mrs. GREEN APPLE、My Hair is Bad、the peggiesなどをフックアップした。

2011年頃からはB・iSやでんぱ組．incの活躍に敏感に反応し、アイドルシーンを注視するようになり、2014年に元B・iSの寺嶋由芙のサウンドプロデュースを担当。15年には女性アイドルグループ・フィロソフィーのダンスをプロデ

＊2　デスペナルティ
BOØWYのベーシスト、松井常松も在籍していた。

ュースし、デビューさせている。無類のアイドルファンとしても知られる加茂は、自らアイドル運営にものり出したのだ。

そして、忘れてはならないのが、10代限定のバンド／ミュージシャンのコンテスト「閃光ライオット」である。同コンテストは、TOKYO FMのラジオ番組「SCHOOL OF LOCK!」とソニーミュージックの共催で2008年に始まり、2009年から2014年まではau（KDDI）も主催に名を連ねていた。コロナ禍により休止していた時期もあったが、2023年に9年ぶりに復活。*3 再始動のニュースが流れた際は、閃光ライオットに特別な思い入れを持つ世代から多大な反響が寄せられ、Twitter（現X）では一時トレンド入りを果たしたほどだ。SNSでは「誰か一緒に出ませんか?」とメンバー募集をするような投稿が多数見られ、バンドで世に出たいと願う人口の潜在的な多さを思い知らされた。同番組の大橋竜太プロデューサーは「閃光ライオットが人生で初めておこなったライヴだというリスナーも多く、原体験を与えられる良い機会だった」と語った。

同コンテストは過去に、初代グランプリのGalileo Galileiを始め、緑黄色社会、ねごと、GLIM SPANKY、片平里菜、関取花、挫・人間、The SALOVERS、

*3 2015年から19年は、そのコンセプトを引き継いだ「未確認フェスティバル」が開催されており、こちらもバンドコンテストとして大きな話題を呼んだ。

BURNOUT SYNDROMES、SHE'S、ズットズレテルズ（一部メンバーが変わり、のちのOKAMOTO'Sに）、ブライアン新世界、ぼくのりりっくのぼうよみ（現・たなか）などを輩出。Official髭男dismの藤原聡、米津玄師、粗品など、過去に応募したことを公言しているアーティストも多い。審査員にはいしわたり淳治らも参加し、２０２３年にはゲストとして『ぼっち・ざ・ろっく！』の劇中バンドである結束バンドも出場した。

閃光ライオットは、Great Huntingのような、新人発掘を目的としたオーディションではない。あくまで「10代アーティストが若い衝動をぶつけ、青春の思い出を作る場」と謳われている。審査の基準について、プロデューサーの大橋は、「優勝するのは、お客さんの心を一番動かしたバンド」だといっている。当たり前といえば当たり前。だが、意外と忘れがちなことではないだろうか。技術がすべてではないのはいうまでもないだろう。大橋はリアルサウンドのインタビューでこう証言している。

ファイナルで優勝するのは、〝その日ステージで一番輝いていた人〟ですね。すごく良い曲を書いていたとしても、ステージ上のパフォーマンスがあまり良くなかったら優勝は難しい。逆に、多少荒削りだったとしても、とんでもないエネルギーを放出していたら優勝する可能性はあると思います。

また昨今Ａｄｏ、ｙａｍａなど顔出しをしない人気ミュージシャンが増えているが、今回の閃光ライオットでも、ステージ上でのパフォーマンスさえできれば、顔出しの有無は問わないという。「若い世代にも顔出しをしたくないという意志を持つ人は増えている。そういうかたちで新しい世代のアーティストをちゃんと受け入れたい」とソニー・ミュージックエンタテインメントSDグループ開発部の佐藤大プロデューサーは語っている。[*4]

なお大橋は、２０１５年から２０１９年までレコチョクと組んで閃光ライオットの意思を継ぐ、未確認フェスティバルを開催していた。彼は当時をこう振り返る。

大橋：未確認フェスティバルとして開催した２０１８年頃からは、打ち込みで曲を作ってくる子が増えました。初開催の年に出場した諭吉佳作／ｍｅｎは、ステージ上のパフォーマンスはまだ拙い部分があったけど、当時の特別審査員の蔦谷好位置さんが曲を大絶賛していて。「荒削りだけど才能がやばい」とい

＊4　出典：「日経クロストレンド」「9年ぶり復活の「閃光ライオット」、顔出し無しでの参加もOKに」 https://xtrend.nikkei.com/atcl/contents/18/00607/00013/

うことで審査員特別賞を差し上げました。[*5]

コンテストはバンドのポテンシャルを見出すのも醍醐味のひとつだ。最初の審査からファイナルまでに、どんどん成長していく姿を見られるのが面白い。最初は拙くても次の審査までにどれだけのびしろが残されているのか、それを確かめるのも一興だ。

閃光ライオット以外にも、若手バンド／ミュージシャンをフックアップするイベントはいくつかある。ここでは、YOKOHAMA HIGH SCHOOL HOT WAVE FESTIVAL（通称ホットウェーブ）とTHE STREET FIGHTERS（通称ストファイ）を挙げておこう。

「ホットウェーブ」は、1981年から1998年にかけて横浜でおこなわれていたバンドコンテスト。出場資格があるのは高校生で、大会運営のスタッフも高校生で構成されていたため、「音楽の甲子園」と呼ばれた。本大会を跳躍台にしてメジャーデビューのきっかけを掴んだバンドも多く、いんぐりもんぐりや堂島孝平、POWER（SIAM SHADEの前身バンド）などを輩出している。

＊5
出典：「Real Sound」「緑黄色社会ら輩出した『閃光ライオット』、9年ぶり復活の背景　関係者4名が語る2023年に開催する意義」https://realsound.jp/2023/03/post-1290968.html

「ストファイ」は、2002年1月7日から2011年12月19日までテレビ朝日系列で放送されていた、ストリートミュージシャンを紹介する音楽番組が母体だ。前身となるテレビ番組『Break Out』を継承し、全国を7ブロックに分けてテーマに沿ったミュージシャンを紹介した。路上でのスカウトによって参加者が集められ、毎年2〜3回程度@イベント（アットマークイベント）と銘打って野外イベントを開催していた。

管見だが、海外がそうであるように、日本人もコンテストやオーディションのようなイベントが好きなのではないだろうか。バンドに限定しないなら、お笑いのM－1グランプリ、R－1グランプリ、キングオブコント、THE MANZAIなどがまず挙がる。特にM－1は苦節○○年で最後のチャンスに賭けるベテランコンビ、とか、敗者復活戦から勝ち上がったコンビが勢いに任せて優勝！　といった「物語」が好まれる。ドラマティックな演出は視聴者の感情移入を誘発する効果があるのだろう。

音楽では、ラップのフリースタイルバトル[*6]が一時期、異様なまでの盛り上がりを見せ、ヒップホップ人気を加速させた。その嚆矢といえるのが、テレビ朝日の『フ

＊6　フリースタイルバトル
ラッパー同士による即興でのラップバトル。ビートに合わせて、ラッパーふたりが韻を踏みながらラップし、互いをディスりあう。MCバトルともいう。高校生RAP選手権、フリースタイルダンジョンなどが有名。呂布カルマ、R－指定、鎮座DOPENESSらがバトル出身の出世株。お笑い芸人によるMCバトルのイベントも開催されている。

リースタイルダンジョン』だ。フリースタイル（即興）のラップバトルで、チャレンジャーが「モンスター」と呼ばれる実力派ラッパーと戦い、勝ち抜いて賞金獲得を目指す。番組名に「ダンジョン」という語句を入れたり、プロのラッパーのことを「モンスター」と称したりするなど、MCバトルにRPG[*7]ゲーム的な世界観を取り入ることで「物語性」を強くした印象だ。

やや時代を遡ると、『天才・たけしの元気が出るテレビ!!』[*8]における、高校生ダンス甲子園、お笑い甲子園などが人気を博した。

オーディション番組ではずせないのは、『ASAYAN』だろう。ヴォーカリストのオーディションからつんく♂[*9]がプロデュースしたモーニング娘。が生まれたことは有名だが、彼女らはオーディション落選組で結成されたグループであった（優勝したのは平家みちよ）。

そもそも彼女らが所属したハロー!プロジェクトには敗者復活の伝統がある。アップアップガールズ（仮）も、オーディションで勝ち上がれなかったアイドルたちが、悔しさをバネにのし上がっていくという「物語」のもとに活躍していった。そして、ファンたちもその「物語」を共有することで彼女たちに感情移入し、応援も熱を帯びてゆく。イカ天が人気を博した理由のひとつも、ファンとバンドが共通の

＊7　RPG
ロール・プレイング・ゲームの略。本来は架空のキャラクターを操作し架空の世界で遊ぶゲームの総称だが、コンピュータゲームの普及以降、敵を倒してレベルアップしていく冒険物語の比喩として使われることがある。

＊8　『天才・たけしの元気が出るテレビ!!』
１９８５年放映開始、日本テレビ系列、日曜夜のバラエティ番組。ビートたけしの冠番組で、台本通りにいかない過激な内容と演出で、早々に視聴率23%を叩き出し大人気番組となった。総合演出はテリー伊藤。忌野清志郎やXも出演したことがある。90年に始まった企画「高校生制服対抗ダンス甲子園」は大ヒット、テレビ朝日系列「ダダLMD」とフジテレビ系列「ダンスダン

「物語」を共有していたからではないだろうか。

バンドの物語性

イカ天の魅力にも、コンペティションならではの「物語」の面白みがある。音楽性が対照的な者同士の対決はもちろん、審査員とバンドメンバーが口論になったり、視聴者を飽きさせないフックが（偶発的とはいえ）多く存在した。因縁の対決、というのがその最たるものだろう。具体的には、たまとマルコシアス・バンプの頂上決戦である。

4週勝ち抜いていたたまは、グランドイカ天キング間違いなしだと思われていた。だが、5週目に登場したのが、インディーズ最後の大物といわれていたマルコシアス・バンプ。審査員は手放しでマルコシアス・バンプを絶賛し、チャレンジャーに選ばれるも、結局投票では4対3でたまが勝利する。

だが、勝負はここで終わらない。1990年の元旦に日本武道館でおこなわれた『輝く！日本イカ天大賞』で、番組史上最も優れたバンドに与えられるイカ天大賞をめぐって、再び両雄相まみえることになった。結果はたまが大賞を受賞。司会の

スダンス」と並んで若者にダンスブームを巻き起こした。96年終了。

＊9　つんく♂
1968年生まれ。ミュージシャン、音楽プロデューサー。92年にバンド、シャ乱Qのヴォーカリストとしてメジャーデビュー。97年よりテレビ番組『ASAYAN』のオーディション企画に参画、モーニング娘。のプロデュースで一世を風靡した。14年に喉頭がんを公表、手術で声帯を摘出し声を失ったことを翌年公表。現在はプロデューサー業を中心に活動している。

三宅裕司は、またしてもマルコシがたまに敗れる、といった語調でこのドラマ＝物語を締めくくった。これは決してヤラセなどではない、それでいて実によくできた物語であった。

こうしたロックバンドにまつわる物語は洋邦問わず多数あり、それは音楽の内容とは関係ないところで消費されていった。

たとえば、ブリット・ポップ全盛期のオアシスとブラーの対立構図などがわかりやすい例だろう。ナードな学生といった佇まいのブラーと、労働者階級出身でフーリガンのようなオアシスは好対照であり、何かとメディアの餌になりがちだった。そして、オアシスがブラーを罵ったり、シングルを同日発売したりと、ライヴァル関係を自分たちでも際立たせてゆく。

オアシス*10に至ってはヴォーカルのリアム・ギャラガーとギターのノエル・ギャラガーが度重なる兄弟げんかを繰り返し、それすらも毎回ネタとして消費されてゆく始末。

だが、こうした報道込みで音楽を受容するのはもはや当たり前になってきている。イカ天にもそうした物語が息づいていた、ということだ。あるいは、勝ち抜き合戦というイカ天の構造それ自体が、自動的に物語を生成するように、無意識にでも設

＊10　オアシス
本文にあるように話題先行型の感じもあるオアシスだが、キャッチーでフックのあるメロディと、ベタなほどわかりやすい曲展開が多くのリスナーに支持されたのは納得できる。デビュー当時はビートルズと比較されることもあった。メロディに対する鋭敏な感覚はビートルズ級とまではいわないまでもかなりいい線をいっていたのではないか。

＊11　円堂都司昭（えんどう・としあき）
1963年生まれ、評論家。『ロッキング・オン』周辺で音楽・書評ライターとして活動していた遠藤利明のペンネームで、99年に第6回創元推理評論賞を受賞した頃から名乗るようになる。09年『「謎」の解像度』で第62回日本推理作家協会賞、第9回本格ミステリ大賞受賞。

計されていた、というべきかもしれない。

こうした構造について、音楽・文芸評論家の円堂都司昭[*11]は『ソーシャル化する音楽「聴取」から「遊び」へ』（青土社）で、ポップミュージックの受容は、音楽自体にとどまらず、歌手や演奏者のルックスで消費されるのが常であり、そちらの要素が音楽を凌駕しているケースも稀ではない、と述べている。そして、その意味では、「聴取」というより「視聴」されることが、ポップミュージックの実態だと指摘する。

ミュージシャンの存在にまとわりつく種々の物語が避けがたく、拭い難いことを前提としたうえで、円堂は「オアシスのリアム・ギャラガーとＡＫＢ48の大島優子は、物語消費[*12]のされ方においては音楽性ほどの違いはない」と断ずる。慧眼である。

音楽、文芸、サブカルチャーに関する著作を多数出版。

＊12　物語消費
コンテンツそのものよりも、作品に絡む物語を消費する受容の仕方。1989年に出版された、評論家・大塚英志は著書『物語消費論』（新曜社）で、ビックリマンシールやシルバニアファミリーなどの商品を例に、商品そのものよりも、その背後にある「大きな物語」（世界観や設定に相当するもの）が消費されているのだと指摘した。なお、仮面ライダースナックは『仮面ライダー』という原作の二次創作的な意味合いがあったが、ビックリマンシールに至っては原作すらないことが重要だと大塚は述べる。また、大塚はこれらの理論を更新した『物語消費論改』（アスキー新書）を2012年に上梓している。

いまどきのバンドの話――アニメ『けいおん！』以降のティーンバンドの興隆

高校軽音楽部ウォッチャー・**成松哲**インタビュー

きっかけは1冊のミニコミ誌『いまどきの10代に聞いたリアルな「けいおん！」の話。』だった。主に首都圏の高校の文化祭で軽音部のライヴを観て、定点観測的にフィールドワークに勤しんだ労作である。２０１１年と２０１２年に刊行されており、前者では75バンド、２２４曲を、後者では１７３バンド、５４０曲の演奏を聴いて、高校生にコピーされたバンド／ミュージシャンのランキングを掲載。高校生バンドへのインタビューも多数収録されている。まえがきにはイカ天の名前も出てくるが、フォーカスを当てたのは、アニメ『けいおん！』以降のティーンバンドの興隆について。著者は音楽ナタリーでアイドルや声優のインタビューなどを多数こなしてきた、ライターの成松哲だ。いまどきの高校生のバンド事情やいかに!?　というわけで、成松にインタビューさせていただいた。

成松哲（なりまつ・てつ）
フリーライター。「音楽ナタリー」編集部など、いくつかの出版社や編集プロダクションを経て現職。『週刊ＳＰＡ！』『TV Bros.』『Billboard JAPAN』などに寄稿する。著書に『バンド臨終図巻』（河出書房新社、のち文春文庫）など。また２０１０年頃から文化祭でのコピーバンドのセットリスト調査など、高校軽音楽部ウォッチをおこなっている。

――まず、高校の軽音部で頻繁にコピーされているバンド／ミュージシャンを教えてください。

成松　2023年は全部で15校の軽音部を周ってみたんですけれど、一番多くコピーされているのがMrs. GREEN APPLE（以下、ミセス）、2位がマカロニえんぴつ、3位が同率でVaundyとKing GnuとRADWIMPS。4位が東京事変も含めて椎名林檎。5位がヨルシカ。6位がAdoとHump Back。7位がクリープハイプとOfficial髭男dism（以下、髭男）とKANA-BOONとSHISHAMO。8位が米津玄師とONE OK ROCKとback number。

この調査を始めたのは2010年なんですけど、たとえば2017年の1位はKANA-BOON、2位がONE OK ROCK、3位がRADWIMPS。ASIAN KUNG-FU GENERATION[*1]（以下、アジカン）とかSCANDAL、MONGOL800、DOESなんかも多い。

重要なのは、高校生たちとそこまで歳が離れていないミュージシャンが上位に入りがちだということ。具体的には30代前半くらいまでですね。アジカンが去年上位に入らなかったのも年齢が大きな理由のひとつでしょう。当時からのファンにとっては憧れのお兄さんお姉さんだったバンドが、現代の若い子にとっては年齢が高すぎるんだと思います。

2024年現在、Vaundyは2000年生まれの24歳。KANA-BOONやKing Gnuが30代前半。RADWIMPSはメンバ

＊1　ASIAN KUNG-FU GENERATION
普通に考えると、読み方は「エイジアン・カンフー・ジェネレーション」ではないだろうか。だが、そこはある隠された意図があるように思える。つまり、日本人である自分たちが舶来文化であるロックをやることの矛盾や葛藤が、バンド名に刻み付けられているのではないかと。

ー全員1985年生まれの39歳です。多分その辺りが憧れのお兄さんのリミット。椎名林檎は別格でしょうね。

――コピーされやすい曲の条件は複合的だと思うんですけれど、『いまどきの…』のなかでは、アニメのタイアップになることが大きいと書いてありますね。

成松　Adoでコピーされるのは「私は最強」か「逆光」で、両方とも『ONE PIECE FILM RED』で使われています。しかも「私は最強」をつくったのがミセスの大森元貴で、「逆光」をつくったのがVaundy。で、King Gnuは「一途」がよくコピーされていますけど、これは『劇場版 呪術廻戦 0』の主題歌。ミセスだと、Adoに提供した「私は最強」のセルフカヴァー、『炎炎ノ消防隊』というアニメで使われた「インフェルノ」。『遊☆戯☆王ARC-V』のエンディング曲「Speaking」もよくコピーされています。髭男の「ミックスナッツ」は『SPY×FAMILY』の曲。Vaundyも「CHAINSAW BLOOD」が『チェンソーマン』で、「裸の勇者」が『王様ランキング』のオープニング曲。KANA-BOONは「ないものねだり」と「シルエット」っていう2曲しかコピーされていないんですけれども、「シルエット」は『NARUTO -ナルト- 疾風伝』のオープニング曲ですね。

――高校生も、アニメの曲ならみんな知っているし、盛り上がるだろうって計算している？

成松　そこは子どもなりにちゃんと考えていて、ウケる並びにしているんだと思います。あとは、メジャーのアーティストが普通にアニメのテーマソングをやるようになったから、アニメを観る高校生がそれをコピーする。ROCK IN JAPAN FESTIVALで出てくるバンドがみんな、アニメのタイアップになったヒット曲ばかりやるから、「ロックフェス」じゃなくて「アニサマ」[*2]じゃねーかって揶揄とかツッコミを受けている（笑）。

――アニメの影響力、思いの外デカいんですね。

成松　今、地下アイドルにインタビューしても、みんな判で押したように「アニメ観ていまーす」って言うし、彼女たちに限らず若い子はまあアニメを観ている。そりゃあレコード会社もアニメのタイアップを狙うよねって。

『けいおん！』以降の軽音部

――『けいおん！』の影響でバンドを始めた子も多いでしょうね。劇中バンド（＝放課後ティータイム）がそうだったように、みんなで部室でお茶しながらワイワイして楽しみたい、というのもあるんでしょうか？

成松　そうだと思います。『けいおん！』の漫画もアニメも優れているなあと思うのは、あのゆるい感じを切り取ったところなんですよね。楽器をプレイすることを言い訳に、みんなが集まる場所があって、そこでひたすら雑談をしている。逆に、ブラスバンド部が舞台の『響け！ユーフォニアム』みたいな、ガチの競技を描いた作品もあります。

＊2　アニサマ
アニサマことアニメロサマーライブは2005年に始まったアニメソングの一大イベントで、さいたまスーパーアリーナで開催されている。出演者はいわゆるアニソン歌手や声優がメイン。ライヴではアニメソングだけでなく、特撮やゲームの曲、オリジナル曲も披露される。

——ミニコミにもありましたけど、『けいおん！』の頃の高校の文化祭のバンドを観て、「アニメを観ているみたいだ」って思うくだり、面白いですよね。普通、逆でしょう。それだけ、アニメが、今の軽音部の流行とか傾向をちゃんとリサーチして作品に反映させているんだなって。

成松　おっしゃるとおりですね。

——『けいおん！』以降、あるいはチャットモンチー以降、ガールズバンドが増えた印象を抱いていたんですけれど。

成松　そうだと思います。単純に部員の数でいうと、軽音部っておおむね女高男低なんですよ。工業高校とかだと、生徒の比率自体は男子9の女子1だけど、その工業高校の軽音部ですら女の子のほうが多いんです。あと女の子のほうが小さい頃からピアノを習っていることが多くて、多少音楽を実演することに親しみがあるのかもしれません。そういう高校だと、椎名林檎とかAdoとか、バンド形態ではない女性アーティストがコピーされがちですね。

——アニメでいうと『けいおん！』ほど『ぼっち・ざ・ろっく！』（以下、『ぼざろ』）がインパクトを与えなかったのはなぜでしょうか？

成松　アニメに慣れすぎちゃったっていうのがあると思うんですよね。別にアニメ作品として『ぼざろ』が『けいおん！』より劣っているとも、音楽的に劣っているとも、僕は思わない。ただ単純に、アニメの曲「なのに」いいっていう反語がくっつかなくなっちゃったんでしょう。

——ああ、なるほど。アイドルとか声優もそうですよね。「アイドルなのに曲がちゃんとしている」って。今、当たり前じゃないですか。アイドルの曲がいいのなんて。むしろ、ロックバンドよりずっといい曲がある。

成松　アイドルソングだったら、BABYMETALとかでんぱ組inc.、Tomato n' Pine*3あたり以降、それが顕著ですよね。

——あと、高校生にコピーされている曲に、洋楽がほとんどないですよね。今の日本の音楽シーンの内向き指向、ガラパゴス化を象徴しているようにも見えますが……。

成松　以前SNSに80年代前半から真ん中ぐらいにBOØWYとザ・ブルーハーツが出てきちゃった段階で、もう邦楽でいいじゃんってなったんじゃないか、という投稿があって。要するにヤンキーっぽいものを欲しているんだったらBOØWYを聴けばいいし、パンクっぽいものを探しているんだったらザ・ブルーハーツを聴けばいい。もうちょっとお行儀が良くてピコピコしたものを聴きたかったらTM NETWORKがあるし。これが90年代になったらサニーデイ・サービスだスーパーカーだくるりだナンバーガールだみたいな良質なバンドが山ほど出てきて、00年代頭になったらアジカンやチャットモンチーが出てくる。1998年のCDバブルのピーク以降、音楽産業は下降しているかもしれないけれど、日本のバンドに限って言うと、コンテン

＊3　Tomato n' Pine
コラムニスト／ラジオパーソナリティのジェーン・スーが衣装などのプロデュースや作詞を手掛けたアイドルグループ。通称トマパイ。楽曲の良さは数あるアイドルの中でも頭ひとつ抜けていた。ジェーン・スーは2012年12月30日にXにこんなポストをしている。「ミュージックマガジン2012年ベストアルバム歌謡曲／J-POP部門1位!第1回アイドル楽曲大賞2012楽曲部門 1位2位!アルバム部門1位!…なのにもういないのはトマパイだけ! まだの人は騙されたと思ってPS4U!ググってね(ﾟ∀ﾟ)♪ #tomapai」

ツのクオリティは半端なく上がっていると思うんですよね。

——マニアックに洋楽を掘り下げるような高校生バンドはまったくいない？

成松　たまに出てくるには出てくるらしいです。数年前だったかな、LAUSBUBっていう札幌の軽音部の女の子バンドが、ジャーマンロック丸出しみたいな曲を打ち込みでやっていたらしくて。その後サカナクションの山口一郎と対談していました。まだ東京に出てきたばかりで今20歳ぐらいじゃないかな。そういうのはたまに起きます。

——でもジャーマンロックとかって、今アイドルのほうが取り入れてますよね。ゆるめるモ！[*4]がノイ！[*5]みたいな曲をやったり。昔、運営のおじさんが好きだった音楽をアイドルに歌わせるというね。

成松　そうそう、あれは運営の趣味ですからね。僕ら世代のオッサンの趣味（笑）。

——あと、高校生でバンドをやっている子はプレイヤーではあってもリスナーではない、という印象があります。

成松　それは本当に大きいです。リスナー気質があれば洋楽にたどり着くはずですもん。だって、ミセスやマカロニえんぴつのメンバーやVaundyは、普通に海外の音楽もチェックしていて、それをラジオなり雑誌なり何なりで発信しているはずですから。あと、Spotifyで俺のプレイリストみたいにあげていたりもするだろうし。高校生はそこに興味はあんまりないっぽいですね。聴くことに関してはミセスがあれば満足っていう。

＊4　ゆるめるモ！
「(窮屈な世の中を)ゆるめる」というメッセージと「You'll melt more!(あなたをもっとトロけさせたい)」という2つの意味をこめて命名されたアイドルグループ。10分を超える大曲「SWEET ESCAPE」が、ドイツのバンド、ノイ！へのオマージュなのは明々白々だ。グループを脱退後、ソロ活動に移行したあのちゃんは今やテレビで観ない日はないほどのブレイクを果たす。

＊5　ノイ！
CANやファウスト、クラスターらと並んでジャーマンロックを代表するバンド。その特徴である延々と反復されるハンマービートは、セックス・ピストルズに影響を与えたともされる。音響派、ポストロックといわれる音楽のルーツとしても再評価された。

——じゅあ、音楽情報を仕入れているのは、やはりもっぱらアニメから？

成松　そうなんじゃないかな。あと2011年当時はELLEGARDENもすごく人気だったんですけど、そのとき、彼らって解散していたんですよね。だから、「どうして？」ってその当時の子たちに話を聞くと、先輩たちがコピーしているのを観てかっこいいなと思ったからとか、YouTubeで観たり部室にバンドスコアが転がっていたりしたからって。そういう話を聞くと、高校生が今どこでどうやって情報を仕入れているのか、不思議は不思議なんですよね。たぶん、テレビで観た曲を1年かけて、文化祭までに練習しているのかなって。

イカ天時代と今との違い

——今高校生たちがバンドを組む原動力ってなんですかね？

成松　まあ、目立とう精神ですよね。文化祭なりなんらかのイベントの時は体育館でステージに立てるわけですから。

——バンドの絶対数の推移っていうのは？　この十年少しでどういうふうになっていますか？

成松　高値で横ばいしているイメージです。

——なるほど。『けいおん！』で一時期上がってそれで高止まり？

成松　そうですね。実は、軽音部をちゃんとした学習活動として評価する仕組みも出来上がっていて。学校同士で軽音部のつながりができたり、連盟ができて、大会を開いているなんてケースもあります。閃光ライオットなんかもそうですけれど、企業や文化庁が絡んだコンテストがあるんですよね。そこで賞を取りましたっていうと、たとえば野球部が甲子園に出た時のような垂れ幕が下げられ、そこにバンド名が入っていたりする。あと、今の高校生のお父さんって50歳くらいの世代じゃないですか。そうすると、ロックに理解がないわけがないですよね。だから、高校生にとってバンドをやるうえでの参入障壁はきわめて低い。

――イカ天の頃のバンドブームと今の高校生バンドで、やる側の意識、受け取る側の意識ってどういうところが違うと思いますか?

成松　イカ天よりはるかにレジャー感覚であり、カジュアルな感覚なんだと思います。だからか、そのあと大学に上がりました、就職しました、というなかでバンドを続けている人はあまり聞かない。これで身を立ててやるんだっていう子はいない。これは、量の増加は質の低下っていう法則なのかもしれないですけど、軽音に限らず、高校部活動にはこの3年間が楽しければいいっていう感覚の子が多い。だって、高校3年間野球をやっていたからって、社会人になっても草野球を続ける人の数って少ないですよね。軽音部員もイカ天に出ていたバンドほど覚悟は決まっていないし、覚悟を決める必要もないと思います。

で、部活動の中でも多分すごく緩い方

だと思うんですよ、軽音部って。運動部は練習がきつかったり、上下関係が厳しいですし。文化部の中でも、ブラスバンドはもっとちゃんと競技化しているじゃないですか。茶道部とか華道部になると外部の指導者の人、要するにお茶やお花のお師匠さんが来て指導されるから、これまたちゃんとしなきゃいけない。その点、軽音部は、楽しく、文化祭で友達や家族の前でミセスを歌って「上手だったね」って言われて、おしまい。

バンドはハードルが高い

——まとめると、バンドが流行っているわけじゃない、というのが高校生に関しては言えそうですね。

成松　正直、バンドは流行っていない。やっぱりK－POPとかアイドルポップがメインですよ。部活だったらダンス、特にヒップホップダンス。あと、フリースタイルラップとかお笑いですよね。

——お笑いは母数が多いでしょうね。

成松　高校の文化祭で、大喜利大会とか漫才コンクールをやっていたりしますからね。理由ははっきりとはしてないけど、不景気も関係あるのかもしれない。フリースタイルラップもビートは借りてくればいいわけで、[*6] あとは自分の口だけで済む。楽器なんて買う必要がない。漫才だって大喜利だってそうですよね。楽器の値段は安くなっているとはいえ、数万円はかかるじゃないですか。シンセサイザーを買うとなると一応10万円からは用意しなきゃならない。となると、口と自

＊6
特定のミュージシャンの楽曲の一部やビートを抜き出して活用する「サンプリング」や、それらの素材を解体／再構築し、新しいサウンドを生み出す「リミックス」の他に、昨今は「ビートジャック」という方法論も盛んである。ビートジャックは、音楽をつくるにあたって他者のビートを無断で使用する行為。当然、著作権法に違反する可能性があるため、グレーゾーンでのやり口である。

分の脳みそだけで済むやつのほうが流行っているのかなあっていう。

ダンスをやるやつ、ヒップホップをやるやつ、お笑いをやるやつがいる。ただ、それがバンドに食われているかと言われると食われてはいない。プレイヤーが増えれば当然優秀なやつが出てくる可能性は、確率的には上がるはずですよね。今、お笑いがすごいのってそういうことでしょう。吉本の専門学校[*7]に毎シーズン東西合わせて千数百人入りますって言った時に、そりゃその中に面白いやつはひとりかふたりはいるよっていう。そういう意味では、今はミセスの下手くそなコピーしかしていないけれど、大学に上がって軽音サークルに入ってからのちのミッシエル[*8]になりましたみたいなやつがいるかもしれない。そうならない確率はお笑いより低そうだけどゼロではない。

――こじらせているような男子校のバンドとかっていないんですか？

成松　あ、いました。でもやっぱりそれは偏差値の高い男子校で、要するにアヘン窟みたいになりやすい（笑）。特殊な環境だからだと思うんですけれど。ある名門私大の付属校の生徒が、昨年（2023年）ゆらゆら帝国のコピーと、あとずっとインプロヴィゼーションだけを延々と40分くらいやっていた（笑）。一般的に、男子校の文化部ってやっぱりマニアックな選曲になりがちですよね。男子校の鉄道研究会が、半端ないクオリティの模型をつくるのと同じで。モテたいという下心が一切なくなっちゃうと、オ

＊7　**吉本の専門学校**
吉本総合芸能学院。通称はNSC(New Star Creation)。1982年に創設された、お笑い芸人やタレントの育成を目的とする専門学校。現在は東京、大阪、名古屋、広島、福岡、仙台、岡山、沖縄、札幌にある（「大阪女性コース」なんていうのも）。第1期にダウンタウンのふたりやトミーズがいたのは有名な話だが、その後も、今田耕司、ナインティナイン、ブラックマヨネーズ、山里亮太、中川家、令和ロマンなど、数えきれないほどのライジングスターを輩出している。

＊8　**ミッシェル**
THEE MICHELLE GUN ELEPHANT(ミッシェル・ガン・エレファント)は、フィッシュマンズやカスタネッツのメンバーも在籍した、明治学院大学の音楽サークル、ソング・

タクってとことん好きな道を突き詰めるんだなっていう。

アイドルと文化祭バンドの違い

——成松さんが高校生のバンドを見るのって、アイドルを愛でるメンタリティとけっこう似ていますよね。ほつれやほころび、未成熟なものを愛でる、という。

成松　すごく近いです。でも、アイドルよりも絶望的なのは、その後成長する芽が差してないっていうこと（笑）。たとえば、ももいろクローバーZがヤマダデンキ[*9]を回っていた頃から応援していた人って、その将来を見据えていたと思うんですよ。彼女たちが成長して、いずれ国立競技場でやるんだっていうロードマップを、運営側もアピールしていたから、自分たちもそのために応援して育てていくんだって。だからこそ、国立に行ったら号泣できると思うんですよね、ヤマダデンキから追っていた人たちが。高校の軽音部は、たいていヤマダデンキのまま終わりますから（笑）。

——アイドルは感情移入できる成長物語をちゃんと構築していると。あと、アイドルはよく高校野球にたとえられますよね。全力でやらないと次がない、みたいな。

成松　そういう時にたとえる高校野球は、甲子園に出てからの話じゃないですか？　当たり前だけど地方の県予選の1回戦落ちの弱小校ではないわけですよね。要するに、アイドルファンは、芽は出ているけど、まだプロに比べると拙い子たちを

ライツで結成された。もっとも、チバ以外のメンバーは入れかわっており、同サークルの出身者ではない。ミッシェルは1996年にデビュー、03年に解散。

＊9　ヤマダデンキ
ももいろクローバーZ（当時はももいろクローバー）は、所属事務所のスターダストプロモーションがヤマダデンキとタッグを組んで送り出す「家電アイドルユニット」だった。デビュー当初は、各所のヤマダデンキを中心に、全国104公演に及ぶ、インストアツアーサーキットをおこなった。09年に「ももいろパンチ」でCDデビューを果たす以前のことである。

応援する。でも、高校の軽音部って、県予選の1回戦でコールド負けする子たちなんですよ（笑）。土佐（著者）さんに、今回文化祭を観に行くのに同行していいですか？ってオファーをいただきましたけど、そこで気が引けたのは、本当にコールド負けの試合を5時間観るんですよ？っていうのがあって……。

――成松さんがそれをずっと観察し続けているのがすごいですよね……。

成松 14～15年前、35歳のときに通い始めて、今50歳ですよ。もうね、何やってくれても可愛いんですよ（笑）。だから、そんな子たちの演奏に批評をお願いします、評論をお願いしますっていうのは無理！全部頑張っているし、下手なら下手でいい（笑）。親のお下がりなのか、5弦ベースを使っているけれど、5弦目は弦を張っていない子とか、普通にいますしね。「せめてチューニングは合わせてからステージには出ないかい？」っていうのもあるけど（笑）、それすら可愛いですから。

――バンド名はどんな感じですか？

成松 今年のセットリストの中だと……「弱虫コッペパン」とか。

――いまどきの漫才コンビみたい。

成松 逆に言うと、もしこいつらが売れたらもう文句言えないじゃん、っていうのはあるかも。お笑いの「霜降り明星」[*10]とかもそうだけど、売れれば勝ちとも言えるので（笑）。たとえばハードロックをやるバンドがハイウェイスターってつけるみたいな、そういうセンスは高校生

*10 **霜降り明星**
粗品とせいやによるお笑いコンビ。2019年4月に、活動の拠点を大阪から東京に移し活動中。第38回ABCお笑いグランプリ、M-1グランプリ2018王者。R-1ではふたりともファイナリストに残っている。

にはないです。かっこいいかどうかは別にして〝Junkie Machine〟っていうバンド名は、まだ自分たちが何者なのかをちゃんと表現はしているかなあ。

――『ぼざろ』の最初のほうで、人気バンドがテレビの歌番組でバンドを始めた理由を聞かれて、「当時は陰キャでコミュ症で教室の隅で本を読んでいるふりをしていた。そういう人でも輝けるのがバンドだったから僕はバンドを選んだんです」って言う話があるじゃないですか。ああいうエピソードを体現しているバンドっているんですかね？

成松　軽音バンドにはあまり見られない代わりにボカロには確実にそういう屈託のある人たちが多いでしょうね。ネットでニコニコ動画を観るしかない人が表現する場としてボカロがあるという。嘘か本当かは別として、そういうキャラの打ち出し方はされていると思います。それまでロックバンドをやっていたんだけれど、それがうまくいかなくなっちゃった人がひとりで作り始めたり。ドラムは打ち込みでできるしベースもギターも弾けるよな、あとヴォーカルだってなった時に初音ミクに歌わせればいいみたいな、そういうストーリーがあって売れたりする。だから、ボカロがその屈託を一身に担っているように思えますね。

――なるほどね。今ってＤＴＭが発達していて、機材さえあればひとりで音楽をつくれる時代じゃないですか。あるいは『ぼざろ』の主人公みたいにYouTubeに動画をあげて人気者になるっていう人もいますよね。そこからフックアップされてプロになった人も結構いると思うんです。それでもあえてバンドを組むっていう人たちは何故か違うものがあると思うんですよね、モチベーションとして。

成松　自分の音楽を世に知らしめて、それで飯を食いたいと思うんだったら、今おっしゃったとおり、ＤＴＭを駆使したりボカロＰになったりすればいいじゃんっていう話で。いずれ米津玄師やYOASOBIみたいになれるかもしれないわけだから。僕が観てきたバンドの多くはそうじゃなくて、バンド形態で集まって演奏するだけ。たとえば曲をコピーするにしても、弾いてみた動画みたいなのもやらない。本当にバンドスコアをなぞるように弾くだけ。だからやっぱり、音楽で身を立てるっていうことはあまり考えていないんでしょうね。

――でも、今若いバンドって楽器が巧いじゃないですか。それは多分YouTubeとかお手本がたくさんあるっていうことだと思うんですけれど、そういう風潮のなかでも高校生はあまり巧くない、としたらなぜなんでしょうか？

成松　さっきお話した、高校生によくコピーされている曲の並びを見ると、ロックバンドの形態ではコピーできないものをコピーしようとしている。自分たちとコピーするバンドの実力差がよくわかっていないのかもしれません。あと、楽器が巧く弾けるようになりたいという欲求が、あまり感じられない。これがなぜかは知らないけど、ミセスをやるにしてもクリープハイプをやるにしても、相当巧くないとキツいですよね。個人個人の技量はもちろん、バンドアンサンブルを考えたってできないんですよ。でもアンサンブルのかっこよさに、多分楽器を始めたばっかりの子は気づきにくいんでしょうね。

「ふわふわ時間」って『けいおん！』の劇中曲があるんですけれど、あれって実際の曲では途中でプレイヤーが楽器を持ち替えているんですよね。ラップになるところで、チューニングが変わっていて、キーも変わる。けど、そんなの無視してやりますからね、高校生は。だからそういう細かいというか……いや、実際は細かいことでもないはずなんだけれど、キーが変わるってかなりのことですから……とにかく無視しちゃう。

ヘヴィメタルの早弾きとか、YOSHIKIのドラムがすごいのはわかると思うんですよ。手の動きが早いし、手数が多いから。だけどたとえば、King Gnuのヒップホップに寄せたBPM落としめの曲、あれをグルーヴィーに叩くっていうのがどれだけかっこいいかは、下手だから気にせずやれちゃうんだと思います。

――あと、バンドスコアが出ているっていうのは大前提だったりします？

成松　でかいと思います。このご時世、コードまではネットでタダで拾えるじゃないですか。歌本みたいなサイトって普通にありますし。ちなみに、これはミニコミを出していた頃にシンコー・ミュージックの人に聞いたんですけれど、スコアの売れ行きは落ちていると。まあ、2010年当時から出版不況ではありましたから。だけど立ち読みは増えているそうです。わからないフレーズだけタブ譜を読んで帰るらしくて。

——ちなみに、今、思春期特有の鬱屈を拾ってくれるバンドって、高校生にとって誰なんでしょう？

成松　フジファブリック[*11]とスピッツ、クリープハイプ、BUMP OF CHICKENはその傾向があります。で、演奏するのは、線の細そうなメガネくんが多い。

——十年以上見られてきて、けっこうその辺は変動がない感じですか。

成松　そうかもしれないです。売れている、いっぱいコピーされているバンドの変動はあるけれど、フジファブリック、スピッツ、ザ・ブルーハーツはエヴァーグリーンでちゃんといる感じはありますね。ただ、これはある種いい傾向だと思ってもいるんですけど、ここ十数年、ポピュラーミュージックのカジュアル化がホントに進んでいる感はあります。高校軽音部においては『ぼざろ』のヒロインたちや、フジファブをコピーする子たちみたいに、ロックを通じ己の青春の屈託みたいなものを昇華させようとする子は少数派。文化祭での軽音部のステージを見る限りではあるものの、テレビアニメや映画館で聴いたことのある〝みんなが知っている音楽〟を実演すること……「○○くん、××ちゃんがあのアニメの曲を歌うこと・弾くこと」で〝盛り上がり〟という名のクラスメイト同士の連帯

＊11　フジファブリック
2000年にヴォーカルの志村正彦を中心に結成。09年に志村が急逝し、その後は、山内総一郎（Vo,g）、金澤ダイスケ（key）、加藤慎一（b）の3人で活動。「絶対に解散しないバンド」を掲げていたが、25年2月をもって活動休止を宣言した。ライヴでは、メンバーがステージ上で料理をしたり、マジックを披露したり、宙づりになって空に浮いたまま曲を歌ったりするという一面も。

感や結束感を強めようとしている子のほうが多数派です。ある種カラオケと一緒。「みんなが歌える歌を歌うことで、みんなで盛り上がる」。これ自体はとても健全なことだとは思うのですが、そこにいるみんなが盛り上がるためのツールとして音楽を活用・消費するし、そういうことがしたいから軽音部に入部する子が多い気はしています。

TAMA

5章

持続可能なバンド論

『けいおん！』

『ぼっち・ざ・ろっく！』まで

バンドのコスパの悪さ

人はなぜ、バンドを組むのだろう？　純粋にそう疑問に思うことがある。

本書でも繰り返し指摘しているように、音楽をつくって発信したいのなら、機材は安くて性能のいいものが出回っているし、作品を拡散するためのプラットフォームも用意されている。

たとえば、数々のアイドルに楽曲を提供しているtofubeatsは、高校生のときに耽溺していたPerfumeの曲のマッシュアップをネットに上げたところ、大きな反響があり、アイドルのリミックスなどを手掛けるようになった。また、ニコニコ動画に曲を上げることでフックアップされた、ヒャダイン[*1]のような例もある。ニコニコ動画は一時期、N次創作[*2]の牙城にもなっており、多数のMAD動画や踊ってみた、歌ってみたなどの動画が氾濫。初音ミクに代表されるボーカロイドは国内外を席巻し、ボカロP[*3]からメジャーシーンに躍り出た米津玄師（ハチ）のような例も山ほどある。[*4]

かように手っ取り早いレールが敷かれているにも関わらず、バンドを組む人は一定数いる。楽器を買って、一緒に音楽をやる仲間を見つけて、スタジオを確保して練習を重ねて、ライヴハウスや文化祭にエントリーして（それも時にはオーディシ

*1　ヒャダイン（前山田健一）
音楽家の前山田健一が2007年からニコニコ動画にゲームのアレンジ曲をアップしていた際の名義で、現在も歌手・タレント活動時に使われる。前山田は大御所作詞家の松井五郎の丁稚奉公を2年ほど務めたあと、アイドルへの楽曲提供などをおこなっていたプロの作曲家で、10年にブログでヒャダイン＝前山田であることを告白した。

*2　N次創作
アニメや漫画やゲームなど特定のコンテンツから派生する作品をつくることを二次創作という。いわゆるBLなどもそのひとつだが、二次創作からさらに派生した作品がつくられる、という連鎖が続く現象をN次創作と呼ぶ。動画投稿サイトのニコニコ動画などで見られる現象である。

ョンを受けて！）、ノルマ分のチケットを売りさばいて……といった煩雑な過程を経て、バンドはようやくライヴに漕ぎつける。

ここで重要なのは、まだライヴの段階だということで、レコーディングにはさらなるブラッシュアップに加え、数日、数週間、数カ月に及ぶ録音が必要不可欠である。当然、ミックスやマスタリングもおこなわなければならない。それに伴う金銭的／時間的な労を考えると、眩暈がしてはこないだろうか……。手軽に手に入る機材さえあれば、誰でも発信者になれる時代にあって、それでもバンドを組む人がいるのは、やはり中毒的ともいえる魅力がバンドにあるからなのだろう。

バンドをやることの魅力について、まず、氣志團の綾小路翔の発言を引こう。

（バンドは）この世の中で最もコスパの悪いエンタメというか。『100万円ギャラもらえます』って言われても、例えば芸人さんはコンビで折半にすればいいとか、ヒップホップグループでもDJ連れて何とかなる。僕ら、それに機材を運ぶ人が必要になったり、セッティングする人が必要になったり、メンバーも多いのにさらにいろんなものが多いし。K－POPブームはバーッって行ってすぐに何もない場所でパフォーマンスできるっていうことも大きいですよね。[*5]

＊3　ボカロP
初音ミクをはじめとするボーカロイドソフトを使って楽曲制作をおこない、主にネット上で発表している人物のこと。「P」はプロデューサーの略。彼ら／彼女らの多くはニコニコ動画やYouTubeなどの動画サイトやSNSで活動している。米津玄師、YOASOBIのAyase、Adoなどはいずれもボカロ P出身のミュージシャンである。

＊4
ネットではないが、コーネリアスは2006年のアルバム『SENSUOUS』の楽曲をまとめたミュージック・ビデオ集『SENSURROUND』に際して、sensuous flagments なるリミックス・コンテストを、『サウンド&レコーディング・マガジン』と協働し開催している。これは、『SENSUOUS』の素材を使って自由にリミックスを

してもらい、その中から13の優秀作品を選出するというものだった。

＊5
出典：「日刊サイゾー」「X年後の関係者たち　バンドブームは〝最もコスパの悪いエンタメ〟？　イカ天の裏側」https://www.excite.co.jp/news/article/Cyzo_301574/

そう、綾小路が指摘しているように、バンドはコスパが悪いエンタメである。それをわかった上でなお、バンドを組むモチベーションは何なのだろう。なぜコスパが悪いことを自覚してなお、人はこぞってバンドを組むのか。バンドを前進させる駆動力や活力源とはなんなのか。スピッツでもいい、エレファントカシマシでもいい、なぜ20年、30年以上も同じメンバーで活動を続けられるバンドが存在するのか。筆者にはそれがずっと謎だった。

『バンド論』が投げかけるもの

そんな疑問にヒントを与えてくれたのが、奥野武範（ほぼ日刊イトイ新聞）が構成・文を担当した『バンド論』（青幻社）である。ここで奥野は、サカナクションの山口一郎、bonobosの蔡忠浩、くるりの岸田繁、サニーデイ・サービスの曽我部恵一、ザ・クロマニヨンズの甲本ヒロトに向けて〝バンドってなんでしょう？〟という、根源的な問いを投げかけている。

繰り返すが、バンドをやる上での前提条件はこの20年ほどで大きく様変わりした。まず、機材の発達と普及によって、ほぼ完成形に近いデモテープを独力でつくることが可能になった。そして、デモを生楽器に差し替えるかたちで、曲が完成に至るケースも増えてきた。これをデビュー当初から実践してきたのが、たとえばクラムボンというバンドだ。[*6]特に初期は、レコーディングに3人揃ったことがなかったというから驚きである。ベースのミトが緻密な設計図をデモの段階で描出し、それを他のメンバーが忠実に再現することで曲が出来上がったのだという。

一方、サカナクションでは山口がアルバム制作の際に他のメンバーに委ねるパーセンテージが高いという。担当楽器の特性を知り抜き、自分にはない彼らの音楽的アイデアを採用するという山口は、バンドを〝植物園〟にたとえている。

（前略）いろんな植物が生きているんです。植物園には。みんながみんなそれぞれは、ちがう花を咲かせ、ちがう枝を伸ばし、ちがう実をつけるんですけどね。（中略）全体としては、ひとつの植物園をかたちづくってる。枝と枝とがぶつかったりしたら、どちらかを切らなきゃならなかったりもするし、最悪、別の植物に植え替えるという選択もあるけれど。（中略）メンバーの間で、音楽的な部分ってバラバラなんです。（中略）で、そのバラバラな花を束ねて、

＊6　クラムボン
尚美ミュージックカレッジ専門学校のジャズ科で出会った原田郁子（Vo, p）、ミト（b）、伊藤大助（ds）により1995年に結成。結成20周年を迎えた05年にはアルバム『triology』をひっさげて日本武道館でライヴをおこなった。原田やミトはソロ作もリリースしている。

サカナクションというひとつの大きな花束にしていくんです。

また、ライヴでのバンド内での一体感を感じられた時などに、「ガッツポーズが出たりすることがある。本気でハイタッチしたりとか」「そのときの心の中のありようが、うれしいし楽しいのは確かなんだけど、何だかもう、そういう言葉でもとらえきれないような」*7とも言う。

また、「スタジオでセッションしている時に、えっ、いまの何？　という違和感が、急に降りて来る」そうだ。

（前略）そういう「驚き」って、小手先の作為ではやっぱりダメですね。〝リアル〟というものに、どこかで触ってないと、訪れないんです。やっぱり、自分たちのつくったものに自分たちが驚くことが、ひとつ、大切なことだろうと思います。

バンドという不可解で不可思議なコレクティヴについて、全員違う個性を持った

＊7
出典：『バンド論』

人間にも関わらず、足並みが揃う。これはどういうことだろう。山口一郎は言う。

根元は一緒じゃないからですか。同じ土壌に根を張ってるんだけど、咲かせる花は、バラバラ。吸い上げる養分も、自分の好み。同じ人でも時期によって違う。昨日まではジャズだったけど、今日からはクラシックです、とか。完全には混じり合うことがなく、最後のところで「個」を保ったままで、ひとつの大きな絵を描いている。（中略）土が一緒だから、一蓮托生だし。メンバー全員が同じく植物……たとえばみんな「イチイ」だったら、ただの「林」ですよね。でも、ぼくらサカナクションには、イチイもいれば、スギもいる。ヒノキもいれば白樺もいるんですよ。

次に、bonobosの蔡忠浩はバンドを「戦隊モノじゃないですかね。どっちも人数、5人とかでしょ。きちんと役割が割り振られていますし」とピシャリ。メンバーカラーによってそれぞれのキャラクターが振り分けられているという意味では、ももいろクローバーZもまた戦隊ものの意匠を採用しているわけだが、それがバンドにも当てはまるというのだ。また、蔡のロックバンドが抱える自由／不自由に関する考察も面白い。

（前略）たとえばですけど、人間が楽器を演奏する場合、譜面には現れないヨレとか強弱が出ます。シンプルな編成では、そういう部分が特に重要になるんです。でも、そこで、ロックを記号的に解釈してしまった場合、音楽が機械的になって、どんどんつまらないものになる気がする。スタジオミュージシャン的なメンタルのままでロックバンドに入ると浮いちゃうんです。

プレイヤーにはそれぞれのノリ、タイムフィールがある。筆者もバンド経験があるから多少はわかるが、その際に指針になるのは、リズム感が一番良いプレイヤーである。むろん、「リズム感が良い」の「良い」の基準は様々だろう。ただたとえ、もたついたり、つっこんだり、ヨレたりしていても、そのプレイヤーが全体の基準として機能するならば、アンサンブルの指針や軸になる。

ここでいう「リズム感の良い」ミュージシャンのわかりやすい例として、ダイナソーJr.[*8]のJ・マスシス[*9]を挙げておきたい。ヴォーカル／ギター担当のJは、アルバムではドラムも叩くのだが、ジャストなタイム感とは言い難い彼のグルーヴは、

＊8　ダイナソーJr.
オルタナやグランジが台頭してきた90年代のアメリカで、J・マスシス（Vo, g）とルー・バーロウ（b）により結成。若いリスナーはもちろん、ソニック・ユースやマイ・ブラッディ・ヴァレンタインといったバンドから圧倒的な支持を得た。ルー・バーロウはフォーク・インプロージョンや、ロウファイの代表格であるセバドーも率いていた。メンバーチェンジを繰り返しながらも、現在はドラムのマーフを含む3人組として活動している。

＊9　J・マスシス
ダイナソーJr.のヴォーカル／ギターで、アルバムではドラムを叩くこともある。ノイジーなサウンドを撒き散らすギター・プレイはニール・ヤングなどにも通じる。フェンダ

明らかに作品全体を引き締め、牽引している。同じ8ビートを叩いても、Jのようなノリでプレイできる者はいない。大雑把なようでいて圧倒的にリズム感の良いギター・ソロにしても同様だ。Jの演奏は、先述のスタジオミュージシャン的なメンタルとは正反対に位置するものだろう。

なお、ダイナソーJr.はライヴも凄まじい。特に昨今は、オリジナルメンバーだったルー・バーロウがベースに復帰し、長年Jと顔を突き合わせてきたマーフがドラムを叩くことで、ますます巨大なうねりを生み出している。代替不可能、とはこういうアンサンブルのことをいうのだろう、と思わされる。バンドならではのマジックが現出しているのだ。

むろん、大所帯のバンドなら話が違ってくる。メンバーが30〜50人にも及ぶ渋さ知らズなどは、ライヴごとに参加するメンバーも人数も異なるし、それでも成り立つようにできている。いわば柔構造である。もしくは、クラシックのオーケストラで弦楽器がひとり抜けても、4人編成のロックバンドほどの影響はないだろう。ただ、バンドのベーシストなりギタリストがひとり抜けたら、アンサンブルは甚大な変化を被る。普段と違うギタリストが入ったら、ほとんど違うバンドのように聴こえてしまうこともあるに違いない。

ーのジャズマスターとBIG MUFFというエフェクターがトレードマーク。2010年にスウィート・アップルというバンドを結成し、アルバムもリリースしている

bonobosの蔡忠浩は、バンドが最高に調子がいい時、ライヴ中にスポーツ選手のように「ゾーンに入る」瞬間があるという。ゾーンとは、自分の感覚だけが研ぎ澄まされ、活動に没頭できる特殊な意識状態。その際には、そのときに取り組んでいることに没頭し、驚異的な集中力で予想以上の結果を出すことが可能になるという。

この状態をコントロールすることが可能になれば、いつでも集中力を上げることができるようになる、というのが一般的な認識だ。これと同じことがバンドの演奏でも起こることがある、と蔡は言う。

ゾーン状態では、完璧に集中してます。一分の隙もないくらいに。メンバーの演奏とも完全に噛み合って、100%自然体で歌うことができる。音程を外したりもしないし、変に力が入ってこわばることもないです。ライトで光る空気中のチリなんかにも全部ピントが合っていて、目の前が異常にクリアに見えるんです。時間の流れもゆっくりに感じられる。

自分の身体の動きや声が、すべて手に取るようにわかったりする。とにかく「完璧」なんです。バンドそのものもそうなんですけど、お客さんを含めて会場全体と、こう、ひとつの塊になったような……。(中略)今日は絶対に失敗をしないようにとか、少しでもよく見せようとか、そういう、つまんない欲求がフッと消えた瞬間に、ひゅーんとゾーンへ入っていきました。[*10]

くるりの岸田繁は、「バンドでセッションをしていると、自分たちが勝手に引いた限界をジャンプして、超えてゆくような瞬間が起こる」と言う。一方で、「でも今は、パソコン1台あれば、音楽をつくることはできると思うんですよね。だから、そういう人は増えると思うし、これからは、その中から、面白い音楽が生まれてくると思う」とも。まさに先述したような、個人で音楽をつくれる環境が整備されている現状を踏まえた発言だ。

曽我部恵一は、「メンバー間にスキルや考え方の違いがあるのは当然」と言う。バラバラの人間が集まるバンドは、不完全な個の集合体ではあるが、時として思いも寄らぬ境地に達することがある。メンバー間で食い違いがあっても、それも込みで表現すればいい。そう思うようになったそうだ。

ちなみに、筆者がバンド論的な話でひとつ覚えているのが、ゆらゆら帝国を率いていた頃の坂本慎太郎へのインタビューだ。なんでも彼ら、リハーサルでスタジオに集まる際、メンバー3名以外は入室禁止だったという。「やはりどこかでバンド・

＊10　出典：『バンド論』

マジックみたいなものを信じている」と坂本がぼそっと話していたのが、記憶の奥底に今でもこびりついている。

バンドと更生

ここからは、バンドや音楽が、荒れた若者の更生を促進した事例を書き連ねてゆく。

筆者の通っていた中学校では、生活指導の教師がヤンキーたちにバンドを組ませて更生させるという、まさにテレビドラマのような事態が出来《しゅったい》していた。バンドを描いたテレビドラマといえば、80年代に大映テレビ[*11]制作で人気を博した『ポニーテールはふり向かない』が想起される。

主人公の麻生未記（伊藤かずえ）は名うてのジャズドラマーを父に持ち、ドラムの英才教育を受けていた。だが、ロック全盛の時代に違和感を覚えるなかで荒れてしまう。ドラムスティックを凶器に使って4人のヤクザに怪我を負わせた彼女は、女子少年院送りに。未記が13歳の時に父が死去し、一家は貧困に追い込まれる。未記は亡き父を思いながら音楽の世界に一筋の希望を見出し、世界一のロックバンド

＊11　大映テレビ
テレビ制作会社。特に80年代に数々のヒット作を世に送り出した。『噂の刑事トミーとマツ』『スチュワーデス物語』『不良少女とよばれて』『スクール☆ウォーズ』『ポニー・テールはふり向かない』『ヤヌスの鏡』『花嫁衣裳は誰が着る』などが代表作。過剰なまでに大仰でドラマティックな作風を特徴とし、堀ちえみや杉浦幸など、アイドルやタレントがこれらのドラマでブレイクを果たした。

の結成を誓う。そんな筋立てだ。

こう書くと陳腐な絵空事に見えるかもしれないが、実際、こうしたストーリーが大規模に現実化した例がある。川崎市出身のヒップホップ・クルー、BAD HOPの活躍がそれである（バンドからは離れるが、おゆるしいただきたい）。

ライターの磯部涼による渾身のルポルタージュ『ルポ 川崎』（サイゾー）では、川崎市の中でも特に治安の悪い南部に現れたヒップホップ・クルー＝BAD HOPと、その後続の世代の姿が生々しく活写されている。BAD HOPは荒廃し切った地元で成り上がりを体現したヒーローだ。今では、川崎市のあちこちで彼らに憧れた子どもたちが、自由闊達にラップに取り組んでおり、その中には、徐々にのし上がってきているクルーもいる。

BAD HOPは、2014年に結成。双子であるT-PablowとYZERRを中心に、8人のラッパーによって構成される。メンバーに加えスタッフが7名おり、楽曲制作からライヴでの映像や照明、グッズ制作、DVDの販売などをセルフプロデュースでおこなっている。地元である川崎市南部の京浜工業地帯、池上町は「日本で一番空気が悪い場所」といわれているそうだ。そこで育った彼らは、全員が幼なじみで、何人かは警察に逮捕され、少年院を経験している。

T-PabloとYZERRはそれぞれ「BAZOOKA!!! 高校生RAP選手権」で優勝し、T-Pablowはテレビ朝日系列『フリースタイルダンジョン』に初代モンスター[*12]としてレギュラー出演。2017年9月に初の全国流通アルバム『Mobb Life』をリリースすると、翌年11月には武道館でのライヴを成功させた。

2019年には全国5大都市Zeppツアーを敢行し、さらにアメリカの豪華プロデューサーたちと協働。LAで制作した全6曲のEP『Lift Off』を同年11月に発表した。このEPは、日本でヒップホップをもっと広めたいと考えたApple Musicが彼らのライヴを観て実現したものだ。2020年3月1日には、横浜アリーナでの単独ライヴBAD HOP WORLDを決行。絵に描いたようなサクセスストーリーである。矢沢永吉の『成りあがり』[*13]を想起させられるようだ。

海外にもそうした例は存在する。ラッパーのジェイ・Zは違法薬物の売人だったが、現在では保有資産約9億ドルのミリオネアとなった。アメリカで最も危険な都市のひとつといわれるカリフォルニア州コンプトン出身のラッパー、ケンドリック・ラマーはピューリッツァー賞の音楽部門を受賞している。また、アメリカでは2017年、ヒップホップ／R&Bが初めてロックの売上を追い抜き、名実ともにメインストリームになった。こうしたアメリカン・ドリームに匹敵する現象が、日

＊12　モンスター
チャレンジャーが立ち向かう強豪ラッパーのこと。サイプレス上野、漢 a.k.a GAMI、DOTAMA、呂布カルマなどがいた。

＊13　『成りあがり』（小学館）
矢沢永吉の半生を追った著書。貧しさに困窮した少年時代からスターに成りあがった執筆当時までを詳細に綴った（語った？）自伝である。コピーライターの糸井重里の聞き書きによって書き起こされている。初版は小学館から1978年7月25日に発売され、80年に角川文庫に移ってからも重版を重ね、累計200万部のロングセラーとなっている。

本にも存在し得たのだ。

BAD HOPメンバーのYZERRは、自分たちの歩んできた道を「日本最大の更生かもしれない」と言う。そして、後続のラッパーたちは、悪事に手を染める代わりにヒップホップに傾倒してゆく。もちろんそこには、BAD HOPというロールモデルがあってこそ。彼らの「Kawasaki Drift」のリリック「川崎区で有名になりたきゃ／人殺すかラッパーになるかだ」というのは大言でも誇張でもなく、彼らにとってのリアルがこの一節に凝縮されているのだ。

2023年5月27日、千葉・幕張メッセでおこなわれたPOP YOURS 2023にて、メンバーを代表してT-PablowがBAD HOPの解散を発表した。YZERRはこんな言葉を残している。

新しいものだったり、ひとびとが経験したことのない感情だったり、体験したことのないこととかを、自分たちはお客さんに対して提供できるようにしたい、とは思い続けてますね、ライブも含めて。武道館も、23歳で武道館、自分たちでやりました、ってなったら、もっと若い子たちは、23歳でいけるんだったら20歳でやれてもおかしくないと思って、早くそういうステージを目指すかもしれませんし。自分たちはそういったことを少しでも塗り替えていくことによって、ほかのひとたちに可能性みたいなものを、自分たちの活動を通して広げられたらうれしいですね。[*14]

海外では、NPO団体がこうした役割を担う例がいくつかある。シカゴ発のジャズを下支えしてきたAACM(Association For The Advancement Of Creative Musicians)は、ミュージシャンの創造と進歩を促すことを目的に設立された非営利団体。1965年にクラリネット奏者/ピアニストのムハル・リチャード・エイブラムスらによって設立され、商業主義を排して黒人独自の音楽を追求してきた。

ここで連想されるのが、ロンドンのトゥモローズ・ウォーリアーズという団体だ。1991年に、ジャマイカからの移民により創設され、若い世代にジャズ教育を無料で提供しているNPOである。そこからはシャバカ・ハッチングス[*15]やエズラ・コレクティヴ[*16]といったバンドが頭角を現し、一躍人気者に。同NPOは黒人のコミュニティと女性に音楽教育の機会を増やし、どこにも居場所がないストリートチルドレンたちに「楽器でもやってみる?」と提案した。AACMもトゥモローズ・ウォーリアーズも、言うなれば音楽版寺子屋といったところだろう。

＊14 出典:「川崎から世界へ羽ばたく――BAD HOPの成り上がり」 https://www.gqjapan.jp/culture/article/20200412-kawasaki-dreams-1

＊15 シャバカ・ハッチングス 1984年、ロンドン生まれのサックス奏者。コメット・イズ・カミング、サンズ・オブ・ケメットなどのグループで活動していたが、2024年にはシャバカ名義でアルバムをリリース。スピリチュアルジャズからの影響も滲む音楽性が高く評価されている。

＊16 エズラ・コレクティヴ トゥモローズ・ウォリアーズで出会ったメンバーで結成され、UKのジャズシーンをリードするグループ。2023年リリースのアルバムがマーキュリー賞を受賞。ジャズア

ルバムが同賞を受賞したのは史上初の快挙だった。

こうしたケースを振り返った時に思い浮かぶキーワードが、ヒップホップでよく使われる「エデュテインメント」である。「エデュケイション（教育）」＋「エンタテインメント（娯楽）」によって生まれたこのタームは、娯楽として一級品でありながら、娯楽と関係ない分野での教育効果を果たす作品を指す。テレビ番組、テレビゲーム、映画、音楽、ウェブサイト、マルチメディアソフトウェアなどといった一般的な娯楽のなかに教育的要素を埋め込むことで、聴衆や視聴者を教育するのである。

そのひとつとして、映画『ロッキー4』のディレクターズカット版である『ロッキーVSドラゴ』という映画を例にとろう。以前、筆者が『キネマ旬報』に寄稿した、『ロッキーVSドラゴ』の原稿を引用する。

> 『ロッキー4 炎の友情』がアメリカで公開されたのは85年（日本では86年）。アメリカとソ連が冷戦状態にあったさなかのことであった。85年といえば、ソ連を筆頭に、社会／共産主義国がロサンゼルスオリンピックをボイコットした年でもある。以前から、米ソ両国はベトナム戦争や朝鮮戦争に介入するなど、

しのぎを削っていた。

ゆえに、『ロッキー4』でのロッキーとドラゴの試合は、スポーツによる自由主義国VS社会主義国の代理戦争という色合いが濃厚だった。筆者が同作を見たのは中学生の時だったから、米ソ冷戦については学校で習ったものの、国と国とが一触即発の緊張関係にあると実感を持てたのは、この映画を見てからだ。

『ロッキーVSドラゴ』における米ソ冷戦*17の描写はかなりデフォルメされているが、それを差し引いても、当時の社会情勢を知らない世代には新鮮な映画であるはずだ。少なくとも、筆者にはそうだった。最上の娯楽作でありながら、社会や政治に関する知識も植え付ける。『ロッキーVSドラゴ』は、そんな風に射程が長く、幅と奥行きのあるエデュテインメント映画だったのだ。

理想のバンド

00年代以降、バンドを扱うアニメや漫画、小説、映画などが急激に増加した印

*17 米ソ冷戦
第二次世界大戦後から1989年まで続いたアメリカとソビエト連邦の対立のこと。両国は直接的な戦争はおこなわないものの、核兵器や軍事技術の開発競争、経済的・文化的な影響力の拡大を通じて対立し、多くの地域で代理戦争がおこなわれた。89年にソ連が崩壊し終結したとされる。

*18 『渡る世間は鬼ばかり』
1990年放映開始、TBS系列、木曜夜のドラマシリーズ。橋田壽賀子原作。中華料理店に嫁いだ小島五月(泉ピン子)を中心に物語が展開する家族モノとして始まったが、好評でその後も断続的に続編が作られており、08年の9シリーズ目で小島勇(角野卓造)は若い頃にバンド活動に夢中だっ

象がある。そして、60年代のグループサウンズや80年代のイカ天の頃と違うのは、若年層のみならず、中高年を巻き込むかたちでそれらのコンテンツが波及したことだろう。

団塊の世代が仕事がひと段落し、時間に余裕ができたことで、自分が若かりし頃に好きだったバンドのリマスター盤やＢＯＸセットを購入して楽しむ。あるいは、『渡る世間は鬼ばかり』[*18]の、中高年男性による〝おやじバンド〟のようにバンドを結成する。若い頃は高くて買えなかった憧れのモデルの楽器を買って、バンドを組むという現象は実際に起きている。

こうした動きに呼応して、２００４年には『大人のロック！』[*19]という雑誌が創刊された。また、熊井達也のバンド小説『オヤジ・エイジ・ロックンロール』[*20]（09年、実業之日本社）も、タイトルからしてこうした動きと連動している。再び『ソーシャル化する音楽』から引くと、著者の円堂都司昭はそうした動きの根底にノスタルジーを見出し、その傍証としていくつかの作品を挙げている。

たとえば、宮藤官九郎監督・脚本の映画『少年メリケンサック』（09年）。レコード会社勤務の女性がネット動画で有望な新人パンクバンドを発見したと思い込み、実際に会ってみたら本人たちはもう中年オヤジになっていた、という筋立てだ。ま

たという設定が加えられ「おやじバンド」結成に至る。

＊19　『大人のロック！』
日経ＢＰ社から創刊された音楽雑誌。２００４年の第1号はイーグルス、ビートルズ、クイーンの特集。05年には朝日新聞社から『AERA in Rock』、講談社から『ロック栄光の50年』が刊行され、60〜70年代のロックファンを対象とした雑誌が一種の流行となった。

＊20　『オヤジ・エイジ・ロックンロール』
２００９年に実業之日本社から刊行された熊谷達也の小説。学生時代以来のエレキギターを手にした中年サラリーマンの主人公が、バンドを組んでコンテストの全国大会出場を目指す物語。十代少女を主人公にした『ティーンズ・エッジ・ロックンロール』も出ている。

た、伊坂幸太郎の小説『フィッシュストーリー』（07年、新潮社。09年には映画化もされた）。70年代の早すぎたパンクバンドの行動が、めぐりめぐって2012年末の未来に意外な影響を及ぼす、というストーリーである。

ロックバンドのヴォーカリストの友人たちとの日々を回想しながら話が進む漫画『NANA』[*21]。バンド活動をしていた同棲相手が死んだため、彼の代わりに恋人の女性がヴォーカルになる『ソラニン』[*22]などもヒット。『NANA』も『ソラニン』も映画化された。過去というテーマはバンドとは相性が良いようだ。他にバンド漫画としては、『BECK』や『TO－Y』といった作品も忘れてはならないだろう。

芸人のエド・はるみ主演で舞台化され、黒木瞳主演で映画化もされた五十嵐貴久『1995年のスモーク・オン・ザ・ウォーター』[*23]（07年）は、日常に欠落を感じている主婦たちが集まり、ハードロックを演奏する物語。これに対し、小説家・道尾秀介[*24]の『ラットマン』（08年）は、社会人になったのちもバンド活動を継続する者たちの関係性に焦点を当てながら、そのなかで殺人が起こるというミステリー小説だった。

また、ヘヴィメタルの領域でコメディタッチの作品が多く見られるのも特徴だ。オジー・オズボーン一家の面白可笑しい日常を追ったMTV番組『オズボーンズ』

＊21『NANA』
矢沢あいの漫画作品。1999年に漫画雑誌『クッキー』に読切で掲載され、その後連載化。大崎ナナと小松奈々という同じ名前の少女がひょんなきっかけで同居することになり、ナナのバンドメンバーを交え物語が進んでいく。05年に公開された映画は大ヒットし社会現象化したが、09年に作者療養のため休載となり、作品は未完。

＊22『ソラニン』
浅野いにおの漫画作品。『週刊ヤングサンデー』2005年4月に読切で掲載され、その後連載化。大人になりきれない主人公達が会社を辞めバンド活動を決意。レールを外れたその先がどうなるか、の物語。09年に映画化。全2巻。

＊23『1995年のスモー

（02～05年）。セールスはまったくふるわないのに、アルバイトをしながら活動を続けるメタルバンドの悲哀を描いたドキュメンタリー映画『アンヴィル！夢を諦めきれない男たち』（09年）。北欧のメタル大国フィンランドを舞台に、巨大フェスを目指す売れないヘヴィメタルバンドの珍道中を描いたコメディ『ヘヴィ・トリップ俺たち崖っぷち北欧メタル！』（19年）など。円堂によれば、「メタルをこのような視線で扱った映像作品は、２０１３年のオズフェスト出演がひとつの契機となった人間椅子の人気再燃の下地になったような気がします」と言う。[*25]

『けいおん！』、『ぼっち・ざ・ろっく！』が牽引したバンドブーム

筆者がフィクショナルな理想のバンドの筆頭として挙げたいのが、放課後ティータイム（以下、ＨＴＴ）である。「？」と思われた方も多いだろうが、これは4コマ漫画を原作とするアニメ『けいおん！』の主人公たちが結成したバンドだ。

同作の舞台は女子校の軽音学部。バンドの練習や演奏シーンはほとんど登場せず、放課後に紅茶を飲みながらたわいもないおしゃべりに興じる女子たちの友情が作品の主軸をなしている。ドラマティックな出来事や登場人物の内面的葛藤はほぼ存在

ク・オン・ザ・ウォーター』
２００７年刊、五十嵐貴久による小説。舞台は95年、仲間からバンド結成を持ちかけられ、楽器未経験の44歳の主婦がロックの名曲「スモーク・オン・ザ・ウォーター」を人前で演奏できるようになるまでの物語。

＊24　道尾秀介（みちお・しゅうすけ）
１９７５年生まれ、玉川大学農学部卒。作風的にはエンタメでありながら、ミステリの要素も色濃い。10年、『光媒の花』で第23回山本周五郎賞を受賞。11年、『月と蟹』で直木賞を受賞。音楽にも造詣が深く、ヴォーカリストの谷本賢一郎とDENというユニットを組んで、ライヴをおこなっている。

＊25
土佐とのメールのやりとりのなかで、円堂が書いた文章か

せず、部室での無邪気な日常が延々と繰り返される。その作風は「日常系」「空気系」などとも称された。

『けいおん！』がヒットした大きな要因のひとつは、音楽である。主題歌や劇中歌は軒並みオリコンチャートの上位を独占。第一期、第二期合わせて180万枚を超えるCDが売れた。楽曲のクオリティの高さも圧倒的で、特にオリコン週間ランキングで1位を獲得した『GO! GO! MANIAC』や『Utauyo!!MIRACLE』を初めて聴いた時はかなり驚いた、というか、正直、呆気に取られてしまった。[*26]

アニメに興味がないという人も、騙されたと思ってこの2曲だけは聴いてみて欲しい。スラッシュメタル風の過激なギターリフ、変則的でつんのめるような高速のビートは、グラインドコアやマスロックといったエッジーな洋楽の要素を的確に抽出しており、音楽マニアの心も鷲掴みにするだろう。

しかも、普通こうしたヘヴィな楽曲にのるのは男性の野太いシャウトだったりするのだが、『けいおん！』では、愛らしい声色の声優がヴォーカルをとるため、世界的にも類を見ない奇妙な化学反応が起きている。メロディに対する歌詞ののせ方も相当にいびつでねじれており、どう考えてもカラオケで歌えるようなシロモノではない。こんな異物感に満ちた曲がオリコン1位を獲得したというのは、最早ひと

ら引用した。

＊26 個人的には、アニソンとしては『らき☆すた』のオープニングテーマ「もってけ！セーラーふく」以来の衝撃であった、といってもいい。

つの〝事件〟というべきだろう。
ただし、オープニングで使われるこの2曲以外はストレートで癖のないロックチューンが劇中歌となっている。HTTがライヴで演奏するという条件もあったのだろう。あまりにも彼女たちが演奏するには困難に聞こえるこの曲はリアリティに欠けるため、採用されなかったと見える。だからこそ劇中歌は、視聴者に「これなら自分でも弾けるんじゃないか」「自分も弾いてみたい」と思わせた。

実際、「ごはんはおかず」「ふでぺん～ボールペン～」「わたしの恋はホッチキス」「ふわふわ時間」「天使にふれたよ！」といった曲は、容易にコピーが可能な構造を有している。当然、バンドスコアも発売されているから、HTTのように演奏するハードルはさほど高くない。加えて、HTTの劇中での演奏は絶妙なヘタウマ加減で、これがほほえましさを誘発したものだった。

これは、演奏したミュージシャンたちがあえて巧く演奏しすぎないように配慮したのだろう。当然、そのほうがコピーしやすいからである……とまで制作者側が考えたかはわからないが、結果的にコピーしたいと思わせ、楽器を手に取る者は多かった。実際に『けいおん！』効果で楽器の売り上げが爆発的に増加したのだから

（楽器のフィギュアまで売れたという）。そして、アニメをきっかけにバンドを組んだ、という者も増えたのである。

もちろん、バンド結成に至らずとも、楽器の鍛錬に励み、その実力を衆目に向けて発信する者も増えた。実際、ニコニコ動画やYouTubeには、『けいおん！』の主題歌やキャラクターソングを思い思いにコピーした動画が溢れかえっている。魅力的なキャラクター造形を誇る『けいおん！』には、登場人物に自己を同化させ、パンクやヒップホップや『イカ天』がそうだったように「あれなら自分にもできそうだ」と思わせる力があったのだ。

それは筆者にとって、かつてバンドブームの頃、『イカ天』の熱気に魅せられて多くの若者が楽器を手にした光景ともダブって見えるのだ。また、ニコニコ動画やYouTubeには、主題歌やキャラクターソングを思い思いにコピーした動画が溢れかえっている。魅力的なキャラクター造形を誇る『けいおん！』には、登場人物に自己を同化させ、「自分もあんな風に弾いてみたい」と思わせる力がある。

『けいおん！』の内容にもう少し踏み込もう。HTTは放課後にティータイムを満喫するゆるやかな繋がりから成る5人組だ。新入生勧誘のチラシに「お菓子もあるよ！」と書かれているように、年がら年中お茶とおやつを飲み食いしながら雑談に興じている。技術的には決して巧いとはいえないHTTだが、ライヴになると突如として覚醒し、まさに「ゾーンに入る」のである。

特に、軽音楽部に入るまで楽器未経験だったヴォーカル／ギターの唯は、他のメンバーに比べると経験も少なくテクニック的にも覚束ない。というのも、唯以外は皆、楽器経験者。ムギは幼少期からピアノを習っており、ドラムの律とベースの澪は中学校時代から楽器を弾いていた。ギターで下級生の梓にいたっては、父親がジャズバンドのメンバーであり、小学生の頃からギターを弾いていた。そのため部活を選択するにあたって、ジャズ研も覗いていたのだ。

「実在しないアニメのバンドを取り上げてうんぬん言われても……」と思われるかもしれないが、実在しないからこそ、逆説的にこんなバンドがあったらいいだろうな、という想像を、妄想を、HTTは掻き立てる。

既述の通り、複雑極まりない主題歌を聴くと非現実感を覚えるが、これはあくまでも架空の物語であることを前提としたものだから問題はない。一方、劇中で演奏される曲たちは、実際に演奏したミュージシャンの手練により、見事なまでに現実味のある映像となった。こうしたプロの仕事が、神は細部に宿ることを証明している。

少し視点を変えてみると、もっとさまざまなことが見えてくる。

まず、部分は全体の総和を超える――このテーゼが最も端的、かつ的確にＨＴＴというバンドのマジックを説明しているのではないだろうか。つまり、５人組バンドであっても、単に１＋１＋１＋１＋１＝５ではない。足し算は時に掛け算にもなるし、全体の結束やまとまりが演奏のクオリティを倍加させる。これは実際のバンドにもあることだし、それを体現しているのがＨＴＴなのである。ＳＦ研究家の牧眞司による『「けいおん！」の奇跡、山田尚子監督の世界』（扶桑社）は、そんなＨＴＴの魅力を、極めて明断に分析している。少し長くなるが、引用しよう。


（前略）人間の場合、ラジオの周波数のように送信側と受信側が同じ数値になったら通じるものではない。律とムギでは行動やしゃべり方のテンポが違う。律はくるくると走りまわるテンポで、ムギはゆったりマイペースなテンポだ。しかし、それが絶妙の間合いでつながる。ズレが生み出すグルーヴというか。それは律とムギだけではなく、すべてのメンバーのあいだにある。

（前略）さらに重要なのは、各自の成長も固定されたものではなく、シチュエーションによって自在に変わることだ。たとえば、いつもはおっとりポワポワしているムギだが、興味のスイッチが入るとパッと駆けだしたりする。すると、律やほかのメンバーがそれにかぶせるようにテンポをあげたり、逆にスローダウンしたりして、HTTならではの楽しさを生みだす。先述した「各自がアドリブでそのときそのときの役になっていく」は、頭で考えているのではなく、気持ちや身体で反射的にしている。まるで即興演奏のように。ふだんからそんなやりとりをしているHTTだからこそ、ステージでもあれだけのパフォーマンスができるのだ。

さきほど、他愛のない日常が永遠に繰り返されると書いたが、重要なのは、その戯れも、やがて来る卒業によって断ち切られる運命にあり、ゆえに、刹那的な輝きを放っていることである。これはこのアニメを考えるうえで非常に重要なファクターだ。この点については演劇ライターの落雅季子が第二期『けいおん!!』について的確な指摘をしている。

第二期は、視聴者があずにゃん[*27]に自らを代入し、卒業してゆく唯たちを見送るという、見事なまでの感情移入構造を形成している。唯たちが軽音部から卒

＊27　引用者註：HTTの唯一の下級生である中野梓のこと。

業する事実を描くことで、物語の外側に存在する時間を示唆しているのだ。自分の記憶はかつての誰かの記憶かもしれない。やがて来る誰かが今の自分と同じような経験をするかもしれない。このような俯瞰する視点は、たとえば軽音部ＯＧである顧問のさわちゃんの存在により顕在化しており、それによって作品世界は普遍的な広がりを獲得していると言えるのである。*28

『けいおん！』に関してはもうひとつ、どうしても触れたいエピソードがある。作中で軽音楽部の女子高校生たちを演じた声優たちが、一堂に会し、劇中歌を演奏するというライヴが２００９年と２０１１年におこなわれたのだ。

彼女たちが実際に演奏したのはわずかであり、多くはプロのバンドが音を出していた。いわゆる「あてぶり」である。だが、そのわずかな実演が感動と感涙を呼んだ。声優陣はキーボードのムギを演じた寿美菜子を除いては楽器初心者であり、当然演奏は拙い。だが、その拙さや未熟さが曰く言い難い訴求力を持ち、観る者の胸を打つのだ。巧拙に還元されない演奏や歌が、時として不可思議な魅力を放つのはさして珍しいことではない。

これもまた、『イカ天』に通じる現象だろう。演奏は巧いにこしたことはない？

*28
出典：横浜の劇場「ＳＴスポット」の主催で著者が講師を務めたWRITINGワークショップで、落雅季子が提出した課題。

そういう問題じゃない。演奏が巧ければ巧いほど審査員はそのバンドを絶賛しただろうか？　そして、視聴者は自分に引き寄せてそれらの演奏に感情移入しただろうか？　答えはノーである。未熟だからこそ伸びしろがあり、ポテンシャルを秘めている。それを『イカ天』の視聴者も、『けいおん！』のファンも無意識のうちに感知していたのではないだろうか。

たとえば、シャッグス[*29]のような、普通に考えれば下手くそなバンドがなぜ多くのリスナーを虜にするのか。理屈では説明のつかない切なさや蒼さが込められているからとしかいいようがない。声優たちの一生懸命で、全力投球の高校球児のような姿に、どうしても声援を送りたくなってしまうのだ。それは、親が子どもの成長を見守る姿にどこか似ているかもしれない。

2022年に放映が開始されたアニメ『ぼっち・ざ・ろっく！』もまた、女子高校生たちがバンドを組むストーリーの人気アニメ。〝令和の『けいおん！』〟などと呼ばれたりもしている。

『けいおん！』と異なるのは、舞台が学校の軽音学部ではなく、最初からライヴハウスで演奏するストーリーになっていること。技術的に拙いところがあるのは『け

＊29　シャッグス
アメリカの3姉妹によって結成された女性ロックバンド。ヨレヨレでヘロヘロの演奏が特徴で、通常の上手下手の基準からは遠く離れているが、坂本慎太郎をはじめ、多くのファンが存在する。ヘンリー・ダーガーに代表されるアウトサイダーアートになぞらえて、アウトサイダーミュージックと呼ばれたりもする。

いおん！』にも通じるが、主人公は陰キャでコミュ障の高校生・後藤ひとり（通称・ぼっちちゃん）。バンドを組むほど他者と協働する度胸がなく、自分がギターを弾いていることを示すために、ギターを背負って登校するも、誰にも気づいてもらえない。だが、たったひとりで延々と練習を続けてきた彼女のテクニックは驚愕ものので、動画サイトにこっそりアップした演奏には誰もが一目置いている。

後藤ひとりが自己表現をアウトプットする場として動画サイトを選択したというのが今時だな、と思う。むろん、『イカ天』の頃はこんなに便利で手軽なプラットフォームはなかった。当然、ボーカロイドも発売されていない。目立ちたいと思ったら『イカ天』にビデオを送るのが最も手っ取り早い手段のひとつだったのだ。

テレビの地上波に自分の姿が映れば嬉しいに決まっているし話題にもなる。さらに審査員に認められれば自信もつくことだろう。つまり、どちらも目立とう精神と承認欲求に支えられているわけだ。二次元と三次元という違いこそあれ、両者は下支えしていた心性というのは共通しているといえる。

ひょんなことからバンドに加わる後藤ひとりは、極度の人見知りとあがり症ゆえに、初のライヴでは段ボールを被って演奏する。だが、結果は散々。アニメ前半でのひとりは、『けいおん！』の唯と真逆かもしれない。驚くべきポテンシャルを有し、短時間集中して鍛錬を積むことで、とんでもない跳躍を見せる唯。動画が絶賛されるほどのテクニシャンでありながら、本番ではその威力を発揮できないひとり。だが、物語が進むにつれ、後藤ひとりは徐々にそのギターの腕前を人前でも発揮できるようになってゆく。文化祭のステージでは弦が切れるというアクシデントをはねのけ、アル中のバンド仲間が持ち込んだカップ酒の空きビンで、ボトルネック奏法を披露してみせる。こうした機転の利かせ方は、『けいおん!』で風邪で喉を傷めたヴォーカルの唯に代わって、突如ベースの澪が歌いだすという場面にも近い。

なお、同アニメの作中バンドである結束バンドは、２０２３年の年間Billboard JAPANダウンロード・アルバム・チャート首位を獲得した。同作はファーストアルバムで、２０２２年12月25日に先行配信がスタートすると初週５８７７ＤＬを売り上げ首位に輝く。

翌週も、12月28日からＣＤ発売がスタートした影響で15万１９０ＤＬを売り上げ2週連続で首位に。通算首位獲得数は7回、トップ10入りは21回というロングヒットを記録。なお収録曲のダウンロード数を見てみると、最も順位が高かったのは第12話の劇中歌「星座になれたら」で、85位を獲得している。

ここで映画『リンダ リンダ リンダ』[*30]を想起し、かつ『ぼっち・ざ・ろっく!』

＊30　『リンダ リンダ リンダ』05年に公開された、山下敦弘監督による日本映画。高校3年生の女子たちが文化祭でザ・ブルーハーツのコピーを披露するまでの青春映画。ライヴ直前になってヴォーカリストが辞めてしまい、ペ・ドゥナ演じる韓国人留学生のソンを新メンバーに迎え、本番に向けて練習を重ねていくというのがストーリーの骨子。ロックバンドBase Ball Bearの関根史織が出演。アメリカのロックバンド、スマッシング・パンプキンズのメンバーであるジェームズ・イハが音楽を担当した。アジア系とラテン系から成るアメリカの女性4人組ロックバンド、The Linda Lindasのバンド名はこの映画にちなんでいる。

と『ふつうの軽音部』[*31]（後述）の主人公像を比較すると、その内実がかなり異なることに気づく。確かに『リンダ リンダ リンダ』の体育館での演奏シーンでは、ノっていない聴衆もかなりいるのだが、やはりリア充主体のストーリーという感じが否めない。後藤ひとりとは大違いである。だが、後藤や、『少年ジャンプ＋』で連載中の漫画『ふつうの軽音部』の主人公・鳩野ちひろのような極度にシャイな人物像が視聴者に効力や影響を持ち、共感を得ているのだとしたら、それなりの理由があるのだろう。

要するに、陰キャでもバンドでヒーローになる回路は開かれている……が、その道は前途多難ということだろうか。バンドとは相互のコミュニケーションの産物であり、集団創作の結晶である。ひとりでゼロから何かを作り出せるわけではない。そこが難しくもあり、だからこそ結束した際のパワーは個人では味わえない快楽を伴うものだ。

繰り返すが、現在は、後藤ひとりのような陰キャのコミュ障でも、ギターさえあれば自室で音楽を完結させることができる。発信のプラットフォームも充実しているし、わざわざ外に出て友達をつくってバンドを組まなくても、音楽がやれる時代だ。その時代を象徴する存在が後藤ひとりである。だが、ひとりは陰キャだが、い

＊31 『ふつうの軽音部』 2024年1月から漫画アプリ「少年ジャンプ＋」で連載されている漫画。原作＝クワハリ、作画＝出内テツオ。邦ロックが好きな女子高校生の主人公が高校の軽音部に入り奮闘する青春漫画。日常風景のリアルな描写や、歌唱シーンに定評がある。もともと『少年ジャンプ』編集部が運営する漫画投稿サービス「ジャンプルーキー！」で23年に全22話ぶんが掲載されたあと、本連載となった。

や、陰キャだからこそといえるかもしれないが、学園祭の大舞台やライブハウスでスポットライトを浴びたいという思いを秘めている。こういう人は意外に多いのではないだろうか。

もちろん、ひとりで完結させる音楽にはそれなりの愉しみがたくさんある。ネットを通じて作品を流通／流布させることで、同好の士やファンと繋がることもできるだろう。だが、生身の人間が聴衆を前にライヴをやることはやはり特別な快楽をもたらすのだ。

たとえば、リアルタイムで返ってくる歓声や拍手や手拍子に憧れる者は多いはずだ。だからなのだろう、ボーカロイドで音楽を作っていたボカロPでも、のちにバンドを結成する者は少なくない。米津玄師やYOASOBIのAyaseもボカロP出身だが、人前で顔出しをしてライヴをおこなうことで得られた感興は、当然それなりのものがあったのではないか。

ところで、『けいおん！』や『ぼっち・ざ・ろっく！』の登場人物、特に唯や後藤ひとりに視聴者が感情移入するのは、どういった心的メカニズムに起因するものであろうか。ここでは、精神分析医のハインツ・コフート[*32]の「自己対象」という概念を「推し」に応用した、精神科医の熊代亨著『「推し」でこころは満たされるの

＊32　ハインツ・コフート
1913年ウイーンに生まれ、81年に死去。20世紀において最も重要な心理学者のひとりとされ、自己心理学という理論を提示した。著書に『自己の分析』『自己の修復』（ともにみすず書房）などがある。日本では医師の和田秀樹がコフートを研究しており、『自分が「自分」でいられる　コフート心理学入門』（青春出版社）を上梓している。

か？』（大和書房）に準拠して話を進める。

コフートは心理的な充足感を満たしてくれる対象を自己対象と呼び、これを理想化自己対象と鏡像自己対象に分類した。だが、より重要なのは双子自己対象という概念である。双子自己対象とは要するに、自分に近い性質を持ったキャラクターを見ると、双子の相対するように親しみを覚え、惹かれてしまう心理のこと。対象に夢中になることで精神的に満足感を得られるし、対象がロールモデルになることもあるのだと、熊代は説く。

熊代は、感情移入の相手となる理想的対象は、完璧さが高く、欠点が見えにくい「無謬のカリスマ」であることを前提として論を進めている。だから、少しでも欠点が見えてしまうとすぐに嫌いになり、結果、「推し変」を繰り返すケースも多々あるのだ、と言う。だが、本当にそうだろうか。それだけで説明がついてしまうなら、欠点だらけで完璧とは程遠い唯や後藤ひとりが支持される理由はどこにあるのだろう？

視聴者は後藤の未熟さを完璧でないと言って切り捨て、後藤から離れてゆくだろうか？　むしろ逆だろう。自分にも言い知れぬほころびやほつれやゆるみがあるからこそ、欠点を抱えた自分を後藤に重ね、愛着を抱くのだ。

そして、本当に少しずつだが、成長してゆく彼女の姿に感動を覚えるのである。理想となる対象が完璧さを求められないのは、アニメのキャラクターはもちろん、お笑い芸人やアイドルでも同じことだろう。ヘタレキャラがしばしば愛され、視聴者のシンパシーを得るように。そしてそれは、『イカ天』に登場した欠点だらけだが、なぜかどうしても惹かれてしまうバンド——スイマーズやマサ子さんや梅毒ジェラシーなど——が存在したのと相似形を成すように思う。

また、熊代は、アメリカの心理学者アブラハム・マズロー*33の欲求段階説*34を引用し、自分の理想となる対象は所属欲求を満たしてくれるとも指摘する。マズローの人間のモチベーションに関するピラミッドでは「所属と愛の欲求」が生理的欲求、完全欲求のひとつ下に置かれており、それが人間にとっていかに必要かが説かれているのだ。

コフート及び熊代の論を敷衍すると、バンドが孕む無限の可能性を見てとることもできる。たとえば劇団や合唱団がそうであるように、バンドは所属欲求と承認欲求の両方を満たしてくれる。ライヴで観客の熱い視線や拍手を浴びて快感（承認欲求）を味わうと同時に、バンドというコレクティヴに加わることで仲間と一体感や連帯感を感じることができる（所属欲求）のである。

＊33　アブラハム・マズロー
1908年生まれ、アメリカの心理学者。43年に提唱した欲求段階説で知られる。マズローの理論はトランスパーソナル心理学の先駆けとなる。70年逝去。

＊34　欲求段階説
マズローが提唱した、人間の欲求は5段階の階層があるとする説。階層は下から順に、生理的欲求、安全の欲求、社会的欲求、承認欲求、自己実現欲求。本能的・原始的欲求ほど下にあり、人間はまずこうした欠乏の欲求を満たしたうえで成長の欲求に向かうとされる。広告分野にも応用されるなど、心理学を超え経済分野にも影響を及ぼした一方、厳密さに欠けると批判もされている。

もうひとつ重要なのは『けいおん！』や『ぼっち・ざ・ろっく！』が、イカ天がそうだったように、若者に「自分もやってみたい」と思わせ、楽器屋に走らせたことである。

事実、両アニメの人気によって、楽器や周辺機器の売り上げは驚くべき伸長を見せたことが統計で明らかになっている。それは完全に特需と言っていい程の規模だ。そもそも楽器店市場は、少子高齢化や、習い事や趣味の多様化によって近年は頭打ちの状態が長く続いてきた。だが、両アニメはそれを救ったのである。

なお、YouTubeに、楽器店販売員がアニメの人気と楽器等の売り上げが比例していることを語った、貴重な動画[＊35]がアップロードされている。その動画によると『けいおん！』放映時には、ギターはもちろん、ベース、ドラム、キーボード、エフェクター、アンプ、ヘッドフォン、バンドスコアなど周辺機器も含めて売り上げは急増。HTTのベース担当である澪と同じ左利き用のベースも売れに売れたそうだ。楽器関係のコラボレーション商品も活発で、クロサワ楽器から律モデルのドラムスティック、唯モデルのカスタネットなどが販売された。[＊36]

その後、2020年にはコロナ禍による外出制限の影響で楽器店の売り上げが大

＊35 たなな「楽器業界を盛り上げた『ぼっち・ざ・ろっく！』『けいおん！』『バンドリ！』どれほどの影響力だったのか？」https://www.youtube.com/watch?v=T-bevdVQzTs&t=133s

＊36 第一期全7巻のブルーレイ／DVDは合わせて累計50万枚を突破、関連グッズは総計18億円の売り上げを記録している。

きく落ち込んだ他、音楽教室なども次々に休講。マーケットは大幅な縮小を余儀なくされた。だが『ぼっち・ざ・ろっく！』放映の影響で、新たに楽器を始めるライト層向けの販売が増加し始める。国内最大手の島村楽器によると、22年度下半期に販売した楽器のうち、エレキギターは73％増加。また、2022年度の楽器店市場の事業者売上高は、前年度から0・6％増の1939億円となり、2年連続で前年を超えている。

また、後藤ひとりと同じレスポールカスタムタイプの売り切れも続出した。先述の動画によれば、とある楽器店では、一番売れているエピフォン・レス・ポール・カスタム・エボニーは、『ぼっち・ざ・ろっく！』の放映が開始された翌月（2022年11月）に、前月の400％以上の売り上げを記録。

後藤ひとりが使用するモデルの611VFMは、ほぼすべてのカラーモデルの生産が追いついていないほど売れたそうだ。さらに楽器のリペアマンによると、工房にぼっちモデルと同じようにカスタムしてほしいと問い合わせが続出。ピックガードの作成やエスカッションのサイズ合わせなど、素人にはなかなか難しい作業なのでプロに任せるしかない、ということだろう。

『ぼっち・ざ・ろっく！』はまた、ヤマハミュージックジャパン／ヤマハミュージックエンタテインメントホールディングスとコラボレーション企画を実現。2024年6月〜8月まで「ぼっち・ざ・ろっく！×ヤマハ Re:Collab」なるキャンペーンが開催された。具体的には、「店舗ジャック」と称して、店内に作品中に登場する製品・機器を展示する他、ガイド映像を見ながら楽器演奏を体験できる「ぼっち・ざ・楽器体験！」コーナーを設置している。

また、『「ぼっち・ざ・ろっく！」ひとりで始めるはじめてのエレキギター』というギターの入門書が発売された。さらには、ヤマハ音楽振興会が展開する音楽教育事業「YAMAHA MUSIC SCHOOL」において、関連楽曲を使用した「ぼっち・ざ・ろっく！3カ月レッスン」を、エレキギター、エレキベース、ドラム、ヴォーカルを対象に期間限定で実施。

そして、これまで本稿では触れてこなかったが、バンドリこと『BANG DREAM』も大きな経済効果をもたらしたアニメである。なお、バンドリの場合、キャラクターと同じ型の楽器を使うには、シグネチャーモデル（本人モデル）を買うしかない、という事情があった。それも、5万円台のモデルか30万円モデルのどちらかを買うしか選択の余地がなかったという。そして、そのどちらもがよく売れていたというのだ。

ここでもまた「あれなら自分でもできそうだ」というテーゼが通奏音となっていることに気づかされるのである。

バンドとは、相互のコミュニケーションの産物であり、集団創作の結晶である。ひとりでゼロから何を作り出せるわけではない。そこが難しくもあり、だからこそ結束した際のパワーは個人では出せない／味わえない快楽を伴うものだ。『けいおん！』も『ぼっち・ざ・ろっく！』も、『イカ天』がそうだったように、その事実をあらためて実感させてくれるのだ。

ちなみに、既述の『ふつうの軽音部』もまた、人見知りで他者との対話は苦手だが、音楽的には一目置かれている女子高校生の鳩野ちひろが主人公だ。この作品はほぼ男性が関与しない『けいおん！』や『ぼっち・ざ・ろっく！』と比べて、色恋沙汰とバンド活動が天秤にかけられるのが特徴だ。すなわち、同漫画はバンドによる集団創作の難しさを残酷なまでに生々しく描いている。

『ふつうの軽音部』では、軽音楽部でバンドを組んだ男女が付き合ったり別れたりを繰り返すなかで、バンドも度々解散を余儀なくされる。音楽性の違いなどではなく、カップル成立と破綻によってバンドメンバーが離合集散を繰り返す様は、滑稽かつ戯画的であるが、今の高校生たちにとってのリアルなのかもしれない。だから、男性がほとんど顔を出さず、不自然なまでに色恋沙汰とは無縁である『けいおん！』と『ぼっち・ざ・ろっく！』よりも、こちらの人間関係のほうが「ふつう」である、という揶揄（?）を込めて『ふつうの軽音部』というタイトルを原作者はつけたのではないだろうか。

『イカ天』や『けいおん！』や『ぼっち・ざ・ろっく！』がバンドの「表」の顔を表しているとしたら、『ふつうの軽音部』は「裏」の顔を描出して見せた。そう言えるかもしれない。

バンドのライヴァルとしてのアイドル

もうひとつ、触れおくべきは女性アイドルグループと往年のロックの蜜月関係だろう。00年代以降、ライヴ・アイドル（時に地下アイドルとも呼ばれる）、インディー系のアイドルグループが、趣味性の高い音楽で話題を呼んでいる。ヘヴィメタルにフォーカスしたBABYMETAL、中田ヤスタカが最新のテクノサウンドを導入したPerfume、ケイオティックな電波ソングで旋風を巻き起こしたでんぱ組.incなどは有名だが、そこまで集客のないアイドルグループもまた、マニアックなサ

＊37
本作のジャケットは、ドイツにて70年代に活躍したクラウトロックバンド、ノイ！のファースト・アルバムのオマージュだ。裏ジャケットはこれまたノイ！の『NEU! 86』のオマージュ、さらにいえば1曲目の「ゆるトロ(slo-モ!)」は、同アルバムの「Intro (Haydn slo-mo)」をもじっている。となると、ゆるめるモ！の「！」は、ノイ！

ウンドで耳目を集めている。

妖しげなサイケデリック・ロックを志向するベルハーことBELLRING少女ハート。初期の代表曲である「ｙＯＵらり」の歌詞は彼氏がシャブ中の女の子の話という設定だ。紅白歌合戦にも出場した「あの」がかつて在籍していたゆるめるモ！は、ジャーマン・ロック、特にノイ！のハンマー・ビートを借用した10分越えの「SWEET ESCAPE」を発表して話題を呼んだ。[*37] ・・・・・・・・[*38]は、シューゲイザー、もっと言ってしまえばマイ・ブラッディ・ヴァレンタインを溺愛する運営の大人たちの趣味性がストレートに発露した、ノイジーなサウンドが特徴だ。他にも、ロックではないが、ミニマルミュージックの大家スティーヴ・ライヒからの甚大な影響が滲む、Maison book girlなども活躍した。

お気づきの方もいるかもしれないが、こうしたクリエイターの嗜好性は、前述した、ノスタルジーを駆動力としている。彼らは、自分がかつていれあげた音楽の要素をアイドルソングの中に忍ばせることで、リスナーと共犯関係を結ぼうとしているのだろう。楽曲はもちろん、グッズのデザイン等でも、マニアックな音楽リスナーなら気づくだろう（言い換えれば、マニアックな音楽リスナーしか気づかない）符丁を蔵することで、ファンを喜ばせるのである。

の「！」からきているのだろう。だめ押しとして、本作のアルバム・タイトル『New Escape Underground！』の頭文字をつなぎ合わせると……。ここまで言えば、ゆるめるモ！というアイドルグループが、どれだけノイ！の影響下にあるのかということがわかるだろう。

＊38　・・・・・・・・
ドッツ、dots、ドッツトーキョー、ドッツ東京、dotstokyo、てんきゅー、dotnine、中黒、てんてんてん、てんちゃんズなどとさまざまに呼ばれており、統一した呼称はない。本人たちはサングラスを常時着用しており、ライヴ中であっても完全な素顔は見られない。これは文字通り仮面をかぶってパフォーマンスをするアイドル、仮面女子に近いものがある。なお、インタビュー時はサングラスを外すとのこと。

たとえば、筆者が熱心にフォローしていたアイドルラップユニットのライムベリー。彼女らはあくまでも「アイドル」ユニットだったのだが、E TICKET PRODUCTIONが手掛ける楽曲は、先述の符丁で溢れかえっていた。「まず太鼓」という曲は、ラッパーのECDの代表曲「MASS対CORE」のもじり。歌詞には「雨の日比谷から数えて何年」というフレーズがあるが、「雨の日比谷」とは、雨の中で決行された日本ラップの伝説的イベント「さんピンCAMP」のことである。また、オリジナルグッズのバッジには「UR」というロゴが刻まれているが、これは、地下アイドルとして出発した彼女らを「Underground Rhymeberry」と見立てつつ、デトロイトテクノの重鎮「Underground Resistance（アンダーグラウンド・レジスタンス）」とダブらせている。こうした事実が判明した途端、音楽マニアが狂喜乱舞するのは言うまでもない。つまり、送り手と受け手が結ばれることで、一体感や連帯感が増すという構図である。

かつて筆者は、『アイドル最前線２０１３』（洋泉社ＭＯＯＫ）というムックに、「アイドルソング最前線２０１３」という原稿を寄稿したことがある。話の流れとしてもちょうどいいので、再掲しておこう。

あらためて確認しておくと、アイドルとは音楽ジャンルの名称ではない。むしろ、アイドルという名のもとに多種多様なジャンルの音楽がひしめきあっているのが現状で、今のシーンはバリエーションの見本市というべき様相を呈している。（中略）彼女たちに共通しているのは、裏方である作り手の趣味性が強く反映されているということ。結成当初からサイケ／プログレ路線を想定していたというベルハーのように、作曲家やプロデューサーが自身の音楽的嗜好をストレートに打ち出すケースが増えている。これは、アイドルというアイコンがフロントに立てば、音楽的にはマニアックでもある程度ポップに聴こえる、という構図をうまく利用した例だろう。

ライターの香月孝史は、『「アイドル」の読み方　混乱する「語り」を問う』（青弓社）で、この筆者の論を引用したのち、岡田康宏『アイドルのいる暮らし』（ポット出版）に収録された、タワーレコード社長・嶺脇育夫のインタビュー内の言葉を引いている。これはほぼ、筆者の主張と重なっているようだ。

アイドル音楽的《マ》な《マ》ジャンルじゃないんですよ。BABYMETALとさくら学院が一緒のカテゴリーになる音楽のジャンルって、ないでしょ。昔の日活ロマンポルノとか75分の中に二つ三つセックスシーンを入れて置けば何を撮っても良くて、神代辰巳とか、田中登、曽根中生、相米慎二といった監督たちが育ってきた。それと同じで、まあ、たとえが乱暴すぎますが（笑）、アイドルもかわいい女の子が歌って踊っていれば、そこにどんな音楽がはまっても成立するんです。多様な音楽に合わせてかわいい子たちが歌って踊っているのを見るのは新鮮だし、刺激的だし、愉しい。これまでいろいろと音楽を聴いてきたけど、ここ10年、これほどおもしろいジャンルはなかったと思っています。

アイドルとは要するに、レコード屋の棚でいう「サウンドトラック」のようなカテゴリーに該当するのだと思う。サウンドトラックの中には、さまざまな形態のロックのみならず、ジャズもクラシックもヒップホップも陳列されている。そのすべてが、フロントにアイドルが立つことでひとつのカテゴリーに集約されるというのが現状だといえる。

ここまでアイドルの話を引っ張ってきたのは、アイドルのバックで生バンドが演奏するケースが少なくないからだ。「え、それって当たり前じゃないの?」と思われた方も多いと思うが、ライヴアイドルのケースでは特に、オケを流してあてぶりをするというのが主流である。だが、だからこそ、バンドが背後にいると観客はもちろん、アイドルも尋常じゃないほどテンションが上がる。これは、筆者が数々のアイドルに取材してきた中で確信したことである。

さらには、バンド出身者に限った話ではないが、多くの名だたるミュージシャンがアイドルに楽曲提供をしているのも特記事項だ。具体的なミュージシャン名を挙げると(括弧内はミュージシャンが曲を提供した代表的アイドル)、人間椅子の和嶋慎治(ももいろクローバーZ)、元ピチカート・ファイヴの小西康陽(Negicco)、オリジナル・ラヴの田島貴男(Negicco)、元シンバルズの沖井礼二(さくら学院バトン部)や矢野博康(安倍なつみ)、スクーデリア エレクトロの石田ショーキチ(ミラクルマーチ)、ラウンド・テーブルの北川勝利(RYUTist)、スカートの澤部渡(NegiccoのKaede)、赤い公園の津野米咲(℃-ute)、大森靖子(道重さゆみ)、OKAMOTO'Sのオカモトショウ(夢みるアドレセンス)などである。

なお、彼ら/彼女らの曲について「アイドルとは思えない楽曲の完成度」云々といった言説をいまだに耳にするが、時代錯誤も甚だしいと言わざるを得ない。そもそも、筒美京平ら職業作曲家が活躍した70年代からアイドルソングは耳の肥えた玄人を虜にしてきた。昨今活躍するライヴアイドルの楽曲の水準の高さも、ももクロやPerfumeの人気によって底上げされ、「楽曲派[*39]」と呼ばれるアイドルファンの名称が一般化するまでになった。アイドルだから楽曲は大したことないのだろう、という無知と誤謬にもとづいた言葉はもはや完全に時代遅れだろう。その意味では、バンドにとっての最も身近なライヴァルはライヴアイドル（あるいは声優やVtuberなど）だと言い切ってもいいと思う。

ボカロPもバンドを目指す？

ひとりで音楽をつくっていたミュージシャンが、バンドならではの醍醐味を求めて、メンバーを集めるというケースも散見される。

２００９年にナノウ名義でボカロPとしての活動を始めたコヤマヒデカズは、現在はバンド・CIVILIAN[*40]のフロントマンとして活動。２０１０年に石風呂名義でボカロPとしてキャリアをスタートした朝日は現在バンド・ネクライトーキー[*41]のギタリストとして活躍している。他に、ヨルシカ、サイダーガールなど同じ道を辿っ

＊39　楽曲派
日本のアイドルシーン（主に女性アイドル）において、ソングライティングの良し悪しを重視し、それを基準にアイドルを推すファンたちのこと。ただし、もともとは「子どものアイドルが好きなオタク」という意味で使われており、かつては、そうした嗜好を隠蔽するために楽曲派と名乗るという自虐的な意味合いが含まれていたこともあった。

＊40　CIVILIAN
２００８年に専門学校で知り合ったメンバーで結成したロックバンド。09年よりバンド名をLyu:Lyuとして活動を続けていたが、メジャーデビューする16年にCIVILIANに改名。デビュー時、コヤマはナノウ名義を「実体のない半透明な「架空の表現者」と説明した。

ている者は少なくない。ネット内で閉じられていると思われがちなボカロPが、バンドの面白さに目覚め、あるいは仲間を求めて、ライヴハウスにも進出し始めているのだ。

あるいは、ヒトリエ。ボカロ音楽の黎明期を代表するボカロPのひとり、wowaka[*42]によるバンドで、すべての作詞とほとんどの作曲を彼がおこなっていた。彼の場合、ボカロP以前にバンド活動の経歴があったのだが、そのアップリフティングで疾走感溢れるサウンドは、バンドでもボカロでもいかんなく発揮されている。

鮎川ぱて『東京大学「ボーカロイド音楽論」講義』（文藝春秋）によれば、鮎川は飲みの席でwowakaに「バンドがひとつのものになっていく手応えは、やっている本人たちにしかわからない」と言われたという。また、鮎川は同著の中でヒトリエの「『センスレス・ワンダー』のギター・ソロを10年代のロックの中で一番かっこいいものだと思っているんですよね——細かい早弾きなんて一切なくて、跳躍だけ」と述べている。なお、ヒトリエのメンバーには、「弾いてみた動画」で人気を博していたギタリスト・シノダ、人気同人音楽バンドのベーシストだったイガラシ、話題のボカロ作品にドラマーとして参加していたゆーまおのが参加しており、ボカロ文化とバンドサウンドのいいところが理想的なバランスで同居しているよう

＊41　ネクライトーキー　2017年に結成された5人組ポップロックバンド。メンバーの朝日が09年に結成したバンド、コンテンポラリーな生活では彼がヴォーカルを務めていたが、ネクライトーキーは女性ヴォーカリストのもっさが参加。石風呂名義で発表したボカロ曲も再録音している。20年にメジャーデビュー。

＊42　wowaka　ヲワカ。日本の作詞家、作曲家、編曲家、ボカロP。1987年生まれ、19年に急性心不全で逝去。享年31だった。東京大学在学中にバンドのオリジナル曲をつくるために作曲を始める。初音ミクなどのボーカロイドに触れ、それまでのバンド活動の他に2009年4月より初音ミクを使った音楽制作をスタートさせた。代表曲に「グレーゾーンにて。」などがある。

に思える。

ライヴミュージシャン&イベント情報メディア「Live ConG」の記事によれば、バンド音楽とボカロ音楽の間に壁はなくなってきているそうで、ボカロPとバンドマンを両立させながら活動している人は意外と多くいるという。ネットとライヴハウスシーンの両方で活動の場を持つのは、もうあまり珍しいことではなくなりつつあるそうだ。[*43]

Kバンドの人気

本書で扱ってきたようなバンドは、必ずしもチャート上位に上がるような存在ではない。やはりいまだにチャートで人気なのは、旧ジャニーズ事務所勢や大手のアイドルグループ、そして今や破竹の勢いを誇るK－POP勢だろう。だが、その一方で、韓国のバンドが昨今、急速に台頭してきているのも見逃せない事実である。以下、その現況を、韓国在住の音楽ライター・山本大地のYouTubeチャンネル[*44]をベースにまとめておこう。

2024年に、K－POP市場でバンドの流行が起きている、というテーマの映

＊43　ネットでもリアルでも活躍！「ボカロP」出身バンド　http://livecong.com/column/archives/218

＊44　「山本大地の韓国音楽レポート」https://www.youtube.com/watch?v=_iM-PPgHBrg

像が韓国のニュース番組で3分ほど流れたという。また、Instagramの「밴드 붐은 온다（バンドブームが来る）」というアカウントは2024年12月現在で7万人のフォロワーを獲得しているそうだ。では、具体的にはどんなバンドがいるのか？人気・実力ともにシーンを代表するのがSilica Gel[＊45]。2024年6月には来日公演もおこなっている。そして、山本曰く、2023年がNew JeansとSilica Gelの年だったとすると、2024年はDAY6がシンボリックな存在だったという。彼らはYouTubeやTikTokを通じて過去の曲が取り上げられ、ブレイクを果たした。2024年9月のヒットチャートでは、1位、3位、5位に彼らの曲が食い込んでいる。

Kバンドはライヴ活動も盛んだ。4人組男性バンドThe Rose[＊46]は、これまでK－POPのアイドルグループが出演してきたアメリカ最大の音楽フェス、コーチェラに出演。韓国最大の野外ロックフェス仁川（インチョン）ペンタポート・ロック・フェスティバルでは、2024年公演も出演者のラインナップ公開前にチケットが2分で完売となり、15万人を動員した。5人組男性バンドONEWEは、リードミニアルバム『Planet Nine: ISOTROPY』の発売記念インタビューで、「バンドが出演できるステージが多くなった。以前はイベントに行けば音響の関係でMRにして

＊45　Silica Gel（シリカ・ゲル）
2015年デビュー。92〜94年生まれの男性4人組オルタナティヴポップバンド。16年のアルバムで韓国大衆音楽賞新人賞を受賞。徴兵による活動休止を経て20年の活動再開後は、初期の実験的なサウンドはそのままにポップなメロディを打ち出し、大衆的人気を獲得。

＊46　The Rose
2017年デビュー。93〜94年生まれの男性4人組ポップロックバンド。早くから欧米や日本をまわるツアーをおこない、韓国国内より海外で有名とも評される。23年にはアルバム『Dual』が米国『ビルボード』で新人アーティストチャート1位を獲得。

ほしいと頼まれることもあった。ところが、今はバンドへの理解と尊重が増えた」と、ここ5年ほどのシーンの変化を語っている。[*47]

その布石のひとつが、20年代に放映された、バンドをテーマにしたサバイバル番組[*48]だろう。優勝したり上位に入ったバンドがブレイクするという現象が起きた。そこから、アジアや欧米に進出する道が拓けた、といっても過言ではない。韓国の大衆文化評論家ハ・ジェグンは「Kバンドの場合、国内より海外で先に反応が来る場合もある。（中略）欧米ではバンドがベースになっているため、グループの概念よりもバンドに慣れている」と分析している。

一方、『ミュージック・マガジン』2023年8月号の特集「韓国音楽の現在」における山本大地の記事も、Kバンドの活躍ぶりについて大きな示唆を与えてくれる。同記事は、90年代後半からインディーズバンドが増え始めていたことを報告。韓国のメインストリームとなる音楽シーンに対して、オルタナティヴな姿勢を打ち出すバンドやミュージシャンが増えていると伝えている。しかも、それはジャンル的にいうとポップスやロックに限らない。たとえば、Balming Tiger（バーミングタイガー）というバンドは、ラップやR&Bと同時に、エレクトロニカを自家薬籠中のものとしている。TRPPを筆頭にシューゲイズバンドが増えているのも注目

＊47
出典：「Kstyle」「QWERから「ソンジェ背負って走れ」まで…韓国でバンドブーム！ K-POPの多様化が加速」https://kstyle.com/article.ksn?articleNo=2242244

＊48
2020年にMnetで放送された「Great Soul Invasion」、19年と21年にJTBCで放送された「SUPER BAND」など。

すべきだろう。

ＥＤＭやヒップホップ、Ｒ＆Ｂに代わって、ロックバンドが脚光を浴びることで、高校や大学の軽音部やバンドサークルの人気が戻ってきているとも山本は指摘する。なお、韓国では日本のバンドの人気も高く、ONE OK ROCKの5年ぶりの韓国公演も全席完売になり、羊文学、Official髭男dism、King Gnuなども人気を博しているという。一過性とは思えないこのムーヴメントには、まだまだバンドというフォーマットに可能性が残されていることを期待させてくれる。

バンドと演劇

これもまたバンドがサヴァイヴする道のひとつに違いない――。

そう確信させる事例を挙げて最終章を締めくくろう。それは、ここ数年筆者が観てきたバンドと演劇の幸福な融合／結合である。演劇を観慣れていない人にはピンとこないかもしれないが、舞台上にバンドやミュージシャンが演奏するピットがあり、物語の途中で演奏が挿まれたり、同期させられることがある。ほとんどの演劇では劇伴をまるまるとっても作品が成立するのだが、ここで紹介するケースは違う。

バンドが舞台上にいる必然性と意義があり、音楽と物語が抜き差しならない関係で両立しているのだ。以下、いくつか筆者が実際に目撃した成功例を挙げておこう。

まず思い浮かぶのは、大人計画[*49]を主宰する松尾スズキの影響下にある劇作家／演出家の根本宗子である。彼女は、チャラン・ポ・ランタン、清竜人、おとぎ話、大森靖子、カネコアヤノなどの歌／演奏を劇中に挿入。チャランポのもも、清、大森らは俳優としてもステージに立っているし、ラッパーのあっこゴリラやアイドルグループのGANG PARADEも俳優として起用されている。演劇外ではOKAMOTO'SのMVの監督を手掛けたりもしている彼女は、音楽への理解と造詣の深い演劇人の筆頭だろう。

この人の音楽の扱い方は本物だなと思ったのが、実験演劇・根本宗子名義での『コンビニ』という作品。ラジオを聴いていて、同じ曲でもアレンジが違うとまったく別ものになると気づいた根本が、同じ脚本を異なる俳優たちと制作した舞台だ。マッチョな俳優による〝チーム肉〟と演技派の優男による〝チーム草〟を続けて上演するという、特異な手法が採用されていた。

バンドサウンドの妙という意味では、ドイツの映画監督／脚本家ライナー・ヴェルナー・ファスビンダー[*50]作の『ゴミ、都市そして死』の日本初上演も印象深い。2

＊49　大人計画
主宰で作・演出担当の松尾スズキらによって1988年に旗揚げ。91年に宮藤官九郎が参加。96年に松尾が『ファンキー！　宇宙は見える所までしかない』で第41回岸田國士戯曲賞受賞。05年には宮藤も『鈍獣』で岸田戯曲賞を受賞。劇団員に阿部サダヲ、宮崎吐夢、皆川猿時、村杉蝉之介、荒川良々、平岩紙、星野源などがいる。松尾は19年にシアターコクーンの芸術監督に就任。

＊50　ライナー・ヴェルナー・ファスビンダー
1945年生まれ、ドイツの映画監督。82年に37歳で亡くなるまでに40本以上の映画を残した。74年『不安は魂を食いつくす』では、カンヌ国際映画祭で2冠に輝き国際的な評価を獲得。ヌーヴェルヴァーグの影響を受けたメロドラマ

０１３年に新宿紀伊國屋ホールでおこなわれた、作家・演出家の千木良悠子[*51]が主宰するSWANNYの公演がそれにあたる。舞台には、石橋英子ｗｉｔｈぎりぎり達（ジム・オルーク／須藤俊明／山本達久／坂口光央）がライヴ演奏で参加し、作品に華を添えていた。石橋英子は、『ドライブ・マイ・カー』など濱口竜介[*52]監督の映画音楽を手掛けたことで知られ、英国の「The WIRE」誌でもアルバムが絶賛された音楽家である。

彼女の率いるバンドは、ワーグナー作「トリスタンとイゾルデ」のバンドアレンジなど、台本に指定された多数の楽曲を生演奏した。昭和歌謡的な音楽性が人気の渚ようこ、大人計画主宰の松尾スズキの舞台でも音楽を担当する伊藤ヨタロウの歌唱シーンも見ものだった。一歩間違えば説教くさくなってしまう政治的なメッセージを含むファスビンダーのセリフだが、滋味深いバンドサウンドによって政治性がほどよく中和されており、絶妙な均衡と調和を保っていた。緒川たまきを筆頭に俳優陣も素晴らしかったが、悠大で勇壮な音楽の力が強く作用することで、舞台に異化効果をもたらしていたのは間違いない。

２０１９年３月に東京芸術劇場プレイハウスで観た『世界は一人』も、音楽との切り結びが強固な傑作舞台であった。作・演出は劇団ハイバイを率い、岸田戯曲賞

といえる作風で、不器用さ、醜さ、理不尽な運命などを描いた。レズビアンやゲイをテーマにした作品もある。

＊51　千木良悠子（ちぎら・ゆうこ）
１９７８年生まれ、作家・劇作家。慶應義塾大学在籍中に雑誌『三田文學』に発表した短編をもとに、00年に『猫殺しマギー』で小説家としてデビュー。バンド「Emile」のギター&ヴォーカルでも活動。11年に劇団「SWANNY」を旗揚げし演劇作品を多数上演。著書に『青木一人の下北ジャングル・ブック』『だれでも一度は、処女だった。』『はじめての橋本治論』など。

＊52　濱口竜介（はまぐち・りゅうすけ）
１９７８年生まれ、映画監督。東日本大震災を記録した連作ドキュメンタリー『東北記録

や向田邦子賞を授賞した岩井秀人。俳優は松尾スズキ、松たか子、永山瑛太といった実力派が出演し、さらに前野健太／種石幸也／佐山こうた／小宮山純平によるバンド演奏が、作品を立体的に見せていた。自意識の葛藤やトラウマといった重くなりがちな題材を扱いながらも、前野健太らの演奏が軽さをもたらしていた印象だ。

また、劇団ロロ[*53]主宰の三浦直之は、曽我部恵一やEMC（エンジョイ・ミュージック・クラブ）の江本祐介、カネコアヤノ、後藤まりこを俳優として起用するなど、音楽との接点を模索。堀辰雄の『鼠』を舞台化した作品で、空間現代の野口順哉のノイジーなギターをフィーチャーしていたのも忘れ難い。

00年代以降の演劇を代表するマスターピースである、劇団ままごと[*54]による『わが星』もまた、演劇と音楽の結節点という意味では、ひとつの頂点と極点をなす作品だ。同作では、□□□（クチロロ）[*55]の三浦康嗣が音楽を担当。三浦はドラムやギター、ピアノなどの音源パーツを分解した音データを柴幸男に渡し、柴が上演中にリアルタイムでパソコンを使って演奏した。

こうした例は枚挙に暇がないが、それくらい、音楽も映画も演劇も美術も、同一線上に捉えるフラットなセンスを持った劇作家／演出家が増えているのは言を俟たない。ただ、KERA／ケラリーノ・サンドロヴィッチのインタビュー（188ペ

映画三部作』で注目を集め、15年に300分を超える長尺作品『ハッピーアワー』で多数の賞を受賞。18年『寝ても覚めても』を経て、21年発表の『偶然と想像』『ドライブ・マイ・カー』の2作品が国際的な賞を相次いで受賞し評価を確立した。23年『悪は存在しない』は石橋英子からライヴ映像制作依頼を受けて着想した作品。

＊53　劇団ロロ
2009年に日本大学芸術学部の出身者を中心に結成。小説や映画からアニメ、漫画まで、古今東西のポップカルチャー／サブカルチャーを攪拌したような作風で人気を集める。特に初期は、ボーイ・ミーツ・ガールものが主軸となっていた。主宰の三浦直之は舞城王太郎の熱烈なファンで、登場人物のネーミングセンスなどは舞城ゆずりだ。

ージ）でも触れられているが、バンドと演劇の融合／結合は、深い相互理解にもとづき、確かな必然性をもっておこなわれることが条件とされる。思いつきや話題作りで決行しても、大抵はうまくいかない。無論、観客はもちろん、両者も思ってもみなかった相乗効果やケミストリーがなければ、協働の意味はないと言わざるを得ないだろう。

＊54　劇団ままごと
日本大学芸術学部出身の劇作家／演出家の柴幸男を中心に2009年に旗揚げ。チェルフィッチュ以降の日本の演劇を語るうえで欠かせない、10年に上演されたブレイクビーツミュージカル『わが星』で第54回岸田戯曲賞を受賞。近年は、さまざまな土地での滞在制作を通して演劇作品を発表している。

＊55　□□□（クチロロ）
1998年、メイン・ソングライターの三浦康嗣と、現在はアイドルに精通する音楽ライターである南波一海により結成。佐々木敦主宰のレーベルHEADZからアルバムをリリースしたのち、坂本龍一がエイベックスと共同で立ち上げたレーベル、commmonsからメジャーデビュー。現在は、三浦、村田シゲ、いとうせいこうの3人編成。

エピローグ

少し個人的な話をさせてほしい。15歳のとき、筆者はイカ天を観て「バンド、自分でもやっていいんだ」と思った。蒙が啓かれる思いだった。天啓だ、とすら思った。イカ天のバンドたちは無言裡《むごんり》に教えてくれた。自由にやっていいんだよ、専門的な訓練を受けなくても、センスがなくても、譜面が読めなくても、音楽の歴史を知らなくても、見た目なんて気にしなくても、誰かに遠慮しなくても、勉強ができなくても、友達がいなくても。頭で考える前にまずやってしまえばいいんだ。

筆者にとってのバンドとは、一度火がついたらとまらないほど魅惑的なもの。イカ天に出逢い、バンドの面白さを知り、そこからもう、まっしぐら。夢中になれるものを見つけたことで、世界が一変したのだ。見える風景ががらっと変わったのだ。

そう、筆者もバンドブームの波に乗ったうちのひとりだった。中3の文化祭でヤンキーたちがBOØWYのコピー・バンドをやっていて、ライヴでは女子から黄色い声援を浴びていた。筆者は衝撃を受け、高校に入ったら絶対これをやるぞと思い、高校では「ロック部」に入部。学校の廊下に「ベース募集」という奇跡のような貼り紙があり、即、先輩たちのバンドに加入。ベースを買って約2か月後には新入生歓迎ライヴに出演した。多いときで4つのバンドを掛け持ちして、3年生のときには部長も務めた。孤独や退屈とはもうおさらばだ。週に1度、ロック部の部室で音を出せる日、1限目から気分が高揚して勉強など手につかなかった。おれにはロックがあるぜ、友達にはひとことも言わなかったがそう思っていた。3年時の文化祭では、念願だった体育館でのライヴを敢行。大学に入った年もまだバンドブームの残り香があり、学生たちで組んだバンドで下北沢の屋根裏やシェルターなどに出演した。

もしかしたら、音楽じゃなくてもよかったのかもしれない。うちなる衝動を何らかのかたちで表現し、不特定多数に向けて発信してみたい。鬱屈とした心を晴らすような何かがあれば、なりふりかまわず、脇目も振らず、その〝何か〟に夢中になるのだが……。そう思っていた中学生に〝何か〟が命跡的に見つかったのだ。この時の感覚を、のちにある本で見かけた。歌人でありエッセイストの穂村弘による『短歌という爆弾』（小学館）という本のまえがきである。

日常の真空地帯にすっぽりはまりこんで、毎日をやり過ごすのに手一杯で、本当に夢中になれる何かをみつけられずにいる。これだというものがみつかったら、なりふり構わずそいつをやってやってやりまくるんだが、などと思いながら。

だが、何かをみつけるの何かっていったいなんだ。これだというものって、いったいどれだ。今すぐにそれをやり始めて、世界と自分とを決定的に変えられるような何かはどこに隠れているんだろう。


自分の両腕ではじめて世界の扉をひらこうとするとき、それは驚くほど重たく感じられる。スポーツ、音楽、美術、どれも適正に加えて専門的な訓練が必要となる。中途半端では単なる趣味に終わってしまう（後略）。

絶望的に重くて固い世界の扉をひらく鍵、あるいは呪文、いっそのこと扉ごと吹っ飛ばしてしまうような爆弾がどこかにないものだろうか。一本のギターを手に取ったことで、世界が変わる人もいるだろう。だが、ギターさえ、その手に重すぎる人間はどうしたらいいのだろう。

経験的に私が示せる答えがひとつある。それは短歌をつくってみることだ。

（後略）

＊1　鶴見済（つるみ・わたる）
1964年生まれ、文筆家。日本の「生きづらさ」を問題視し、別の選択肢を示唆する著作を多く出版している。代表作に『完全自殺マニュアル』『人格改造マニュアル』『脱資本主義宣言』『0円で生きる』など。

美文である。鶴見済[*1]『完全自殺マニュアル』[*2]（太田出版）の「まえがき」と比較すべき、自己実現や自意識にまつわる要点をつく鋭利なテキストだ。ただ、最後の一文はあまりにも唐突で、驚嘆した読者も多いだろう。短歌をつくってみること、とは……。筆者も、いくらでもなんでも牽強付会にすぎると思ったし、たとえ短歌の本だとわかっていても、飛躍があると感じたものだ。だが、注目すべきは「一本のギター」という点だろう。穂村にとっての短歌が、筆者にとってのベースだったのである。

穂村のいう〝何か〟さえ見つからない人だって大勢いるだろう。そんなモヤモヤを抱えたティーンたちは、今ならお笑いに走るかもしれない。YouTuberになるかもしれない。あるいは、DTMが発達し、安価な機材を駆使してひとりで音楽が手軽につくれる時代だ、何も仲間を探すこともないだろう。それでもなお、筆者は「バンド」という言葉に甘美な響きを覚えてしまう。ゾーンに入った瞬間の身震いするような感覚、仲間と最高の演奏をした時の連帯感と一体感、小汚いライヴハウスの楽屋で交わしたくだらないバカ話、どれもいまだに脳裏に克明に刻み込まれている。バンドは死なないし、なくならないだろう。それが本書が辿り着いた、最大の結論である。

＊2　『完全自殺マニュアル』　1993年に太田出版から刊行された、自殺の方法をカタログ形式で紹介するマニュアル本。内容から賛否両論を呼び社会現象化。100万部を超えるベストセラーとなった。「いつでも死ねると思えば気楽になる」と提唱する姿勢は10〜20代の若者から支持され、翌年に反響をまとめた『ぼくたちの「完全自殺マニュアル」』も刊行された。

あとがきに代えて

本書全体を感情的に振り返る文章はエピローグで記したので、ここでは、お世話になった方々への謝辞を。身に余る帯文をくださった佐々木敦さん、素敵な装丁とデザインを手掛けてくださった戸塚泰雄さん、『N・i・E・W』での連載でお世話になった編集者の柴田真希さん、素晴らしいイラストを描いてくださったムルヒさん、用語解説の一部を書いてくださったばるぼらさん、校閲を手伝ってくださった吉田アミさん、吉川由佳さん、貴重な資料を提供してくださった平田順子さん、草場栄理さん、インタビューに応じてくださった皆様、原稿が遅々として進まない筆者に粘り強く付き合ってくれたDU BOOKSの稲葉将樹さん、ありがとうございました。

最後に、筆者が部長を務めた芝浦工大柏高校・ロック部の当時の顧問であり、世界史の授業を通じて学問の面白さを教えてくださった野村春路元教諭に本書を捧げます。

参考文献

◎書籍

『イカ天年鑑　平成元年編』（ワニブックス　1990年）
『椅子の中から　人間椅子30周年記念完全読本』（シンコーミュージック　2019年）
アーネスト・S・ウルフ『新装版 自己心理学入門――コフート理論の実践』（安村直己、角田豊 訳）（金剛社　2016年）
鮎川ぱて『東京大学「ボーカロイド音楽論」講義』（文藝春秋　2022年）
石川浩司『「たま」という船に乗っていた』（双葉社　2004年）
石川浩司 原作　原田高夕己 漫画『「たま」という船に乗っていた さよなら人類編』（双葉社　2022年）
石川浩司 原作　原田高夕己 漫画『「たま」という船に乗っていた らんちう編 完』（双葉社　2024年）
磯部涼『ルポ川崎』（サイゾー　2017年）
円堂都司昭『ソーシャル化する音楽「聴取」から「遊び」へ』（青土社　2013年）
大塚英志『物語消費論「ビックリマン」の神話学』（新曜社　1989年）
川崎大助『教養としてのパンク・ロック』（光文社　2023年）
北出栞『「世界の終わり」を紡ぐあなたへ　デジタルテクノロジーと「切なさ」の編集術』（太田出版　2024年）
北中正和『ビートルズ』（新潮新書　2021年）

クワハリ原作　山内テツオ漫画『ふつうの軽音部』1〜4巻（集英社　2024年）
熊代亨『「推し」で心はみたされる？　21世紀の心理的充足のトレンド』（大和書房　2024年）
佐々木敦『ニッポンの音楽』（講談社現代新書　2014年）
陣野俊史『ザ・ブルーハーツ　ドブネズミの伝説』（河出書房新社　2020年）
竹中労『「たま」の本』（小学館　1990年）
徳永京子、藤原ちから『演劇最強論　反復とパッチワークの漂流者たち』（飛鳥新社　2013年）
成松哲『Kids these days! Vol.1 いまどきの10代に聞いたリアルな「けいおん！」の話』（自主制作　2011年）
成松哲『Kids these days! Vol.2 いまどきの10代に聞いたリアルな「けいおん！」の話』（自主制作　2012年）
ピエール・ブルデュー『ディスタンクシオン――社会的判断力批判〈普及版〉1、2』（藤原書店　2020年）
平田順子『ナゴムの話　トンガッチャヤッタ奴らへの宣戦布告』（太田出版　2000年）
平林和史、FAKE、村田知樹、PWM-ML、佐藤公哉、進藤洋子、串田佳子『前略　小沢健二様』（太田出版　1996年）
穂村弘『短歌という爆弾　今すぐ歌人になりたいあなたのために』（小学館　2013年）
牧眞司『『けいおん！』の奇跡、山田尚子監督の世界』（扶桑社　2021年）
山口一郎、蔡忠浩、岸田繁、曽我部恵一、甲本ヒロト 著　奥野武範 構成・文『バンド論』（青幻舎　2023年）
夢野久作『ドグラ・マグラ』（上・下）（角川文庫　1976年）
吉田豪『BAND LIFE　バンドマン20人の音楽人生劇場独白インタビュー集』（メディアックス　2008年）
和嶋慎治『屈折くん』（シンコーミュージック　2017年）
和田秀樹『自分が「自分」でいられる　コフート心理学入門』（青春出版社　2015年）

◎雑誌／ムック

『オリーブ』１９８９年10月3日号（マガジンハウス）
『Quick Japan』創刊号（太田出版　１９９４年）
『Quick Japan』44号（太田出版　２００２年）
『月刊Player　１９９６年2月号』（プレイヤー・コーポレーション）
『THE GROOVY 90's　90年代日本のロック／ポップ名盤ガイド』（ミュージック・マガジン　２０１０年）
『STUDIO VOICE スタジオボイス　３８３号』（INFASパブリケーションズ　２００７年10月）
『宝島』１９８７年11月号（ＪＩＣＣ出版局）
『宝島』１９８７年12月号（ＪＩＣＣ出版局）
『宝島』１９８９年7月号（ＪＩＣＣ出版局）
『宝島』１９９０年5月9日号（ＪＩＣＣ出版局）
『宝島』１９９０年9月9日号（ＪＩＣＣ出版局）
『宝島』１９９０年12月24日号（ＪＩＣＣ出版局）
『宝島』１９９１年1月24日号（ＪＩＣＣ出版局）
『バンドやろうぜ』１９８９年8月号（ＪＩＣＣ出版局）
『別冊宝島１５７０　音楽誌が書かないＪポップ批評56　JUN SKY WALKER(S) と青春ロック80'Sの大逆襲！』（宝島社　２００８年）
『別冊宝島６８１　音楽誌が書かないＪポップ批評20　ブルーハーツと「日本のパンク」』（宝島社　２００２年）

『別冊宝島１３２２　音楽誌が書かないＪポップ批評43　21世紀のBOØWY伝説』（宝島社　２００６年）
『別冊宝島７７１　音楽誌が書かないＪポップ批評25　フリッパーズギターと渋谷系の時代』（宝島社　２００３年）
『MUSIC MGAZINE』２０２１年12月号（ミュージック・マガジン）
小野島大監修『MUSIC MAGAZINE増刊　NU SENSATIONS　日本のオルタナティヴ・ロック1978-1998』
（ミュージック・マガジン　１９９８年）
『ユリイカ２０１５年10月臨時増刊号　総特集＝ＫＥＲＡ／ケラリーノ・サンドロヴィッチ』（青土社　２０１５年）
『リスアニ！Vol.01』（ソニー・マガジンズ　２０１０年）
『リスアニ！Vol.50.5 ぼっち・ざ・ろっく！号デラックスエディション』（ソニー・マガジンズ　２０２３年）
『ロッキング・オン・ジャパン』１９９４年４月号（株式会社ロッキング・オン）
『ロック・クロニクル・ジャパン Vol.2 1981-1999』（音楽出版社　１９９９年）

サイバーニュウニュウ
『未開派野郎』
89年　高慢レーベル

エルヴィス・プレスリーがメカ化した風貌のギタリストがインパクト大だったトリオだが、イカ天キングに輝いただけのことはあってサウンドも本格派。サイバーパンクからの影響を窺わせるメタリックなロックを奏でるが、ポストパンク／ニューウェイヴのエッセンスを取り入れた音楽性は思いのほか幅広い。アルバム名は坂本龍一『未来派野郎』のもじりだろう。カセットでの発売。「ライヴ中の不慮の事故でメカエルヴィスが破損した」ため（?:）、92年に活動を停止。ジャケ写は2015年リリースのリマスターCDより。

JITTERIN'JINN
『DOKIDOKI』
89年　ヒートウェーヴ

スカやロカビリーのリズムが先導する歯切れのいいビートと、ぶっきらぼうだがチャーミングな歌声を聴かせる春川玲子のヴォーカルが見事にマッチ。曲調はやや振れ幅に欠けるものの、それはちょっとした瑕疵《かし》でしかない。無表情でシンプルきわまりない歌詞を歌う春川が実にキャラ立ちしている。アンサンブルの要となるのは、どんなにテンポの速い曲でも安定感を失わないドラム。イカ天では、演奏への評価を巡って、春川と審査員でやりあうスリリングな場面も。

THE NEWS
『ING(ng)』
89年　IKA-TEN

1990年1月1日の『輝け！日本イカ天大賞』で「ベストスピリッツ賞」をした女性3人組のアルバム。主軸は硬派で骨太でギミックのないロックンロールで、その気概と意気はストレートに伝わってくる。ワイルドで野性味溢れるヴォーカルも、メッセージ色の強い歌詞も、ロックの核心を摑むようなサウンドも、実にスリリングで刺激的だ。バンド全員で日本国憲法第9条の改憲に反対を続けているのも特徴だろう。内田裕也らが主催する『ニューイヤー・ロック・フェスティバル』に1987年から2006年まで毎年出演していた。また、本作のライナーでは、みうらじゅんがローリング・ストーンズやボブ・ディランと並べて彼女らの音楽を大絶賛。「演奏はもちろんのこと、彼女たちの存在自体がロックだ」と賛辞を送っている。丸紅のOLだったリーダーのコメントも記載されている。シシド・カフカがこのバンドの3代目ドラマーだった事実は、意外と知られていない模様。

RABITT
『Eat here or to go?』
90年　ポニーキャニオン

思わずシンガロングしたくなるゴキゲンで陽性なメロディはもちろん、ディストーションの効いたギターのリフが痛快で爽快。ジャンル的にはボン・ジョヴィあたりにも通じるコマーシャル色の強いハードロックということになるのだろうが、ポップスとしてのポテンシャルもなかなかのもの。アレンジもコード進行もシンプルきわまりなく、メッセージ性の強い歌詞はポジティヴ。イカ天出身バンドのなかではメジャーデビュー一番乗りだった。

大島渚
『大島渚』
90年　ING LABEL

漫画家のみうらじゅん、喜国雅彦を中心に結成されたバンドによる7曲入り。60～70年代の英米ロックの王道を地で行くサウンドが主で、クリームやジミ・ヘンドリックスを思わせるギターのリフなど、既視感のある曲が並ぶ。バンド名は映画監督で、イカ天の審査員も務めた大島渚から。彼が大声で「バカヤロー！」と罵倒する姿こそロックだ、というみうらの発言に由来している。大島自身も「うちの息子はバンドの方の〝大島渚〟のファンなんだな」と発言している。

マサ子さん
『ムウ＝ミサ』
90年　ナゴムカンパニー

いわゆるナゴムギャルだったマユタン（現・まゆたん）とその姉のサブリナにより結成。ガールズバンドとして比較すべきはシャグスあるいはザ・スリッツか。ナンセンスでシュールで人を喰った言語感覚が水際立っているが、それだけで不思議ちゃんと断じるなかれ。朴訥としたポエジーと牧歌的な歌声。ワルツのリズムを刻む「メルヒェン」なんて、童謡とアヴァンポップの合体といった風情である。クセのあるアレンジも見事な異化効果をもたらす。朗読も織り交ぜたシアトリカルな世界に寄与するのは、哀調を帯びた大正琴の響き。ヘタウマのイメージが強いかもしれないが、演奏は意外と安定感がある。一発ネタ的な曲もあるにはあるが、英国ニューウェイヴの影響を消化／昇華したようなアートスクール的感性は、今聴いても古びていない。バンドは93年に解散、サブリナは94年に逝去したが、まゆたんは元たまの石川浩二らと頻繁に対バンし、旺盛に音楽活動を継続中。イカ天では審査員に「この完璧な危なさ、いいね」と評され、「危ない少女系バンド」とも紹介された。

フライングキッズ『続いてゆくのかな』

90年　ビクター

甘いラブソングもソウルチューンも軽々とこなす。ファンクのなんたるかを知り尽くしたプレイヤーたちによる饗宴が繰り広げられる。飄々としたヴォーカルの佇まいはそれだけで魅力だが、ヴォーカリストとしての地肩の強さはソロワークでも証明済み。女性コーラスを加えたソウルレビュー的な編成での演奏は、一時期のカーネーションなども連想させる。イカ天ではチャレンジャーのKUSU KUSUを倒してグランドイカ天キングの座に輝いた。

宮尾すすむと日本の社長『大車輪』

90年　EPIC// SONY

ジェームス・ブラウンを意識したらしきヴォーカルが目を惹くが、根っこは粘っこくタメの効いたファンク。Pファンクとニューオリンズファンクを折衷したようなタイトでグルーヴィーなサウンドが白眉だ。女性コーラスが加わる部分は、じゃがたらを連想させるところも。歌詞は程良くばかばかしかったり、下ネタ全開だったりするが、音楽は実力派／本格派。ヴォーカルの黒沢と鍵盤の宮尾は大学卒業後、就職しながらもバンド活動を続けることに。

カブキロックス『KABUKI-ROCKS』

90年　アポロン

歌舞伎の隈取を模した奇抜なメイクと和装が目を惹いた彼らだが、本作にイロモノらしさはあまりない。ハードロックを基調としたサウンドはオーセンティックだし、楽曲もメロディが立っていて耳ざわりがよい。鼓がアクセントになっていたり、和風の味つけが施されたりしているのが聴きどころか。コンセプターであるヴォーカルの氏神一番のキャラがブレブレなのは有名な話で、プロインタビュアーの吉田豪がそれを今も面白がっている。

スイマーズ『きみとスイマーズ』（90年）

10曲で20分。水着姿で暴れまわったイカ天出場時同様、勢いと衝動のみで突っ走るようなアルバム。小ネタのオンパレードとも取れるが、パンクスピリッツを内包したサウンドに、胸がすくという人もいるだろう。ザ・ブルーハーツを思わせる曲もある、というのはほめすぎかもしれないが、疾走感あふれるナンバーはいい。イカ天出演後は、ラジカセの宣伝やプールのCMに出演した他、『ビートたけしのお笑いウルトラクイズ』に芸人枠で登場。

BEGIN
『音楽旅団』

90年　テイチクエンタテインメント

心が洗われる、とはこういう音楽のためにあるような言葉だ。イカ天初出場時に披露された「恋しくて」を聴く度に切なくて胸が締めつけられるのは、筆者だけではあるまい。石垣島出身の3人によるBEGINの音楽はどこまでもピュアである。ブルース、フォーク、カントリー、沖縄音楽の要素を滲ませる楽曲の数々は瑞々しく、比嘉栄昇の伸びやかで哀切を帯びた歌声は唯一無二。こんなニュアンス豊かに胸のうちを表現できるヴォーカリストがどれだけいるだろうか。現在はより沖縄民謡からの影響をストレートにアウトプットしている彼らだが、本作は、ポップスとしての完成度が高い。ヴォーカル／ギター、キーボード、ギターというドラムレスの編成で、アコースティックならではの柔らかな音像が魅力だ。三線やフィドルが入るアイリッシュ風のアレンジも気が利いている。結成当初はハードロックを演奏していたが、下手だと指摘され、のちにブルース調の楽曲をつくるようになったとか。

人間椅子
『人間失格』

90年　メルダック

誰が予想しただろうか。彼らがももいろクローバーZに楽曲を提供し（「黒い週末」）、ギターの和嶋慎治が彼女らのライヴに参加することになるだなんて。なんせ、母体となったバンドの名前は死ね死ね団。ヴォーカル／ベースの鈴木研一はねずみ男のコスプレをして、水木しげる的世界観を全身全霊で体現するなど、妖しげで怪しげなヴィジュアルが際立っていたのだから。英国産のハードロック／ヘヴィメタル／プログレッシヴロックを日本の土着的な奇想の系譜に落とし込むなんて、思いついたのも、実践したのも、彼らだけだったのではないか。しかしサウンドはいたって正統で本格派。トニー・アイオミばりにヘヴィなリフ一発でリスナーを黙らせる和嶋のギターは実に達者であり、ドラムも盤石だ。ブラック・サバスと横溝正史の出逢い。プログレと江戸川乱歩の融合。手術台の上でのこうもり傘とミシンの出逢いのような、摩擦とハレーションはヘヴィロック史に名を残すだろう。

KUSU KUSU
『世界が一番幸せな日』
90年　ポリスター

愛らしいルックスからアイドル的な扱いをされていたこともある彼らだが、当時はワールドミュージックの括りにも入れられており、実際、非西欧圏の音楽を積極的に消化／吸収していった。そうしたスタンスはイカ天では稀有、というか他にはほぼ見当たらなかった。ユッスー・ンドゥールやサリフ・ケイタを連想させるアフリカ音楽を通過したポップスから、沖縄民謡的な女性コーラス、ブラジル音楽への憧憬が滲むサンバの意匠をまとうアレンジは秀逸。その学習能力の高さは表層をなぞるだけでは終わっていない。現代のＵＳインディーズシーンには、リンガラなどのアフリカ音楽を摂取したヴァンパイア・ウィークエンドがいるが、時代や国が違っていたら、彼らがそうした存在になっていたかも、というのは誉めすぎか。日本語によるワールドミュージックの見本市という意味では、ＴＨＥ ＢＯＯＭや宮沢和史のソロと同じ俎上に載せて評価することも可能ではないだろうか。

NORMA JEAN
『FREE MARKET』
90年　BMGビクター

まず耳を惹くのはパワフルで野趣に富むダイナマイトＭＡＲＩのヴォーカル。元々プロレスラー志望だっただけのことはある。曲調は一貫してポジティヴでまっすぐで元気いっぱい。タイトで引き締まったグルーヴも、カラフルな音色のギターも素晴らしい。一時期、AJICOなどで活躍するTOKIEがベースを弾いていたことも。審査員であるラッシャー木村の名言「耐えて燃えろ！」は、実は彼女らの敗北に対して発せられたのがきっかけだったとのこと。

セメントミキサーズ
『笑う身体』
90年　NECアベニュー

イカ天出場時に将来の夢は「ローリング・ストーンズの前座」というものだった。なるほど、泥臭くアーシーなサウンドはストーンズへの憧れの結晶かもしれない。グルーヴは盤石。ファンクやアフロビート色も滲むグルーヴにのせて、ワイルドで闊達な演奏が展開される。ラップ風のたたみかけるようなヴォーカルも秀逸。「35歳のおじさんが18歳の子供をだまして誘い、結成した」というメンバーの発言から「子供だましバンド」などと呼ばれた。

マルコシアス・バンプ『IN KAZMIDITY』

90年　ビクター

デヴィッド・ボウイやT・レックスからの影響は明々白々だが、60~70年代のグラムロックが現代に飛び出してきたようなサウンドかと問われると、少し、いや、かなり違う。秋間経夫の色気と艶気を兼ね備えた妖しげなヴォーカルは、審査員の湯川れい子も「猥雑というか猥褻」と高く評価した。比類なき演奏力もバンドの武器であり、沢田研二のような風貌のベースはグリッサンドを多用してうねりを生み出す。ブギーな趣もあるギター2本の絡みは実に独創的だ。イカ天出場時にはヴィジュアルのインパクトが強烈だったため、音源ではそのエロティックな佇まいが伝わらないかもしれないと、これを書くにあたって思ったが、それは杞憂だった。行間から官能的な空気が匂い立つような本作は、彼ら特有の世界像が率直に表現されており、一音一音がセクシーでグラマラスでグリッターな響きを有しているのだから。前作『乙姫鏡』（90年）も名作だが、音響面では本作のほうが遥かに充実している。

LANPA『水の上のPEDESTRIAN』

91年　テイチクエンタテインメント

イカ天キングに4週君臨しただけのことはある。タテノリのビートを採用するバンドが多かったイカ天において、80年代のニューミュージックとの共通性を感じさせる、アコースティックな感触のサウンドは明らかに異色である。アーバンでメロウな曲調は、ボズ・スギャッグスやボビー・コールドウェルなどAORからの影響もあると見た。ヴォーカルの八千代は、バンド解散後、サザンオールスターズのサポートメンバーに抜擢された。

GEN『セレナーデ』

91年　インビテーション

ちょっと忌野清志郎を連想させるクセのあるヴォーカルと、ブルースやソウル、ロックンロールなどの滋養をたっぷり吸収したハードドライヴィングなサウンドは、おそらくRCサクセションの影響下にあるものだろう。一方で、ザ・フーのお株を奪うようなイントロがあったり、スカのビートが導入されていたりと、音楽的語彙の豊富さが際立つ。Dr.kyOnや上田現の他、イカ天繋がりだったのか、村上〝ポンタ〟秀一が1曲で参加している。

PINK SAPPHIRE
『From Me To You』
91年　ハミングバード

この時期流行った歌謡曲とロックの邂逅を狙っただろうサウンドは、要するにプリンセス プリンセスやリンドバーグのライヴァルといったところか。あるいはビーイング系の亜種とでもいうべきかもしれない。曲調はポップでアレンジは正攻法。アメリカンハードロックを参照したようなミュートの効いたギターが激しくドライヴする。イカ天ではチャレンジャー止まりであったが、レコード会社からスカウトを受けてメジャーデビューを果たした。

LITTLE CREATURES
『VISITA』
91年　MIDI

タイムレスでエヴァーグリーンな音楽とは、こういう作品を指してこそ言うべきだろう。十数年ぶりに聴き直したが、今もって新鮮で感嘆した。ニューウェイヴの残滓とネオアコースティック／ギターポップとの共振はあるが、それも単なる摸倣ではなく、ピュアな音楽への憧憬と愛着と尊敬の念に起因するもの。そうした諸要素を、洗練されたかたちで表現する彼らの流儀はここで完全に確立されている。ソウルもジャズもR&Bもファンクもラテンも、完全に自家薬籠中のものとしているからこその説得力と強度が宿っている。全編英語詩だが生硬さはまるでなし。イカ天初登場時に披露された「MY LIFE AS A DOG」も収録されているが、正直、その印象は音源でもまるで変わらない。つまり、それほど最初から演奏もアレンジも楽曲も完成されていたということである。まさにアンファンテリブル。鈴木正人のウッドベースの鳴りの良さ、栗原務のドラムの野性味、格調高く品のある青柳拓次のヴォーカル、すべてがブリリアント。アコースティック・ギターの響きの美しさも特筆もので、エレキ一辺倒でない抑揚のつけ方もさすが。

THE WEED
『さよなら僕のアメリカ』
91年　キティ

雑草のように強く逞しくしたたかな、という意味でつけられたバンド名通りのサウンドだ。モッドないでたちながら、骨太でいなたいロックが展開されており、シンプルでてらいがない音世界を聴かせる。イカ天で審査員の吉田建に指摘された通り、アコースティックギターの折り込み方が巧みで、コード進行にも創意工夫が見られる。ロックンロールの醍醐味と精髄を込めつつ、ポップであることも放棄していないのが好感を持てるところ。もっと評価されて然るべきバンド。

突然段ボール『抑止音力』

91年　WAX RECORDS

蔦木栄一、俊二の兄弟を中心に77年に結成。インディーズの青田買いが始まる前から真の意味でのインディペンデントシーンの重鎮だったベテランである。英国の即興畑で有名な前衛サックス奏者、ロル・コックスヒルとの共演作も残しており、たまの石川浩司が彼らの影響を受けているのも合点がいく。脱輪しながら全力疾走しているようなグルーヴの尊さよ。ニューウェイヴ譲りの好盤。イカ天ではベストコンセプト賞を受賞した。

ブランキー・ジェット・シティ『BANG!』

92年　EMIミュージック・ジャパン

先に91年の『Red Guitar And The Truth』を挙げるべきだろうが、同作はプロデューサーのジェレミー・グリーンとの相性が悪く、メンバーはその出来にまったく納得していなかったそうで、言及されることもほとんどない。一方、土屋昌巳をプロデューサーに迎えた本作は、彼らの揺るぎないオリジナリティが確立されている印象だ。ストイックで透徹した空気には戦慄させられる。一分の隙も無いタイトで引き締まったアンサンブルも魅力。手数が多く猛々しいドラム、鬼気迫るシャウトと咆哮を聴かせるヴォーカル、グレッチの魅力を最大限に生かしたギター、硬質な音色でアタックの強いベース。浅井健一の歌詞世界は、初期、井上陽水を彷彿とさせるところも。イカ天初登場時には、審査員の作詞家・森雪之丞が3人のタトゥーを見て「それ本物？　気合入ってるよねえ。気合入っているもの（演奏）見せられるとこっちも気持ちいいよね」とコメントした。

マリア観音『背徳の扉』

93年　エレクトレコード

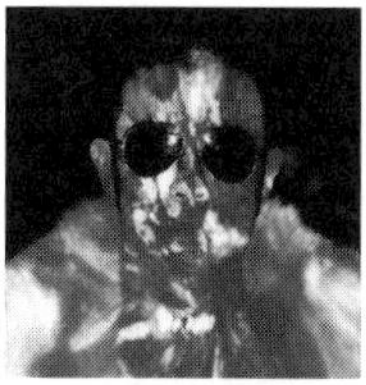

87年に結成された4人組バンドのセカンドアルバム。ヴォーカルの木幡東介の情念と衝動溢れるヴォーカルを中心に、変幻自在のギターワークとタイトなグルーヴを聴かせる。その音楽性は〝プログレッシヴ歌謡〟などとも形容された。バンドサウンドの一体感は初期のゆらゆら帝国にも通じるものがあり、演奏力の高さはお墨付き。日本語特有の響きやアクセントを生かした文学性の高い歌詞も含め、純・国産バンドといった趣きも魅力のひとつだろう。

土佐有明（とさ・ありあけ）
ライター。千葉県生まれ。明治大学文学部卒。20代半ばで執筆活動を開始し、『Quick Japan』『BARFOUT!』『クロスビート』『bounce』などに寄稿。現在は『ミュージック・マガジン』『Mikiki』『週刊読書人』『週刊金曜日』『NiEW』『intoxicate』『ユリイカ』『レコード・コレクターズ』『すばる』などに、音楽評、演劇評、書評、映画評、インタビューなどを執筆。劇団ポツドール『愛の渦』再演時のパンフレットの取材・執筆を担当。アルゼンチン音楽のコンピレーションCD『トロピカリズモ・アルヘンティーノ』（インパートメント）の監修・選曲・解説を手掛けた。大森靖子が好き。X（旧Twitter）アカウントは@ariaketosa。

本書の感想をメールにてお聞かせください。
dubooks@diskunion.co.jp

イカ天《てん》とバンドブーム論《ろん》

人間《にんげん》椅子《いす》から『けいおん!』『ぼっち・ざ・ろっく!』まで

初版発行　2025年3月31日

著者　土《と》佐《さ》有明《ありあけ》

挿画・イラスト　ムルヒ

デザイン　戸塚泰雄（nu）

編集　稲葉将樹（DU BOOKS）

発行者　広畑雅彦

発行元　DU BOOKS

発売元　株式会社ディスクユニオン
東京都千代田区九段南3-9-14
［編集］tel 03-3511-9970　fax 03-3511-9938
［営業］tel 03-3511-2722　fax 03-3511-9941
http://diskunion.net/dubooks/

印刷・製本　シナノ印刷

ISBN 978-4-86647-238-6
printed in japan